高等职业技术教育精品教材——工程测量技术类

线桥隧施工测量

（第2版）

主　编	张福荣
副主编	王　涛
主　审	刘明学

西南交通大学出版社
·成　都·

图书在版编目（CIP）数据

线桥隧施工测量 / 张福荣主编. -- 2 版. -- 成都：
西南交通大学出版社，2024.11. -- ISBN 978-7-5643
-9888-0

Ⅰ. U412.24；U442.4；U452.1

中国国家版本馆 CIP 数据核字第 2024MU1325 号

Xianqiaosui Shigong Celiang

线桥隧施工测量（第 2 版）

主编　张福荣

策 划 编 辑	王　旻
责 任 编 辑	杨　勇
封 面 设 计	曹天擎
出 版 发 行	西南交通大学出版社
	（四川省成都市金牛区二环路北一段 111 号
	西南交通大学创新大厦 21 楼）
发行部电话	028-87600564　028-87600533
邮 政 编 码	610031
网　　　址	http://www.xnjdcbs.com
印　　　刷	四川玖艺呈现印刷有限公司
成 品 尺 寸	185 mm × 260 mm
印　　　张	17.25
字　　　数	384 千
版　　　次	2020 年 8 月　第 1 版
	2024 年 11 月　第 2 版
印　　　次	2024 年 11 月　第 7 次
书　　　号	ISBN 978-7-5643-9888-0
定　　　价	52.00 元

课件咨询电话：028-81435775

课程简介

第 2 版前言

本教材第 1 版自 2020 年 8 月出版以来，作为高职院校土木工程类相关专业"土木工程施工测量""工程测量"课程教材，历经 4 届学生和有关读者参考、使用。教材编写团队结合教学情况和读者反馈意见，在原有基础上，对部分内容进行了修订和补充。具体如下：

1. 项目二线路施工测量部分增加了里程计算内容；项目六建筑施工测量部分增加了根据附近已有控制点定位测量的步骤和图示内容。

2. 结合工程应用实际，对项目三中任务 3 桥梁墩台中心坐标计算和任务 4 桥梁基础工程施工测量部分的两个应用案例进行了更新。

3. 更新和补充了部分在线学习资源，并以二维码形式呈现在对应学习任务，便于学生自主学习。

修订后教材的内容体系更适合高职院校技术技能人才培养目标定位，适应性更强，更利于学生实践操作和综合应用能力培养。

本教材由陕西铁路工程职业技术学院张福荣担任主编，负责大纲拟定和全书统稿。编写和修订分工如下：项目一由陕西铁路工程职业技术学院张亚编写；项目二中任务 1 ~ 任务 7 由陕西铁路工程职业技术学院王涛编写，任务 8 由陕西铁路工程职业技术学院李立功编写；项目三中任务 1、任务 2、任务 4 ~ 任务 8 由陕西铁路工程职业技术学院滕春江编写，任务 3 由陕西铁路工程职业技术学院吴迪、田正华编写；项目四由陕西铁路工程职业技术学院刘军峰编写；项目五中任务 1、任务 2 由陕西铁路工程职业技术学院任英桥编写，任务 3、任务 4 由陕西铁路工程职业技术学院牛丽娟编写，任务 5 由陕西铁路工程职业技术学院柳新强编写，任务 6 由陕西铁路工程职业技术学院谢忠悢、上海力信测量技术有限公司张晓日编写，任务 7 ~ 任务 9 由陕西铁路工程职业技术学院谢忠悢、中国电建集团铁路建设公司成都建设投资有限公司陈顺利编写；项目六中任务 1、任务 3、任务 4 由陕西铁路工程职业技术学院王婷编写，任务 2 由陕西铁路工程职业技术学院王婷、国家地理信息局第一地形测量队吴满意编写。

编者在本教材修订中参考了大量相关专业文献（包括纸质版和电子版），引用了部分内容，在此向原文作者表示感谢！同时对西南交通大学出版社为本书出版所做的辛勤工作表示感谢！

由于编者水平所限，书中疏漏及不妥之处，敬请读者批评指正。

编　者

2024 年 5 月

第 1 版前言

随着我国高速铁路、城市轨道交通的快速发展，工程测量技术在工程建设中发挥着越来越重要的作用。为了适应工程建设的需要以及高职技术技能型人才培养的要求，本教材在编写过程中按照"项目导向、任务驱动"产教融合的教学模式编排教学内容，在教学中坚持"立德树人"的主路线。教学内容包括施工测量的基本工作、线路施工测量、桥梁施工测量、隧道施工测量、地铁施工测量、建筑施工测量6个项目。为了顺应"互联网+教育"数字教育资源发展趋势，应用信息技术改造传统教学模式，增加了微课、视频案例等教学内容，便于教师教和学生学。本教材适应"交通建设，测量先行"需要，不仅适用于高职院校土木工程类相关专业，同时也可作为企业员工培训学材。

本教材编写分工如下：项目一由陕西铁路工程职业技术学院张亚编写；项目二中任务1~任务7由陕西铁路工程职业技术学院王涛编写，任务8由陕西铁路工程职业技术学院李立功编写；项目三中任务1、任务2、任务4~任务8由陕西铁路工程职业技术学院滕春江编写，任务3由陕西铁路工程职业技术学院吴迪、田正华编写；项目四由陕西铁路工程职业技术学院刘军峰编写；项目五中任务1、任务2由陕西铁路工程职业技术学院任英桥编写，任务3、任务4由陕西铁路工程职业技术学院牛丽娟编写，任务5由陕西铁路工程职业技术学院柳新强编写，任务6由陕西铁路工程职业技术学院谢忠俍、上海力信测量技术有限公司张晓日编写，任务7~任务9由陕西铁路工程职业技术学院谢忠俍、中国电建集团铁路建设公司成都建设投资有限公司陈顺利编写；项目六中任务1、任务3、任务4由陕西铁路工程职业技术学院王婷编写，任务2由陕西铁路工程职业技术学院王婷、国家地理信息局第一地形测量队吴满意编写。全书由陕西铁路工程职业技术学院张福荣任主编并统稿。

在本教材编写过程中，编者单位和西南交通大学出版社给予了大力支持，在此一并表示感谢。

由于时间仓促和编者水平有限，书中难免有不妥之处，敬请读者批评指正。

编　者

2020 年 5 月

本书数字资源目录

序号	项目	任务与案例	资源名称	资源类型	页码
1	项目一 施工测量的基本工作	任务1 已知距离测设	已知距离测设	视频	002
2		任务2 已知角度测设	已知角度测设（一般方法）	视频	006
3			已知角度测设（精密方法）	视频	006
4			全站仪已知角度测设	视频	006
5		任务3 点的平面位置测设	点的平面位置测设-全站仪	视频	009
6			全站仪坐标法测设点的平面位置	视频	009
7			全站仪极坐标法测设点的平面位置	视频	009
8			全站仪坐标测设方法（外业实操）	微课	009
9			点的平面位置测设-RTK	视频	009
10			GNSS-RTK测设点的平面位置	视频	009
11			RTK点位平面位置放样方法（外业实操）	微课	009
12		任务4 已知高程测设	已知高程测设	视频	019
13			水准仪测设高程	视频	019
14			GNSS-RTK已知高程测设	视频	019
15			已知高程测设（外业实操）	微课	019
16		案例1 某高铁桥4号墩高程测设		案例	024
17	项目二 线路施工测量	任务1 控制点复测	控制网测量	微课	026
18			控制网复测及加密	视频	026
19			平面控制网复测	视频	026
20			高程控制网复测	视频	026
21		任务2 线路纵、横断面测量	纵断面测量	视频	033
22			横断面测量	视频	033
23		任务3 直线段坐标测设	方位角的基本概念和计算	视频	042
24			断链计算	视频	042
25		任务4 单圆曲线测设	圆曲线主点测设	视频	044
26			单圆曲线坐标计算	视频	044
27			圆曲线边桩坐标计算	视频	044
28			圆曲线的详细测设	视频	044
29			单圆曲线详细测设	视频	044

序号	项目	任务与案例	资源名称	资源类型	页码
30	项目二 线路施工测量	任务5 标准曲线测设	缓和曲线主点测设	视频	054
31			缓和曲线主点放样	视频	054
32			缓和曲线详细测设	视频	054
33			全站仪标准曲线测设	微课	054
34			中桩坐标计算	视频	054
35			线路中桩坐标计算——线元法	视频	054
36			交点法测量员app计算	视频	054
37			非完整缓和曲线中桩坐标计算	视频	054
38			非对称基本型线路中桩坐标计算	微课	054
39			非对称基本型常数、要素和里程的计算	微课	054
40		任务6 竖曲线测设	竖曲线计算	视频	067
41			竖曲线测设	视频	067
42		任务7 坡度线测设	坡度线测设	视频	072
43		任务8 路基工程施工测量	边桩坐标计算及位置测设	微课	075
44			路基施工测设	视频	075
45		案例2 线元法线路中桩坐标计算		案例	078
46	项目三 桥梁施工测量	任务1 桥梁平面控制网测量	桥梁平面控制测量	视频	080
47			桥梁施工平面控制网的布设	视频	080
48			桥梁控制网复测	视频	080
49			桥轴线精度估算	视频	080
50			桥轴线长度测定及精度估算	视频	080
51		任务2 桥梁高程控制测量	桥梁高程控制测量	微课	085
52			桥梁施工高程控制测量	视频	085
53		任务3 桥梁墩台中心坐标计算	直线桥梁墩台定位	视频	091
54			公路曲线桥梁墩台坐标计算	视频	091
55			公路桥梁钻孔桩坐标计算案例	视频	091
56			铁路曲线桥梁墩台坐标计算	视频	091
57		任务4 桥梁基础工程施工测量	基础、墙身坐标计算	视频	098
58		任务5 承台施工测量	承台定位	视频	103
59		任务6 墩台身施工测量	桥梁墩台高程放样	视频	105
60		任务7 墩台帽、支座垫石、挡块施工测量	涵洞垫层坐标计算	视频	107
61		案例3 桥梁桩基础坐标计算		案例	111

序号	项目	任务与案例	资源名称	资源类型	页码
62	项目四 隧道施工测量	任务1 洞外平面控制测量	洞外高程引入	视频	114
63			洞外控制测量	微课	114
64			洞外平面控制网的选择	视频	114
65		任务2 洞外高程控制测量	隧道洞外高程测量	视频	120
66		任务3 洞内平面控制测量	洞内控制测量	微课	125
67			隧道导线网的布网原则	视频	125
68			隧道洞内平面控制测量实训（外业实操）	视频	125
69		任务4 洞内高程控制测量	隧道洞内高程测量	视频	130
70			隧道洞内高程控制测量实训（外业实操）	视频	130
71		任务5 洞门及边坡测设	进洞测量	视频	134
72		任务6 隧道线路中线测量	洞内施工测量、贯通误差的预计	视频	139
73		任务7 断面及结构放样	隧道断面测量手动记录观测（外业实操）、洞内施工测量	视频	139、146
74		任务8 隧道竣工测量	洞内施工测量	微课	139
75		案例4 隧道超欠挖计算		案例	151
76	项目五 地铁施工测量	任务1 平面控制测量	CPIII平面控制网测量	微课	153
77			地铁平面控制测量	视频	153
78		任务2 高程控制测量	地铁高程控制测量	视频	160
79		任务3 平面联系测量	陀螺定向在地铁施工中的应用	视频	171
80			联系三角形定向（一井定向）	视频	171
81			两井定向	视频	171
82		任务4 高程联系测量	高程联系测量	微课	180
83		任务5 明挖车站施工测量	地铁断面扫描	视频	187
84			矿山法仰拱放样	视频	187
85		任务6 盾构掘进施工测量	地铁盾构姿态测量与计算	视频	191
86			管片测量	视频	191
87	项目六 建筑施工测量	任务2 建筑物的定位与放线	龙门板的设置	视频	230
88		任务3 民用建筑施工测量	基槽开挖中水平控制桩的测设	视频	239
89			外控法（引桩投测法）	视频	239
90			知识拓展——砖墙的厚度	视频	239

目 录
CONTENTS

项目一 施工测量的基本工作 ·········· 001
　　任务 1　已知距离测设 ·········· 002
　　任务 2　已知角度测设 ·········· 006
　　任务 3　点的平面位置测设 ·········· 009
　　任务 4　已知高程测设 ·········· 019

项目二 线路施工测量 ·········· 025
　　任务 1　控制点复测 ·········· 026
　　任务 2　线路纵、横断面测量 ·········· 033
　　任务 3　直线段坐标测设 ·········· 042
　　任务 4　单圆曲线测设 ·········· 044
　　任务 5　标准曲线测设 ·········· 054
　　任务 6　竖曲线测设 ·········· 067
　　任务 7　坡度线测设 ·········· 072
　　任务 8　路基工程施工测量 ·········· 075

项目三 桥梁施工测量 ·········· 079
　　任务 1　桥梁平面控制网测量 ·········· 080
　　任务 2　桥梁高程控制测量 ·········· 085
　　任务 3　桥梁墩台中心坐标计算 ·········· 091
　　任务 4　桥梁基础工程施工测量 ·········· 098
　　任务 5　承台施工测量 ·········· 103
　　任务 6　墩台身施工测量 ·········· 105
　　任务 7　墩台帽、支座垫石、挡块施工测量 ·········· 107
　　任务 8　桥梁上部结构施工测量 ·········· 110

项目四 隧道施工测量 ·········· 113
　　任务 1　洞外平面控制测量 ·········· 114
　　任务 2　洞外高程控制测量 ·········· 120
　　任务 3　洞内平面控制测量 ·········· 125
　　任务 4　洞内高程控制测量 ·········· 130
　　任务 5　洞门及边坡测设 ·········· 134

任务 6　隧道线路中线测量 ·························· 139

任务 7　断面及结构放样 ····························· 146

任务 8　隧道竣工测量 ······························ 149

项目五　地铁施工测量 ······················· 152

任务 1　平面控制测量 ······························ 153

任务 2　高程控制测量 ······························ 160

任务 3　平面联系测量 ······························ 171

任务 4　高程联系测量 ······························ 180

任务 5　明挖车站施工测量 ·························· 187

任务 6　盾构掘进施工测量 ·························· 191

任务 7　轨道平面控制测量 ·························· 202

任务 8　轨道高程控制测量 ·························· 215

任务 9　铺轨施工测量 ······························ 218

项目六　建筑施工测量 ······················· 224

任务 1　建筑施工场地的控制测量 ·················· 225

任务 2　建筑物的定位与放线 ······················ 230

任务 3　民用建筑施工测量 ·························· 239

任务 4　工业建筑施工测量 ·························· 252

参考文献 ···································· 261

线桥隧施工测量
在线答题

项目一

施工测量的基本工作

项目描述

施工测量是指在工程施工的各个阶段，为配合施工进程进行的测量工作，主要任务是把设计图纸上的建筑物、构筑物的平面位置和高程，按照设计精度的要求，使用测量设备，根据测量的基本原理和方法将点的位置测设到地面上的工作，并设置相应的测量标志，作为施工的依据。

本项目包含的主要任务有已知距离测设、已知角度测设、点的平面位置测设、已知高程测设。该项目学习的主要目的是熟悉施工测量的各项流程，掌握施工测量的基本测设原理，保证测设精度，为后续线路、桥梁、隧道的施工测量做准备。

思政亮点

（1）从真实项目测量案例出发，逐步进行理论学习，方法实操，练习精进，真正理解"实践出真知"的道理，扎实掌握施工测量基本功。

（2）从不同的测设环境中，锻炼"具体问题具体分析"的思维模式。

（3）在测设过程中培养精益求精的工匠精神。

学习目标

1. 知识目标

（1）了解施工测量工作的基本内容；

（2）了解施工测量过程中的精度要求；

（3）熟悉施工测量过程中相关测量仪器设备；

（4）掌握施工测量过程中各种测设方法。

2. 能力目标

（1）具备测设数据计算的能力；

（2）具备已知距离测设的能力；

（3）具备已知点位测设的能力；

（4）具备已知高程测设的能力。

3. 素质目标

（1）具备查阅相关规范、资料并进行自学的能力；

（2）具备良好的质量意识、规范意识；

（3）培养团队协作的精神。

任务 1
已知距离测设

1.1 工作任务

工程施工中,设计图纸上建筑物、构筑物的尺寸、大小需要在实地标定出来。本任务主要是通过对不同形式的已知距离测设方法及流程的学习,达到根据不同需求完成已知距离测设的目标。

1.2 相关配套知识

已知距离的测设,是根据地面上的一个已知点沿着给定的方向,按照给定的水平距离在地面上确定出另一个点位置的工作。如图 1-1 所示,假设 A 为地面上给定的已知点,D 为给定的水平距离,沿着 AB 方向测设出给定的水平距离 D,则可以确定出另一个点 B。根据测设工具、仪器的不同,已知距离测设的方法有钢尺测设、全站仪测设。

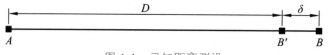

图 1-1 已知距离测设

1.2.1 钢尺测设

1. 一般方法

此方法适用于对测设距离要求精度不高且距离较短的情况。

1)初　设

由已知地面上 A 点,沿着 AB 方向用钢尺测设已知水平距离 D,确定 B' 点的位置。

2)观测与计算

初测完成之后,通过往返测的方式多次测量 AB' 之间的距离,确定相对误差,保证相对误差在允许范围之内,然后计算改正数,改正数是已知设计长度和多次往返测求平均所得到的实际测设距离 D' 之差,即 $\delta = D - D'$。

3）改　正

根据步骤 2）计算得到的改正数 δ ，对 B' 点进行改正。其中， δ 为正时，向 B' 点外侧改正， δ 为负时向 B' 点内侧改正，通过改正使得 AB 之间的距离等于设计距离，从而得到 B 点的实际位置。

2. 精密方法

当测设要求精度高的时候，可先用检定过的钢尺按照上述方法测设定出 B' 点，然后加尺长改正、温度改正、倾斜改正等三项改正，确定 AB' 之间正确的水平距离值。通过 D' 与 D 进行比较得到其差值，根据其差值沿 AB 方向对 B' 点进行改正，改正方法与一般方法一致。

倾斜改正：

$$\Delta l_h = -\frac{h^2}{2 \times D_{AB'}}$$ （1-1）

式中　h——尺段两端的高差；

　　　$D_{AB'}$——尺段长。

尺长改正：

$$\Delta l_d = \frac{l' - l_0}{l_0} \times D_{AB'}$$ （1-2）

式中　$D_{AB'}$——尺段长；

　　　l_0——钢尺名义长度；

　　　l'——钢尺检定长度。

温度改正：

$$\Delta l_t = \alpha(t - t_0) \times D_{AB'}$$ （1-3）

式中　α——钢尺的膨胀系数，一般取 12.5×10^{-6}；

　　　$D_{AB'}$——尺段长；

　　　t_0——检定时的温度；

　　　t——丈量时的温度。

【例 1-1】已知 AB 两点间的设计距离为 37.543 m，其中 A 点为已知点，通过 A 点测设 B 点的位置，如图 1-2 所示。现有一长度为 50 m 的钢尺，使用这把钢尺测得的 B 为 37.554 m，钢尺的检定实际长度为 49.996 m，检定温度 t_0 为 20 ℃，测设时的温度为 15 ℃，测得 AB 两点间高差为+0.673 m，求 B 点与 B' 点的归化改正数 δ 。

解：（1）求解改正数。

倾斜改正：

$$\Delta l_h = -\frac{h^2}{2 \times D_{AB'}} = -0.003 \text{ m}$$

尺长改正：

$$\Delta l_d = \frac{l' - l_0}{l_0} \times D_{AB'} = -0.003 \text{ m}$$

温度改正：

$$\Delta l_t = \alpha \times (t - t_0) \times D_{AB'} = -0.002\ 3 \text{ m}$$

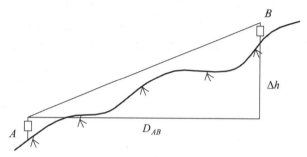

图 1-2 已知距离测设精密方法

（2）求解归化改正数。

AB 间的精确平距为 $D' = D_{AB'} + \Delta l_h + \Delta l_d + \Delta l_t = 37.542 \text{ m}$

则 $\delta = 37.543 - 37.542 = +0.001$（m）。

根据得到的归化改正数 δ 的符号在地面上用钢尺沿已知方向改正 B' 至 B 点，并用相应的测量标志标定点位。

当测设距离超过一整尺的时候，进行概量后，可按精密量距的方法丈量计算各尺段水平距离（不含最后一个尺段），根据设计值与实际丈量水平距离的差值为最后一个尺段应测设的水平距离。

1.2.2 全站仪测设

全站仪测设已知距离适用于精度要求较高的情况。全站仪测设已知距离基本原理是通过光电测距功能进行距离测量，将测量的距离与已知距离进行比较来进行距离测设。

1. 确定方向

在地面 A 点架设仪器，对中、整平，把仪器照准部转向 AB 方向，在 AB 方向立棱镜，从而确定仪器和棱镜连线方向为已知距离测设方向。

2. 已知距离测设

运用全站仪的测距功能，测量全站仪到棱镜的水平距离，把全站仪测量距离与已知水平距离 D 进行比较，根据计算结果指挥立镜者沿着测设方向前后移动，然后再进行距离测量，直到全站仪测量距离与已知水平距离 D 相减的数值达到限差要求为止，此时棱镜所在位置即为所要测设的点 B。

3. 检 核

为了检核，应将棱镜安置于 B 点，再实测 AB 的水平距离，与已知水平距离 D 比较；若不符合要求，应再次进行测设，直到测设的距离符合限差要求为止。

如果要提高全站仪测设距离的精度，需要在测设前量取测设区域的温度、气压，把测设区域的温度、气压输入仪器进行校正，这样测设的精度会更高。

 知识拓展

  古代人怎么确定距离？在古代还没有发明尺的时候，人们用一些简单的工具来测量长度。比如带一根绳子在身上，需要的时候就用它来比较长短，古埃及人就使用绳子丈量土地。有人想出，可以用身体的一部分来做测量工具，如张开大拇指和中指（或小指）两端的距离称作 1 拃，成人两臂左右平伸时两手之间的距离称为 1 庹，在我国古代丈量土地的时候，也经常用步数来计算。于是，出现了用木板、骨片、竹片及金属板等制成的固定尺，但这些尺的尺度与我们现在的市尺长度是不相等的。

  我国古代带有刻度的尺子叫"矩"，相传矩（尺子）上所划分的格，是鲁班所创。鲁班的另一发明是能正确画出直角的三角板，也被称为班尺，它能告知工匠哪些尺寸是不规则的。孟子说，公输子之巧，不以规矩，不能成方圆。古代不同时期，一尺长短都不同。最短的是商代，一尺等于今天的 16.95 cm，也就是大约 17 cm；最长的在宋元时期，一尺等于今天的 31.68 cm，大约 32 cm。而鲁班对统一尺寸标准做出了巨大贡献。

  相传我国古代大禹治水时，曾用自己的身体长度作为长度标准进行治水工程的测量。唐太宗李世民规定，以他的双步，也就是左右脚各一步作为长度单位，叫作"步"。并规定一步为五尺，三百步为一里；后来又规定把人手中指的当中一节定为"一寸"。

  复习思考题

1. 什么是测设？

2. 试想一下，用全站仪、水准仪能进行距离测设吗？如果能，怎么进行测设？

3. 设计图纸上桥梁承台的两个相邻点位的坐标为（38 723.372，2 883.323）、（38 783.372，2 901.334），请根据以前所学知识计算承台该条边的距离。

4. 在已知距离测设过程中，有哪些外界因素可以影响其测设精度？

5. 已知水平距离的精确测设方法有（   ）。

  A. 钢尺测设法 B. 光电测距法 C. 目估法 D. 脚步丈量法

任务 2
已知角度测设

2.1 工作任务

施工过程中，设计图纸上建筑物、构筑物结构的方向需要在实地标定出来。本任务主要是通过已知水平角度的一般和精密方法测设理论的学习，进行已知角度的测设，确定测设的方向。

2.2 相关配套知识

已知角度测设实际上是从一个已知方向出发测设出另一个方向，使它与已知方向的夹角等于已知角度值的工作。它与测量一个角度值的不同在于：后者是在地面上有三个标志标明两个方向，未知的是角度值；前者是已知角度值，但是地面上只有两个点位，第三个点位待定。如图 1-3 所示，假设地面上有两个已知点位 A 和 B，待测设的角度为 β，要求在地面上设置一个 P 点使得 $\angle BAP$ 为 β。

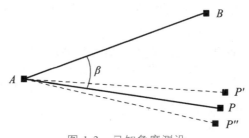

图 1-3 已知角度测设

1. 一般方法（盘左、盘右分中法）

这种方法是在对测设角度精度要求不高的前提下进行的，在这种情况下，考虑到仪器照准部和度盘偏心误差对水平角的影响，所以必须盘左、盘右分别进行。具体操作流程如下：

（1）把全站仪安置于 A 点，对中并整平，在盘左的状态下后视 B 点，得到水平度盘读数 a，然后根据后视读数计算应有的前视读数 b。

$$b = a \pm \beta \qquad\qquad (1\text{-}4)$$

式中正负号取决于 P 点在 AB 的左方还是右方，左方为负，右方为正。

（2）松开制动螺旋，旋转照准部，使得仪器屏幕上读数为 b，这时视准轴已位于要求的方向上了，在该方向合适的位置定出 P' 点。

（3）然后把仪器置为盘右，按照上述（1）（2）步骤定出 P''。

（4）用一条直线连接 $P'P''$，取连线的中点即为要设置的 P 点，则 $\angle BAP$ 即为要测设的水平角度。

2. 精密方法（垂距归化法）

这种方法适用于对测设角度精度要求较高的情况，先用盘左、盘右分中法测设出过渡点 P'，然后用全站仪对 $\angle BAP$ 进行多测回的角度观测，得到 $\angle BAP' = \beta'$，并量取 AP' 的距离为 D_{AP}，计算 β' 与设计值 β 的差值。

$$\Delta\beta = \beta - \beta' \tag{1-5}$$

按照 $\Delta\beta$ 和 AP' 的距离 D_{AP} 计算归化改正值 PP'。

$$PP' = D_{AP} \times \tan\Delta\beta \tag{1-6}$$

由于 $\Delta\beta$ 非常小，可得 $\Delta\beta = \tan\Delta\beta$，则

$$PP' = D_{AP} \times \tan\Delta\beta = D_{AP} \times \frac{\Delta\beta}{\rho} \tag{1-7}$$

得到归化改正值后进行垂距改正，从 P' 点沿 AP' 方向作垂线，量取垂距 PP'，定出 P 点即为所测设的点，则 $\angle BAP$ 即为要测设的水平角度。注意，这里从 P' 点向内还是向外量取垂距要根据 $\Delta\beta$ 的正负来决定：当 $\Delta\beta$ 为正时，由 P' 点向外量取；当 $\Delta\beta$ 为负时，由 P' 点向内量取。如图 1-4 所示。

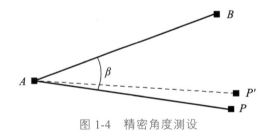

图 1-4　精密角度测设

【例 1-2】地面上有两个点位 A 与 B，现在由 A 点沿 AB 的右方向测设水平角度 $58°32'43''$，经过多测回的观测得到 $\angle BAP' = 58°32'37''$。经过测量 $D_{AP'} = 48.537\,\text{m}$，求归化改正数，使得 $\angle BAP$ 的值为 $58°32'43''$。

解：（1）$\Delta\beta = \beta - \beta = 58°32'43'' - 58°32'35'' = +8''$

（2）$PP' = D_{AP} \times \tan\Delta\beta = D_{AP} \times \dfrac{\Delta\beta}{\rho} = 48.537 \times \dfrac{8''}{206265''} = +0.002$（m）

由于 PP' 为正，垂直 AP' 方向作垂线，由 P' 点向外量取 0.002 m 定出 P 点，则 $\angle BAP$ 的值即为要测设的水平角度 $58°32'43''$。

野外判定方向的办法：

1. 利用罗盘（指北针）

将罗盘或指北针水平放置，使气泡居中，此时磁针静止后，标有"N"的一端所指的便是北方。

2. 利用太阳

在晴朗的白天，根据日出就可以很方便地知道方向，但只能大致地估计，较为准确的测定有下面几种方法。

（1）手表测向。"时数折半对太阳，12指的是北方"。一般在上午9点至下午4点之间可以很快地辨别出方向，用时间的一半所指的方向对向太阳，12点刻度就是北方。

（2）日影测向。晴天，在地上竖立一根木棍，木棍的影子随太阳位置的变化而移动，这些影子在中午最短，其末端的连线是一条直线，该直线的垂线为南北方向。

3. 利用地物和植物特征

有时野外的一些地物和植物生长特征是良好的方向标志。

（1）地物特征。

房屋：一般门向南开，我国北方尤其如此。

庙宇：通常也是向南开门，尤其庙宇群中的主体建筑。

突出地物：向北一侧基部较潮湿并可能生长低矮的苔藓植物。

（2）植物生长特征。

北侧山坡，低矮的蕨类和藤本植物比向阳面更加发育。树木树干的断面可见清晰的年轮，向南一侧的年轮较为稀疏，向北一侧的年轮较为紧密。

 复习思考题

1. 垂距归化法进行角度测设的流程是什么？

2. 测设已知水平角的一般方法是什么？

3. 除了课本中提到的两种方法还有什么方法可以测设角度？

4. 影响角度测设精度的因素有哪些？

5. 已知 A、B 两个在地面的位置，其坐标为（37 348.362，27 384.374）、（37 492.382，28 374.621），现需用这两个点所在方向作为已知方向，测设出 C 点（37 283.283，29 032.372）所在的方向，请按照给定的坐标计算测设角度。

任务 3
点的平面位置测设

3.1 工作任务

设计图纸上建筑物、构筑物特征点的位置需要在实地测设出来,以进行后续施工。本任务主要是通过不同形式下点的平面位置测设理论学习,运用相应的仪器进行已知点的平面位置测设。

3.2 相关配套知识

点的平面位置测设就是通过用一定的测量方法,按照要求的精度,把设计图纸上规划设计好的建筑物、构筑物的平面位置在实地上标定出来,作为施工的依据。根据测设仪器的不同,点的平面位置测设的方法有全站仪法测设、GNSS-RTK 法测设等。

3.2.1 全站仪测设

根据现场的实际情况,全站仪测设方法可以分为直角坐标法、极坐标法、距离交会法、角度交会法、坐标法等。

1. 直角坐标法

直角坐标法是根据直角坐标系中点的平面纵横坐标之差,确定点的平面位置的方法。如果建立施工控制网时,相邻控制点的连线平行于坐标轴,这时用直角坐标法测设点的平面位置比较方便(如建筑方格网)。

具体操作步骤如下:

在直角坐标系中,有两个已知控制点 A 和 B,A、B 的连线平行于坐标轴横轴,现通过 A、B 两点测设出某房屋的四个角点。见图 1-5。

(1)在 A 点架设全站仪,对中、整平,后视 B 点定向,沿 AB 方向测设出距离 ΔX_{Aa},得到垂足点 p。

(2)在垂足点 p 架设全站仪,对中、整平,后视 B 点定向,逆时针旋转仪器照准部 $90°$,得到 pa 方向,沿 pa 方向测设距离 ΔY_{Aa},即得待定点 a。

(3)以同样的方法分别测设出 b、c、d 三个点。

(4)检核,当四个角点都测设好之后,用全站仪的测角功能检查房屋的四个角是否等于 $90°$,各个边是否与设计长度相符合。如果有差值,确定差值在限差范围之内。

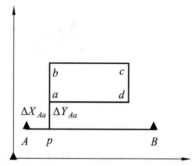

图 1-5 直角坐标法测设点的平面位置

2. 极坐标法

极坐标法是根据一个水平角度和一个水平距离测设点平面位置的方法。这种方法在场地开阔、通视良好的条件使用相对比较灵活。

具体操作步骤如下：

现有两个已知控制点 A 和 B，平面坐标分别为（x_A，y_A）和（x_B，y_B），要求通过 A、B 两点测设出某房屋的一个角点 P（x_P，y_P）。见图 1-6。

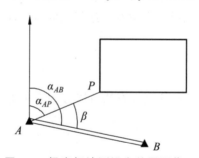

图 1-6 极坐标法测设点的平面位置

1）测设数据计算

根据已知点和待测设点利用坐标反算公式计算测设角度和测设距离。

$$\alpha_{AB} = \arctan \frac{y_B - y_A}{x_B - x_A} \tag{1-8}$$

$$\alpha_{AP} = \arctan \frac{y_P - y_A}{x_P - x_A} \tag{1-9}$$

此处需要注意控制点坐标和测设点坐标代入公式时是否正确，计算得到各个方位角的象限是否正确。

$$\beta = \alpha_{AB} - \alpha_{AP} \tag{1-10}$$

$$D_{AP} = \sqrt{(x_P - x_A)^2 + (y_P - y_A)^2} \tag{1-11}$$

2）点位测设

首先，将全站仪安置于 A 点，对中、整平，瞄准 B 点定向，配置水平度盘读数 $0°0'0''$，然后松开制动螺旋，旋转照准部。如果 β 为正，逆时针旋转照准部，使得仪器屏幕上读数为 $360°-\beta$；如果 β 为负，顺时针旋转照准部，使得仪器屏幕上读数为 β，这时确定了待测设点的方向。

然后，根据确定的测设方向，由 A 点沿着沿着 AP 方向，通过全站仪已知距离测设的方式在确定的测设方向上测设距离 D_{AP}，即可得到待测设点 P。

【例 1–3】如图 1-6，地面上有两个平面控制点 A 与 B，坐标分别为：$x_A = 3\ 821.799$ m，$y_A = 2\ 903.541$ m；$x_B = 3\ 629.741$ m，$y_B = 2\ 943.647$ m。P 点为测设点，其坐标为 $x_P = 3\ 845.635$ m，$y_P = 2\ 961.636$ m。现准备在 A 点架设全站仪，利用极坐标法来测设 P 点，求测设数据。

解：（1）测设数据计算。

① $\Delta x_{AB} = x_B - x_A = -192.058$ m，$\Delta y_{AB} = y_B - y_A = 40.106$ m

$$\alpha_{AB} = \arctan \frac{y_B - y_A}{x_B - x_A} = 168°12'17''$$

② $\Delta x_{AP} = x_P - x_A = 23.836$ m，$\Delta y_{AP} = y_P - y_A = 58.095$ m

$$\alpha_{AP} = \arctan \frac{y_P - y_A}{x_P - x_A} = 67°41'31''$$

$$\beta = \alpha_{AB} - \alpha_{AP} = 100°30'46''$$

$$D_{AP} = \sqrt{(x_P - x_A)^2 + (y_P - y_A)^2} = 68.795 \text{ m}$$

（2）测设方法：

测设时，在 A 点安置全站仪，对中、整平，瞄准 B 点，配置水平度盘平度盘读数 $0°0'0''$，松开照准部，逆时针旋转照准部，使得仪器屏幕显示读数为 β，确定测设方向。然后，从 A 点沿测设方向，运用全站仪测距功能，测设距离 D_{AP}，即可定出 P 点。

3. 距离交会法

距离交会法也称为长度交会法，是根据两个已知点到待测设点的距离交会出测设点的方法，所用到的两个距离可以根据已知点坐标和测设点坐标经过坐标反算求得，也可以从图纸上量取获得。这种方法适用于控制点和测设点距离较近且地面比较平整的情形。

如图 1-7 所示，有两个控制点 A 和 B，待测设点 P，通过计算得到控制点到测设点的距离 D_{AP} 和 D_{BP}。测设时分别以两个控制点为圆心，以计算得到的距离为半径画圆弧，两个圆弧的交点即为待测设点 P。需要注意的是，测设时可以交会出两个点，因此要根据图纸上控制点 A、B 和测设点 P 的位置关系来实地确定哪一个点是要测设的。

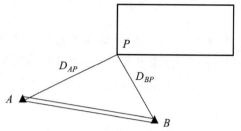

图 1-7 距离交会法测设点的平面位置

【例 1-4】如图 1-7，地面上有两个平面控制点 A 与 B，坐标分别为：$x_A = 2\,884.374$ m，$y_A = 1\,983.483$ m；$x_B = 2\,894.263$ m，$y_B = 2\,003.283$ m。P 点为测设点，其坐标为 $x_P = 2\,901.273$ m，$y_P = 1\,993.283$ m。根据距离交会法进行点位测设，请计算测设数据，并简述测设方法。

解：（1）测设数据计算。

$$D_{AP} = \sqrt{(x_P - x_A)^2 + (y_P - y_A)^2} = 19.535 \text{ m}$$

$$D_{BP} = \sqrt{(x_P - x_B)^2 + (y_P - y_B)^2} = 12.212 \text{ m}$$

（2）测设方法：

测设时，在 A 点安置全站仪，对中、整平，测量距离 D_{AP}，以 D_{AP} 为半径在地面上适当的位置画圆弧；在 B 点安置全站仪，对中、整平，测量距离 D_{BP}，以 D_{BP} 为半径在地面上适当的位置画圆弧，两圆弧的交点即为测设点 P。注意：测设前，应先根据 A、B、P 三个点的坐标位置关系判断 P 点在 AB 两点连线的左侧还是右侧，然后再进行实地测设。

4. 角度交会法

在量距不方便的情况下常使用角度交会法进行点的平面位置测设，该方法是根据两个已知点到待测设点的夹角确定方向后交会出测设点的方法，所用到的夹角可以根据已知点坐标和测设点坐标经过坐标反算求得，也可以从图纸上量取获得。这种方法适用于控制点距离测设点较远且量距不方便的情形，如桥梁、码头、水利等工程应用较多。

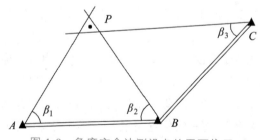

图 1-8 角度交会法测设点的平面位置

如图 1-8 所示，现场测设时分别在两个控制点 A、B 上安置全站仪，测设出两个控制点和待测设点的夹角 β_1、β_2，两个夹角所形成的方向交点即为待测设点 P。在实际工作过程中，为了保证待测设点的精度，还应从第三个控制点 C 测设另外一个夹角 β_3，定出另外一个方向线作为检核。理论上所形成的三个方向会相交于一点，但是由于测量过程中会产生一定的误差，形成的三个方向线不相交一点，则会形成一个三角形，这个三角形称为示误三角形。当示误三角形的边长误差在限差范围内，取示误三角形的重心作为待测设点 P。

【例 1-5】如图 1-8，地面上有两个平面控制点 A 与 B，坐标数据坐标分别为：$x_A = 2\,884.374$ m，$y_A = 1\,983.483$ m；$x_B = 2\,894.263$ m，$y_B = 2\,003.283$ m。P 点为测设点，其坐标为 $x_P = 2\,899.800$ m，$y_P = 1\,984.767$ m。根据角度交会法进行点位测设，请计算测设数据，并简述测设方法。

解：（1）测设数据计算。

$$\alpha_{AB} = \arctan \frac{y_B - y_A}{x_B - x_A} = 63°27'38''$$

$$\alpha_{AP} = \arctan \frac{y_P - y_A}{x_P - x_A} = 4°45'29''$$

$$\alpha_{BP} = \arctan \frac{y_P - y_B}{x_P - x_B} = 286°38'55''$$

$$\alpha_{BA} = 180° + \alpha_{AB} = 243°27'38''$$

测设角度 $\quad \beta_1 = \alpha_{AB} - \alpha_{AP} = 58°42'09''$

$$\beta_2 = \alpha_{BP} - \alpha_{BA} = 43°11'17''$$

（2）测设方法：

测设时，在 A 点安置全站仪，对中、整平，瞄准 B 点，配置水平度盘平度盘读数 $0°0'0''$，逆时针旋转 β_1（或者顺时针旋转 $360° - \beta_1$），在这个视线上合适的位置确定两个桩点 M_1、M_2；然后在 B 点安置全站仪，对中、整平，瞄准 A 点，配置水平度盘平度盘读数 $0°0'0''$，顺时针旋转 β_2，在这个视线上合适的位置确定两个桩点 N_1、N_2；用钢丝绳拉线，分别连接 M_1、M_2 和 N_1、N_2，此时连线的交点即为测设点 P。

5. 坐标法

坐标法是在极坐标法的基础上发展的。对于全站仪来说，本身具有距离测量、角度测量的功能以及自动计算和存储的功能，可以通过输入的测站点和测设点的坐标元素得到测设数据，即可完成测设。这种方法是施工现场常用的一种点平面位置测设方法。

具体操作步骤如下。

1）测站定向

测站定向分为自由设站后方交会测站定向、已知后视点测站定向。自由设站后方交会测站定向需要将全站仪在任意一未知点 S 处整平，采用后方交会原理，通过观测到两个以上已知点的方向、距离，可以计算出自由设站点 S 的坐标，然后可以根据其中一个已知点完成全站仪测站定向；已知后视点测站定向需要将全站仪架设其中一个已知点，在全站仪中输入测站数据（测站点坐标、后视点坐标），后视方位角通过输入的测站点和后视点的坐标后照准后视点进行设置，完成后视定向。

2）确定测设方向

输入测设点坐标，仪器便自动计算出该点的测设数据（$\Delta\alpha$，Δd），其中 $\Delta\alpha$ 为测站方位角与测设方位角之间的差值，Δd 为测站点至测设点之间的水平距离与测站点至棱镜的水平距离的差值。松开制动，旋转全站仪的水平度盘使得 $\Delta\alpha$ 在误差允许范围之内，确定出测设的方向，然后指挥棱镜移动到该方向上，如图1-9。

3）确定测设点

根据步骤（2）确定的方向，采用全站仪的测距功能测量棱镜至测站点之间的距离，根据 Δd 的变化不断前后移动棱镜，使得 Δd 为误差允许范围之内，此时棱镜所在位置即为要测设的点，如图1-10。

图1-9　确定测设方向

图1-10　距离差值

3.2.2　GNSS-RTK 测设

GNSS-RTK 的工作原理是以一台输入已知 WGS-84 坐标的 GNSS 接收机作为基准站，对所有可见 GNSS 卫星进行不间断观测，将其观测数据通过无线数据传输设备发给流动站，流动站上的另一台 GNSS 接收机在接收 GNSS 卫星信号的同时，通过无线数据接收设备，接收基准站传输的观测数据，然后根据相对定位、实时差分的原理，通过软件，实时计算出流动站所在点的 WGS-84 坐标，通过地方坐标转换参数，换算得出流动站的平面坐标和高程，并实时显示在手簿上。如图1-11所示。

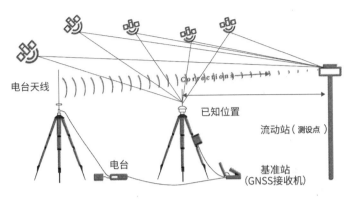

電台天線

已知位置

流動站（測設點）

電台

基準站
（GNSS接收機）

图 1-11　GNSS-RTK 測設点的平面位置

GNSS-RTK 测设点平面位置的基本原理就是根据流动站所在点平面坐标与待测设点坐标相比较，得到流动站所在点平面坐标与待测设点坐标在南北方向的差值 ΔX 和东西方向的差值 ΔY，这个差值显示在操作手簿上面，根据手簿的指示寻找测设点，直至 ΔX 和 ΔY 在误差允许范围之内，即可得到测设点。

具体操作步骤如下。

1. 安置仪器

安置仪器也就是基站的架设，基站的架设条件：首先，要求架设在相对开阔的地方，以利于卫星信号的接收；其次，基站应架在地势较高的地方，以利于电台信号的传输，发射天线的架设高度会对电台作用距离有比较大的影响。

基站的架设位置，可以是已知点上也可以是未知点上，为了方便野外工作，一般情况下可以把基站架设在未知点上。

2. 设置移动站

手簿通过蓝牙和移动站 GNSS 接收机进行连接，而移动站接受基准站的数据方式一般有三种：电台模式、连续运行参考站（Continuously Operating Reference Stations，CORS）模式、网络模式。

3. 求解参数

GNSS 系统采用世界大地坐标系统 WGS-84 的经纬度坐标，工程建筑一般采用地方坐标系统或工程坐标系统。在实际工作中 GNSS 系统显示的坐标都要先通过相应的软件把 GNSS 主机输出的经纬度坐标转化为当地施工坐标，这就需要进行转换参数的计算和设置。转换参数主要有四参数、七参数。如果地面两点的距离小于 10 km，可以忽略不同椭球参数对转换精度的影响，采用四参数；如果地面上两点的距离超过了 15 km，必须考虑不同坐标系所采用的椭球参数，避免因椭球参数差异造成点位转换精度过低，采用七参数。

4. 测设点位

测设时把待测设点的坐标输入手簿，此时，手簿屏幕上会显示出移动站所在位置与待测设点所在位置的南北方向的差值 ΔX 和东西方向的差值 ΔY，根据差值移动 GNSS 接收机，使得 ΔX 和 ΔY 在误差允许范围之内，即可得到测设点。

3.3　应用案例

某建筑物建设中，根据附近已有控制点测设建筑基线（见图 1-12）。附近两个已知控制点 A、B 的测量坐标分别为 A（10.386，52.497）、B（53.685，12.163），建筑基线点坐标分别是 1（102.143，36.792）、2（86.597，63.486）、3（44.432，135.887），请根据已知控制点 A、B 的坐标实地测设出建筑基线点 1、2、3 点的平面位置。

解：（1）计算测设数据 D。

$$D_{A1} = \sqrt{(\Delta x_{A1}^2 + \Delta y_{A1}^2)} = \sqrt{(102.143 - 10.386)^2 + (36.792 - 52.497)^2} = 93.091 \text{（m）}$$

$$D_{A2} = \sqrt{(\Delta x_{A2}^2 + \Delta y_{A2}^2)} = \sqrt{(86.597 - 10.386)^2 + (63.486 - 52.497)^2} = 76.999 \text{（m）}$$

$$D_{A3} = \sqrt{(\Delta x_{A3}^2 + \Delta y_{A3}^2)} = \sqrt{(44.432 - 10.386)^2 + (135.887 - 52.497)^2} = 90.072 \text{（m）}$$

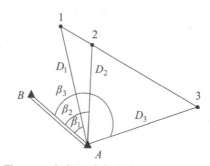

图 1-12　根据已有控制点测设建筑基线

（2）计算测设数据 β。

① 判断象限。

因为 $\Delta x_{AB} = x_B - x_A = 53.685 - 10.386 = 43.299 > 0$，$\Delta y_{AB} = y_B - y_A = 12.163 - 52.497 = -40.334 < 0$，所以直线 AB 的坐标增量位于第四象限。

② 计算象限角。

$$R_{AB} = \arctan \left| \frac{\Delta y_{AB}}{\Delta x_{AB}} \right| = \arctan \left| \frac{-40.334}{43.299} \right| = 42°58'10.5''$$

③ 计算方位角。

因为直线 AB 坐标增量位于第四象限，坐标方位角 $\alpha_{AB} = 360° - R_{AB} = 317°01'49.5''$。同理，通过坐标反算计算出直线 $A1$、$A2$、$A3$ 的坐标方位角。计算结果如下：

$$\alpha_{A1} = 350°17'14.8'', \quad \alpha_{A2} = 8°12'18.1'', \quad \alpha_{A3} = 67°47'27.8''$$

④ 计算放样角度。

$$\beta_1 = \alpha_{A1} - \alpha_{AB} = 33°15'25.3''$$

$$\beta_2 = \alpha_{A2} + 360° - \alpha_{AB} = 51°10'28.6''$$

$$\beta_3 = \alpha_{A3} + 360° - \alpha_{AB} = 110°45'38.3''$$

（3）测设已知点平面位置（见表 1-1）。

第一步：将全站仪在测站点 A 点对中整平，将棱镜架设于后视点 B 点。

第二步：在全站仪中输入测站坐标 A（10.386，52.497）和后视点坐标 B（53.685，12.163），并进行后视定向。

第三步：在全站仪中输入待测设点 1 点的坐标（102.143，36.792），显示屏上显示出放样平距和水平角差 $33°15'25.3''$。

第四步：旋转照准部，当水平角差为 0°时固定水平方向制动螺旋，并将一棱镜沿着望远镜视线方向前后移动，直到放样平距为 0 时该棱镜的位置即为待测设点 1 的位置（此时显示屏上测站点到棱镜的水平距离 H_{A1} 即为 93.091 m）。

表 1-1　全站仪（索佳 510 K）点位测设的操作步骤

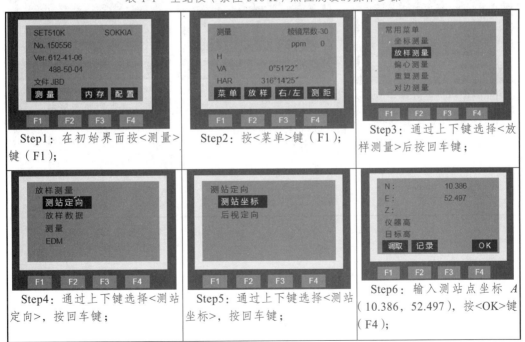

Step7：按 ESC 返回<测站定向>，通过上下键选择<后视定向>，按回车键；

Step8：通过上下键选择<坐标定向>，按回车键；

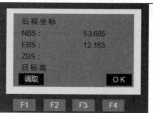

Step9：输入后视点坐标 B（53.685，12.163），按<OK>键（F4）；

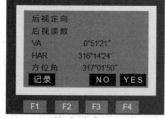

Step10：精确瞄准后视点 B 点，按<YES>键（F4）；

Step11：按 ESC 键返回<放样测量>界面，通过上下键选择<放样数据>，按回车键；

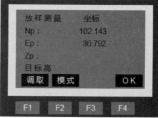

Step12：输入放样点坐标 1（102.143，36.792），按<OK>键（F4）；

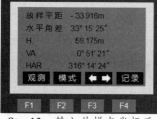

Step13：输入放样点坐标后，显示屏上显示放样平距和水平角差；

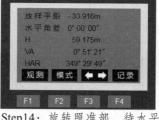

Step14：旋转照准部，待水平角差为 0 时固定水平方向制动螺旋；

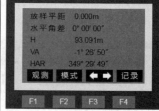

Step15：扶镜员将棱镜沿望远镜视线方向前后移动，观测者将望远镜上下旋转精确瞄准棱镜中心，按"观测"键（F1），当显示屏上显示的放样平距为 0 时棱镜所在位置即为待测设点 1 的位置

✎ **复习思考题**

1. 点的平面位置测设的方法有哪几种?

2. GNSS-RTK 测设点的平面位置的原理?

3. 现用极坐标法测设桥梁桩基的位置,其中已知两个平面控制点 A 和 B,点位坐标分别为(1 826.266,2 738.271)和(2 729.261,2 648.242),桩基 P 点的坐标为(1 973.271, 2 064.736), 求其测设数据。

4. 影响极坐标法测设点平面位置的精度的因素有哪些?

5. 怎么提高 GNSS-RTK 测设点位的精度?

项目一 任务 4

任务 4
已知高程测设

4.1 工作任务

施工过程中,平整场地、开挖基坑、定路线坡度和定桥墩台等,经常需要高程测设。本任务主要是通过不同形式下高程测设理论的学习,能够运用相应仪器进行建筑物、构筑物已知高程的测设。

4.2 相关配套知识

已知高程测设就是根据一定的测量方法、仪器,按照设计的精度要求,把图纸上规划设计好的建筑物、构筑物的高程测设在指定桩位上,作为施工的依据。根据测设仪器的不同,点的高程位置测设的方法有水准仪测设、全站仪测设和 GNSS-RTK 测设等。

1. 水准仪测设

水准仪测设是利用水准仪,根据水准测量的方法和施工现场已有的水准点,将设计高程标定出来的工作。比如,为了控制房屋基础的平整性及其标高、各层楼板的高度和平整度,须随施工进度而做大量高程测设工作;挖基坑时要求测设坑底高程,平整场地需按照设计要求放样一些点的高程。

如图 1-13 所示,现有一水准点 A,其已知高程为 H_A,B 点的设计高程为 H_B,在 B 点打一木桩,在木桩上标出 B 点的设计高程。

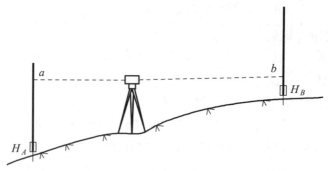

图 1-13　水准仪测设高程

水准仪测设是将水准仪架设在 A、B 两点中间，A 点放置水准尺，读取水准尺读数 a。根据仪器提供水平视线的原理，如果想要使得 B 点出木桩的高程为 H_B，那么 B 点处水准尺的读数应该为：

$$b = (H_A + a) - H_B \qquad\qquad (1\text{-}12)$$

这个时候在 B 点的木桩处上下移动水准尺，使得水准尺的读数为 b，则水准尺底部的高程即为 H_B，此时在水准尺底部木桩上做好标记，标记处即为要测设的高程。

【例 1-6】已知水准点 A 的高程 $H_A = 325.373$ m，B 点的设计高程为 324.984 m，在 B 点处打一木桩，使得木桩顶部高程为 B 点设计高程。

解：根据测设原理，在 A、B 两点中间安置水准仪，整平后，后视 A 点得到后视读数 a 为 1.352 m，则 B 点处水准尺的后视读数为

$$b = (H_A + a) - H_B = (325.373 + 1.352) - 324.984 = 1.741 \ （\text{m}）$$

测设时，在 B 点木桩处上下移动水准尺，使得水准尺的读数为 1.741 m，则水准尺底部的高程即为 324.984 m，此时在水准尺底部木桩上做好标记，标记处即为要测设的高程。

在对高大建筑物或深基坑进行高程测设时，除了用到水准尺外，还需利用钢尺运用上下传递法来进行高程的上下传递完成测设。

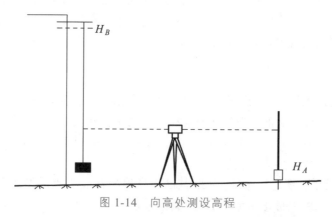

图 1-14　向高处测设高程

向高大建筑物传递高程，如图 1-14 所示，已知点 A 高程为 H_A，现向建筑物 B 处测设高程为 H_B，则在 B 处楼顶悬吊钢尺，钢尺零端向下，并在钢尺底部挂一重锤，保证钢尺稳定。水准仪读取后视点 A 的读数 a 和钢尺的读数 b_1，上下移动钢尺，直到钢尺上端的读数为 b_2 时，$b_2 = H_B - (H_A + a) + b_1$，该处所对应的位置即为待测设的高程 H_B。

向深基坑传递高程，如图 1-15 所示，已知点 A 高程为 H_A，现向深基坑 B 处测设高程为 H_B。在坑边悬吊钢尺，钢尺零端向下，并在钢尺底部挂一重锤，保证钢尺稳定，在坑外和坑底安置水准仪，分别读取坑外的后视读数 a_1 和前视读数 b_1、坑底的后视读数 a_2。如果要使得 B 点出木桩的高程为 H_B，则需要计算前视读数 b_2：

$$H_A + a_1 = H_B + b_2 + (b_1 - a_2) \qquad\qquad (1\text{-}13)$$

即
$$b_2 = H_A + a_1 - H_B - (b_1 - a_2) \qquad\qquad (1\text{-}14)$$

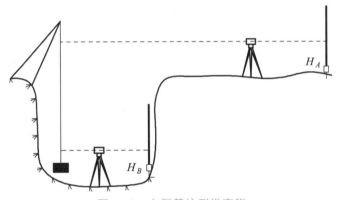

图 1-15　向深基坑测设高程

【例 1-7】已知水准点 A 的高程 $H_A = 98.753$ m，要在基坑内侧测设出设计高程为 90.628 m 的 B 点位置。现在基坑的一侧悬吊一根带重锤的钢尺，零点在下端。在基坑外和基坑底部安置水准仪，读取后视 A 点的后视读数 a_1 为 1.659 m，前视钢尺的读数 b_1 为 9.874 m，坑底水准仪的后视读数 a_2 为 1.782 m，则 B 点处的前视读数应为多少？

解：$b_2 = H_A + a_1 - H_B - (b_1 - a_2) = 98.753 + 1.659 - 90.628 - (9.874 - 1.782) = 1.692$ （m）

计算出前视读数 b_2 后，沿坑底的木桩处立水准尺，上下移动水准尺，使得水准尺读数为 1.692 m，此时在水准尺底部木桩上做好标记，标记处即为要测设的高程 90.628 m。

2. 全站仪测设

全站仪三角高程测量是通过观测两个控制点间的水平距离和竖直角求定两点间的高差。全站仪测设高程是根据全站仪三角高程测量原理的基础上发展来的，其原理是通过三角高程测量得到待测设点处棱镜和测站点的高差计算得到待测设点处棱镜底部的高程，并与设计高程进行比较来引导棱镜上下移动以得到设计高程（如图1-16）。这种方法一般和点的平面位置测设中的坐标法同时使用，以进行点位的三维坐标测设。

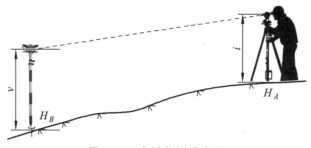

图 1-16　全站仪测设高程

具体操作步骤如下：

（1）安置仪器。

在已知高程点架设全站仪，对中、整平。

（2）参数输入。

量取仪器高和棱镜高，输入仪器中，并把测站点高程、待测设点设计高程、温度、气压等数据一并输入仪器。

（3）高程测设。

把棱镜放在待测点处，用全站仪观测棱镜，获得棱镜底部高程和设计高程差值，根据差值上下移动棱镜，使得差值在允许限差范围之内，此时棱镜底部高程即为要测设的高程。

3. GNSS-RTK 测设

由 GNSS-RTK 的工作原理可知，GNSS-RTK 通过坐标转换可以得到每个点的正常高 h，那么 GNSS-RTK 点高程的测设，就是根据转换得到流动站所在点高程与设计高程比较得到的差值 Δh，这个差值显示在手簿上面，根据手簿的指示降低或升高移动站，直至 Δh 在误差允许范围之内，即可得到测设点的高程。GNSS-RTK 测设点的高程有的时候和 GNSS-RTK 测设点的平面位置同时使用，以进行点位的三维坐标测设。

GNSS-RTK 测设点的高程和测设点的平面位置操作流程基本相同，其流程也是要经过安置仪器、设置移动站、求解参数，完成上述三个步骤后，把要测设点的三维坐标输入手簿，此时，在手簿上只看高程差值 Δh，通过升降移动站使得 Δh 在误差允许范围之内，即可得到测设点的高程。

中国珠峰高程测定的历程

50 多年来，我国单独或与国际合作，分别在 1966 年、1975 年、1992 年、1998 年、1999 年、2005 年和 2020 年对珠峰高程进行了几次大规模的测量、数据处理和相应的研究工作，其中包括天文、重力、平面、高程、大气折射等测量项目，不仅采用了常规技术，从 1992 年起还采用了 GPS 技术。

从中国高程基准（青岛黄海海面）出发，以高于 5 000 km 的一等水准联测至珠峰北 70 km 处（绝对误差小于 1 00 mm），再以二等、三等水准联测至珠峰北坡毗邻地区（以下简称"珠峰地区"），离珠峰最近的水准点只相距约 13 km。以这一水准点为基础，将高程传递至测定珠峰高程的各地面测站。

1966 年，建立珠峰测量控制网，用三角测高方法测定了珠峰峰顶。首次在珠峰地区进行了高空折光系数探测和重力场测定。

1975 年，在珠峰峰顶设立了测量觇标，采用三角高程测量方法测定了珠峰高程，重力点测至离珠峰峰顶 1.9 km 的 7 790 m；天文点测至离珠峰峰顶 5 km 的 6 336 m；在珠峰峰顶上进行了冰雪层厚度探测。这些均是世界上珠峰高程测量史上的首次。

1992 年，中意合作在峰顶再次设立了觇标；并首次设立测距棱镜和 GPS 接收机，同时在珠峰南坡、北坡两边，综合利用测距、三角高程、GPS 定位和 GPS 水准等技术测定了珠峰高程，并再次在珠峰峰顶上进行了冰雪层厚度探测。

1998 年，中美合作测定珠峰高程，由于登顶失败，未能将 GPS 仪器置于珠峰峰顶，因此只有用三角测高方法测定珠峰高程。

1999 年，美国进行了珠峰南坡和峰顶的 GPS 测量，中美双方利用南坡、北坡同步观测的 GPS 数据，进行了珠峰高程计算。

2005 年，我国对珠峰高程进行了新的测定。总结了以往珠峰峰顶 GPS 测量的经验教训，采取多种技术措施，大幅度提高了峰顶 GPS 测高的准确度；采用结合 GPS 的雷达探测技术，测定珠峰峰顶冰雪覆盖层的厚度，提高了测量峰顶冰雪覆盖层厚度的准确度和可靠性，准确地测定珠峰高度为 8 844.43 m。

2020 年，我国珠峰高程测量登山队再次登顶，测量其新的高度为 8 848.86 m。

案例 1　某高铁桥 4 号墩高程测设

✎ **复习思考题**

1. 高程测设方法有几种?

2. 全站仪测设高程的原理是什么?

3. 影响全站仪高程测设的因素有哪些?

4. 已知一点 A 的高程为 385.783 m,运用水准仪测设另外一个点 B,B 点设计高程为 386.563 m,其中水准仪的后视读数为 1.784 m,则前视读数为多少时前视标尺的底部高程为设计高程?

5. 桥梁墩柱在施工过程中,需要用全站仪根据墩柱设计高程精确测设其设计高度,墩柱设计高程为 1 079.171 m,在已知点 A 上架设全站仪,在施工的墩柱上架设棱镜,通过全站仪观测棱镜得到仪器到棱镜的水平距离为 35.246 m,竖直角为 20°30′32″,其中 A 点高程 1 065.245,仪器高为 1.576 m,棱镜高为 1.350 m,试计算墩柱还要向上施工多高才能到其设置高度。

项目二

线路施工测量

铁路、公路、城市轨道等工程属于线形工程，其中线统称为线路。线路施工测量是指为配合线路工程施工所进行的测量工作的总称。线路施工测量的主要任务是放样出作为施工依据的桩点的平面位置和高程，保证各种建筑物能按照设计位置准确地修建起来。根据线路工程的作业内容，线路施工测量具有全线性、阶段性和渐近性的特点。全线性是指测量工作贯穿于线路工程建设的全过程。阶段性是指在不同的实施阶段，所进行的测量工作内容与要求不同。渐近性说明了线路测量在项目建设的全过程中，历经了由粗到精、由高到低的过程。线形工程的施工测量过程有许多共同之处，相比之下，铁路、公路工程的施工测量工作较为细致和全面。因此，本项目以铁路工程为例，介绍线路工程施工测量的具体工作内容及方法。

本项目包含有控制点复测、线路纵横断面测量、直线段坐标测设、圆曲线测设、标准曲线测设、竖曲线测设、坡度线测设、路基工程施工测量 8 个学习任务。通过本项目的学习，学生可以掌握线路工程施工现场点位测设的方法，培养现场解决问题的能力，锻炼与其他工种协调配合作业和自主学习能力，为后续桥梁工程、隧道工程、城市地铁工程的施工测量学习奠定基础。

思政亮点

（1）以我国四通八达的交通网引入线路施工测量，使学生了解我国基础建设带来的机遇与发展，感受大国交通的雄伟壮阔，激发爱国热情，从而增强职业认同感和荣誉感。

（2）在线路精密计算和测设中，养成客观、认真的职业素养，形成精益求精的工作理念。

学习目标

1. 知识目标

（1）了解线路施工测量工作的基本内容；

（2）掌握线路纵、横断面测量的能力；

（3）掌握平曲线、竖曲线计算的能力；

（4）掌握线路工程施工放样的能力；

（5）掌握坡度测设的方法；

（6）掌握路基工程施工测量的能力。

2. 能力目标

（1）具备使用相关测量仪器设备进行控制网测量与复测的能力；

（2）具备查阅资料、规范的能力；

（3）具备对线路测设数据计算的能力；

（4）具备线路施工测量工作基本要求的能力。

3. 素质目标

（1）具备查阅相关规范、资料并进行自学的能力；

（2）具备良好的质量意识、规范意识；

（3）具有良好的团队意识和协作精神。

项目二 任务1

任务 1
控制点复测

1.1 工作任务

根据铁路工程控制网点位复测技术要求，采用合理的测量方法，完成线形工程平面控制点和高程控制点的复测任务，为后续线形工程点位测设提供可靠基准。

1.2 相关配套知识

在线路勘测设计完成后，往往要经过一段时间才能施工，这段时间内，线路控制点是否发生位移或破坏，需要在施工前进行确定。因此，控制点复测是施工测量前必不可少的准备工作，它包括平面控制点复测和高程控制点复测。只有在控制点复测完成，确保控制点无误后，才能进行施工放样等测量工作。另外，由于人为或其他原因，控制点丢失或遭受破坏，要对其进行补测或加密。

控制点复测前，施工单位应检核线路测量的有关图表资料，会同设计单位进行现场桩位交接。主要桩位有：直线转点、交点、曲线主点、有关控制点、导线点、水准点等。

1. 控制点交接

施工放样是在施工承包合同生效后按设计图纸进行的测量工作。施工放样前，测量人员应全面地熟悉设计文件及监理细则，接受监理工程师或设计单位交给的控制点、水准点和设计院逐桩坐标资料及其他标志。施工（或承建）单位在接到设计单位发出的桩位图及坐标、标高等数据并现场交桩后，应在规定期限内（一般为两周之内）进行复核检测，把复测结果上报至监理单位。如果没有错误且精度符合设计及施工的要求，应书面表示正式接受桩位，并负责以后的维护和使用。承建单位的复核检测成果应上报监理工程师审核，监理单位审核通过方可作为控制点使用。

2. 平面控制点复测

平面控制点复测一般采用 GNSS 测量或导线测量的方法进行。

1）GNSS 测量方法

（1）GNSS 方法点位复测一般采用边连式构网，形成由三角形或大地四边形组成的带状网。

（2）作业前，光学对点器与基座必须严格检查校准，在作业过程中应经常检查保持正常状态。设站时，对中误差不大于 1 mm。

（3）天线安置应严格对中、整平，正确量取至厂商指定的天线参考点高度，并须获得厂商提供的参考点至天线相位中心的改正常数，以便于在随后的数据处理中精确计算天线高。

（4）天线高在每个时段的测前（开机之前）和测后（关机之后）各量取一次，两次量取天线高应在相同的位置。天线高应从天线的三个不同方向（间隔 120°）量取，或用接收机天线专用量高器量取。每次在三个方向上量取的天线高误差应不大于 ±2 mm，否则应重新对中、整平。任一方向上在观测前、后两次量取的天线高误差应不大于 ±2 mm，否则认为在观测过程中天线发生变动，该时段作废。

（5）测站上规定的作业项目经认真检查均符合要求，记录资料完整，将点位恢复原状方可迁站。

（6）同一时段的观测过程中不得关闭并重新启动仪器，不得改变仪器的参数设置，不得转动天线位置。在有效观测时段内，如中途断电，则该时段必须重测。因观测环境及卫星信号等原因造成数据记录中断累计时间超过 25 min，则该时段重测。

（7）观测过程中若遇到强雷雨、风暴天气，应立刻停止当前观测时段的作业。

（8）控制点复测时，每一同步环至少观测 2 个时段。每个时段观测结束后，都必须重新安置仪器，将基座转动 120°或者升降三脚架，然后重新对中、整平，进行下一时段的观测。

2）导线测量方法

实际测量中，线路工程沿线建有导线控制点，导线测量方法是最常见的平面控制点复测方法。复测过程根据规范要求按精密附合导线的作业要求进行施测，各段导线两端的控制点应附合到高一级的 GNSS 控制点上。根据《铁路工程测量规范》（TB 10101—2018）各等级导线测量的主要技术指标见表 2-1 所示。

表 2-1 导线测量的主要技术要求

等级	测角中误差 /(″)	测距相对中误差	方位角闭合差 /(″)	导线全长相对闭合差	测回数			
					0.5″级仪器	1″级仪器	2″级仪器	6″级仪器
二等	1	1/250 000	$\pm 2\sqrt{n}$	1/100 000	6	9	—	—
三等	1.8	1/150 000	$\pm 3.6\sqrt{n}$	1/55 000	4	6	10	—
四等	2.5	1/100 000	$\pm 5\sqrt{n}$	1/40 000	3	4	6	—
一级	4	1/50 000	$\pm 8\sqrt{n}$	1/20 000	—	2	2	—
二级	7.5	1/25 000	$\pm 15\sqrt{n}$	1/10 000	—	—	1	2

注：表中的 n 为测站数。

观测应符合下列要求：

（1）根据规范要求按精密附合导线的作业要求进行施测。

（2）仪器架设控制桩上，测量每相邻两点间的距离，并在该点观测相邻两边之间的夹角。

（3）导线测量法复测中的转折角测量宜采用方向观测法进行，其主要技术要求见表 2-2 所示。当观测方向少于 3 个时，可不归零观测。

（4）观测过程中进行了温度气压改正及仪器加、乘常数改正。

（5）导线点之间的高差不宜过大，其视线距障碍物的距离不宜小于 1.5 m，以减弱地面折光和旁折光的影响。对于高差较大的测站，采用每测回观测都重新整平仪器的方法进行多组观测，取平均值作为该站的最后结果。

（6）观测过程中，气泡中心位置偏移值不得超过 1 格；四等及以上等级的水平角观测，当观测方向的垂直角超过 ±3° 的范围时，宜在测回间重新整平气泡位置，有垂直补偿器的仪器可不受此限制。

（7）水平角观测误差超限时，应在原来度盘位置上重测。

表 2-2 导线测量中转折角测量的主要技术要求

等级	仪器等级	半测回归零差 /(″)	一测回内各方向 2C 互差/(″)	归零后同一方向各测回较差/(″)
四等及以上	0.5″级仪器	4	6	4
	1″级仪器	6	9	6
	2″级仪器	8	13	9
一级及以下	2″级仪器	12	18	12
	6″级仪器	18	—	24

例：导线测量法控制点复测主要是检查控制网中的坐标是否正确，检查方法如下（见图 2-1）。

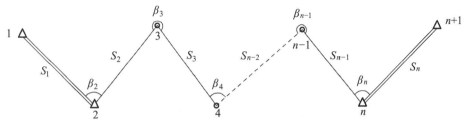

图 2-1　导线法控制点复测

第一步：根据导线点 1 ~ n 的坐标反算转折角（左角）β_2 ~ β_{n-1} 和导线边长 S_1 ~ S_{n-1}。

$$\alpha_{i+1,i} = \arctan\left(\frac{Y_i - Y_{i+1}}{X_i - X_{i+1}}\right)$$

$$\alpha_{i+1,i+2} = \arctan\left(\frac{Y_{i+2} - Y_{i+1}}{X_{i+2} - X_{i+1}}\right)$$

$$\beta_{i+1} = \alpha_{i+1,i+2} - \alpha_{i+1,i}$$

$$S_i = \sqrt{\left(X_{i+1} - X_i\right)^2 + \left(Y_{i+1} - Y_i\right)^2}$$

第二步：实地观测各左角 β'_{i+1} 及导线边长 S'_i。角度观测视控制点等级观测 2 个或 4 个测回，边长测量取测量 2 ~ 4 次的平均值。当观测值和计算值满足下式时，认为控制点的平面坐标正确或点位未发生变化。

$$\left|\beta_{i+1} - \beta'_{i+1}\right| \leqslant 2m_\beta = 16''$$

$$\left|\frac{S_i - S'_i}{S_i}\right| \leqslant \frac{1}{15\,000}$$

式中　m_β——该等级导线测角中误差。

在线路复测后，路基施工前，对中线的主要控制桩（如交点、直线转点及曲线五大桩）应设置护桩。护桩位置应选在施工范围以外不易被破坏的地方。一般设两根交叉的方向线，交角不小于 60°，每一方向上的护桩不少于 3 个。为便于寻找护桩，护桩的位置用草图及文字应做详细说明。

由于人为或其他原因，导线控制点丢失或遭到破坏，如果是间断性地丢失，可通过前方交会、支点等方法补测，或采用任意测站方法补测导线点。

线路复测内容包括：转向角测量、直线转点测量、曲线控制桩测量和线路水准测量等。其目的是恢复定测桩点和检查定测质量，而不是重新测量，所以要尽量按定测桩点进行。若桩点有丢失和损坏，则应予以恢复；若复测和定测成果的误差在允许范围之内，则以定测成果为准；若超出允许范围，应查找原因，确定定测资料错误或桩点位移时，方可采用复测资料。

3. 高程控制点复测

（1）施测前，要对所使用的水准测量仪器和标尺进行常规检查与校正。水准测量仪器的 i 角应小于或等于 $15''$。

（2）为保证尺子的稳定，尺垫须安在坚实的地方，踩实以防止尺垫移动或下沉。

（3）高速铁路工程高程复测按国家二等水准精度要求，测量过程中前后视距限值 50 m，视线距地面最低高度为 0.55 m，测站前后视距较差限值 1.5 m，前后视距差累积限值 6 m，数字水准仪重复测量次数 ≥2 次，往返高差限差 $\leqslant 4\sqrt{L}$ mm。

（4）水准的往、返观测应各选在天气晴朗的上午和下午分别进行，要避开大风大雨天气。每次观测前都应先让仪器适应室外环境后，再进行观测。

（5）采用单一水准路线（附合或闭合），使用电子水准仪以二等水准测量的等级进行往、返测。奇数站的观测顺序为后前前后，偶数站的观测顺序为前后后前，以奇偶站交替的方式进行。由往测转向返测时，两根水准尺应互换位置，并应重新安置仪器。

（6）往、返测高差较差满足精度（闭合差 $\leqslant 4\sqrt{L}$ mm；L 为往返测段附合水准路线的长度，以千米计）要求后进行控制网平差，求出各高程点的高程。较差超限时，应重新观测。

（7）在测导线时可利用光电测距三角高程法对水准点进行校核。

高程控制测量的方法主要有水准测量和三角高程测量两种。高程控制测量在线路沿线及桥梁、隧道工程规划地段进行，其任务有两类，一是建立沿线高程控制点，二是测定导线点的高程。水准测量和三角高程测量的主要技术要求遵循《铁路工程测量规范》（TB 10101—2018）进行，见表 2-3、表 2-4 所示。

表 2-3　水准测量的主要技术要求

等级	每千米高差全中误差/mm	路线长度/km	水准仪型号	水准尺	观测次数		往返较差、附合或环线闭合差	
					与已知点联测	附合或环线	平地/mm	山地/mm
二等	±2	—	DS1	铟钢	往返各一次	往返各一次	$\pm 4\sqrt{L}$	—
三等	±6	≤50	DS1	铟钢	往返各一次	往一次	$\pm 12\sqrt{L}$	$\pm 4\sqrt{n}$
			DS3	双面	—	往返各一次		
四等	±10	≤16	DS3	双面	往返各一次	往一次	$\pm 20\sqrt{L}$	$\pm 6\sqrt{n}$
五等	±15	—	DS3	单面	往返各一次	往一次	$\pm 30\sqrt{L}$	

用光电测距三角高程测量时，视距长度不得大于 1 km，竖直角不得超过 15°，可与导线测量合并进行。导线点作为高程转点，高程转点间的距离和竖直角必须往返观测，

并宜在同一气象条件下完成。斜距应加气象改正，取往返观测的平均值。前后视的反射棱镜应对中、整平，仪器高与棱镜高应读至毫米。当竖直角大于 20°或边长短于 200 m 时，应提高观测值的精度。光电测距三角高程测量可代替四等、五等水准测量，其精度要求见表 2-4 所示。

表 2-4　光电测距三角高程测量主要技术要求

等级	仪器	竖直角测回数		指标差较差/（″）	竖直角较差/（″）	对向观测高差较差/mm	附合或环线闭合差/mm
		三丝法	中丝法				
四等	DJ2	—	3	≤7	≤7	$\pm40\sqrt{D}$	$\pm20\sqrt{D}$
五等	DJ2	1	2	≤10	≤10	$\pm60\sqrt{D}$	$\pm30\sqrt{D}$

注：D 为光电测距边长度，单位为 km。

水准点高程测量应与国家水准点或相当于国家等级的水准点联测。当线路距上述水准点在 5 km 以内时，应不远于 30 km 联测一次，形成附合水准路线，联测允许闭合差为 $\pm30\sqrt{L}$ mm。

线路复测与定测成果的不符值限差为：

（1）水平角：$\pm30''$。

（2）距离：钢尺 1：2 000，全站仪 1：4 000。

（3）桩点点位横向差：每 100 m 不应大于 5 mm；当点位距离超过 400 m 时，亦不应大于 20 mm。

（4）曲线横向闭合差：10 cm（施工时应调整）。

（5）水准点高程闭合差：$\pm30\sqrt{L}$ mm。

（6）中桩高程：±10 cm。

4. 控制点加密

交接桩的导线点、水准点是设计阶段为满足设计要求建立的，不能完全保证施工现场放样的需要，且其中有些桩点在施工过程中会被覆盖、破坏而消失。因此，在开工前，测量人员应做好控制点加密工作，以保证路线及构造物各部位都能准确定位及施工过程个别桩位丢失后也能有足够的精度恢复桩位。测量人员正式接受导线点、水准点桩位后，应根据现场情况及施工技术规范要求，立即开展施工测量控制网点的加密工作。加密控制网点的埋桩、测量、建网和计算由测量技术人员完成。完成此项工作的技术人员要有相应的资格证书和丰富工作经验，使用的仪器必须经过检验标定，符合精度要求。测量人员完成控制网点加密工作后，应书面向监理工程师提交报告和计算资料。监理工程师对加密点测量结果进行审核，确认准确无误，精度符合要求后，可以使用作为控制点使用。

5. 施工控制点的坐标转换

在设计图纸上，建筑物的平面位置常采用施工坐标系中的坐标表示。为方便起见，施工坐标系的纵、横坐标轴与建筑物主轴线平行或垂直，原点设立在施工场区西南角。在施工测量中，常常会涉及施工坐标系与测量坐标系的坐标转换。

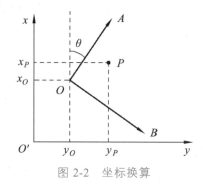

图 2-2 坐标换算

如图 2-2 所示，x、y 轴分别代表测量坐标系的纵、横坐标轴，A、B 轴分别代表施工坐标系的纵、横坐标轴，施工坐标系原点 O 在测量坐标系中的坐标为 (x_O，y_O)，施工坐标系的纵坐标与测量坐标系的纵坐标夹角为 θ，任一点 P 在两坐标系中的坐标分别是 (x_P，y_P) 和 (A_P，B_P)，在图中利用三角函数关系，可推导出坐标换算式如下：

$$\begin{cases} x_P = x_O + A_P \cos\theta - B_P \sin\theta \\ y_P = y_O + A_P \sin\theta + B_P \cos\theta \end{cases} \tag{2-1}$$

$$\begin{cases} A_P = (x_P - x_O)\cos\theta + (y_P - y_O)\sin\theta \\ B_P = -(x_P - x_O)\sin\theta + (y_P - y_O)\cos\theta \end{cases} \tag{2-2}$$

【例 2-1】施工场区建立施工坐标系，根据设计单位提供的数据，其中一个主点的施工坐标为 (210.000，235.000)，现欲将该主点的施工坐标转换为测量坐标。已知该施工坐标系与测量坐标系的夹角为 13°，施工坐标系原点在测量坐标系中的坐标值为 (134.500，158.500)，试求该主点的测量坐标。

解：$x_P = x_O + A_P \cos\theta - B_P \sin\theta = 134.5 + 210 \times \cos13° - 235 \times \sin13° = 286.254$（m）

$y_P = y_O + A_P \sin\theta + B_P \cos\theta = 158.5 + 210 \times \sin13° + 235 \times \cos13° = 434.717$（m）

即该主点的测量坐标为 $x_P = 286.254$ m，$y_P = 434.717$ m。

✎ **复习思考题**

1. 平面控制点复测一般采用哪种方法进行？

2. 高程控制点复测可采用哪种方法进行？

3. 线路复测的主要内容是什么？线路复测的目的是什么？

4. 若高程复测按国家二等水准精度要求，往返高差限差应小于等于（　　）mm。

   A. $4\sqrt{L}$ 　　　　 B. $6\sqrt{L}$ 　　　　 C. $8\sqrt{L}$ 　　　　 D. $10\sqrt{L}$

5. 已知某施工坐标系（AOB）相对于测量坐标系（$xO'y$）顺时针旋转了 35°，施工坐标系的原点 O 点在测量坐标系中的坐标值为 (255.300，342.900)，P 点在施工坐标系中坐标为 $A_P = 55.000$，$B_P = 84.500$，试计算 P 点在测量坐标系中的坐标值。

任务 2
线路纵、横断面测量

2.1　工作任务

本任务通过对线路纵、横断面测量理论和方法的学习，完成线路纵断面测量、线路横断面测量及断面图绘制工作，为后续线形工程设计和土石方量计算提供理论基础。

2.2　相关配套知识

2.2.1　线路纵断面测量

线路纵断面是沿线路中心线纵向垂直剖切的一个立面，它表达了线路沿线起伏变化的状况。线路纵断面测量是指沿线路中线测定各中桩的地面高程，绘制线路纵断面图，供线路纵坡设计时使用。线路纵断面测量的内容有两项：一是基平测量，即线路高程控制测量，是指沿线路方向设置水准点，用水准测量的方法测量水准点的高程。二是中平测量，即中桩高程测量，是指利用基平测量布设的水准点，分段进行附合水准测量，测定各中桩里程的地面高程。

1. 线路水准点的布设

在线路勘测、工程施工、运营管理阶段都要用到高程控制点，因此应根据工程建设需要和用途沿线路方向布设永久性或临时性的水准点。水准点的密度应根据地形和工程需要而定。一般地段每隔约 2 km 设立一点，在工程复杂地段每隔 1 km 设立一点，在线路起点、终点、大桥两端、隧道洞口、重点工程附近布设永久性水准点。为便于测量，还需要沿线布设一定数量的临时性水准。水准点应布设在稳固、醒目、易于引测、施工时不易遭受破坏的位置。水准点的高程采用一组往返或两组单程水准测量的方法测定。根据测量等级要求，可选用不同等级的水准测量方法。

2. 基平测量

线路水准点高程测量，又称基平测量。基平测量首先应将起始水准点与附近的国家水准点联测，获取绝对高程。若条件允许，应构成附合水准路线。基平测量应按照附合水准路线的要求进行，见图 2-3。

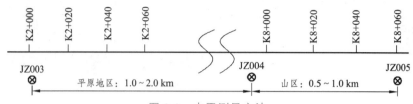

图 2-3　中平测量方法

3. 中平测量

线路中桩高程测量，又称中平测量。线路中桩高程测量（中平测量）是测定中线上各控制桩、百米桩、加桩处的地面高程，为绘制线路纵断面图提供资料。

中平测量是以两个相邻的水准点为一个测段，从一个水准点开始，采用中视法（视线高法）测量各中桩点的地面高程，直至附合到下一个水准点。在一个测站中若有转点，应先按水准测量方法观测水准点与转点、转点与转点的高差，视线长度应不超过 150 m，读数至毫米；然后再按中视法观测各中桩点，视线长度可适当放长，读数至厘米。中视法是先后视已知点确定视线高程，再前视各中间点；然后利用视线高程减去各中视读数，计算出各中间点的高程。中平测量速度快，但精度低，一般采用单程测量。

1）测量方法

如图 2-4 所示，将水准仪安置在适当的位置（置镜点 I），后视水准点 BM_1，前视转点 ZD_1，分别将读数记入表 2-5 的中平测量记录表中的后视、前视栏。然后观测 BM_1 与 ZD_1 之间的各中间点（中桩点）K5+000、K5+020、K5+040、K5+060，并将读数记入表中的中视栏。沿线路前进方向把仪器安置到适当的位置（置镜点 II），后视转点 ZD_1，前视转点 ZD_2，再中视 K5+080、K5+100、K5+120、K5+140，K5+160 等各中桩点，并将读数分别记入中视栏。按以上方法继续向前测量，直到附合到下一个水准点 BM_2，完成一个测段的观测工作。

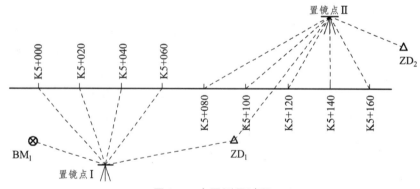

图 2-4　中平测量过程

2）计算及检核

如图 2-5 所示，用视线高法测量各中桩点高程时，每测站的各项计算依次按以下公式进行：

$$测站视线高 H_i = 后视点高程 H_A + 后视读数 a$$

前视转点的高程 H_B = 视线高程 H_i – 前视读数 b

中桩高程 H_1 = 视线高程 H_i – 中视读数 k_1

各站测量完成后，计算各点高程，直至下一个水准点时计算高差闭合差 f_h，若 $|f_h| \leq |F_h|$，则符合精度要求，以计算得到的高程作为绘制纵断面图的数据。

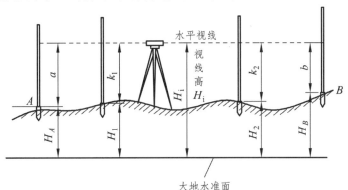

图 2-5　视线高法测量

表 2-5　中平测量记录计算表

测点 （立尺点）	水准尺读数/m			视线高程 /m	高程 /m	备注
	后视	中视	前视			
BM$_1$	2.047			103.340	101.293	
K5+000		1.92			101.42	① BM$_1$ 点位于 K5+000 里程
+020		1.52			101.82	桩右侧约 70 m 处，其已知高程
+040		2.01			101.33	101.293 m；
+060		1.36			101.98	②视线高程 H_i = 后视点高程
ZD$_1$	1.734		1.012	104.062	102.328	101.293+ 后 视 读 数 2.047 =
+080		1.08			102.98	103.340（m）；
+100		2.55			101.51	③ ZD$_1$ 点高程 = 视线高
+120		2.70			101.36	103.340 – 转点 ZD$_1$ 的前视尺读
+140		2.67			101.39	数 1.012 = 102.328（m）；
+160		2.77			101.29	④各中桩点的高程 = 视线高
ZD$_2$	1.213		2.580	102.695	101.482	程 103.340 – 各中桩点中视读数
…						

3）线路纵断面图绘制

根据已测出的线路中线里程和中桩高程，可绘制纵断面图，从而形象地将线路中线经过的地形、地质等自然状况以及设计的线路横、纵断面资料表示出来。断面图采用直角坐标法绘制，其横坐标表示水平距离，纵坐标表示高程。线路纵断面图是以线路中桩的里程为横坐标，以其高程为纵坐标而绘制出的沿线路中线地面起伏变化的图。常用的里程比例尺有 1：2 000 和 1：1 000。在纵断面图上，为明显表示地形起伏状态，通常使高程比例尺为水平比例尺的 10 倍。纵断面图上还包括了线路的平面位置、设计坡度等资料，它是施工设计的重要技术文件之一。某项目某个纵断面图如图 2-6 所示。

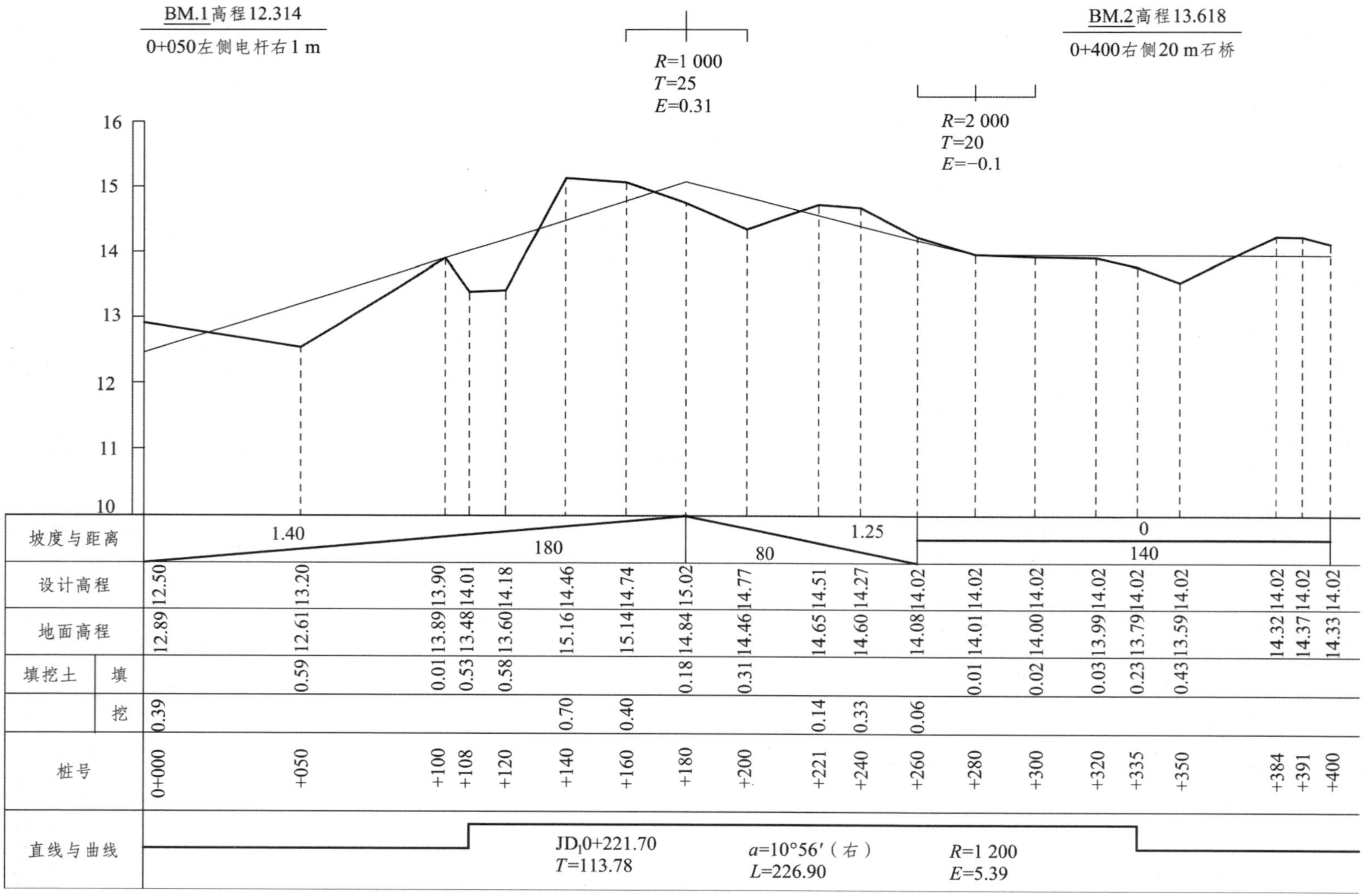

BM.1高程12.314 0+050左侧电杆右1m

BM.2高程13.618 0+400右侧20m石桥

R=1 000 T=25 E=0.31

R=2 000 T=20 E=-0.1

项目	0+000	+050	+100	+108	+120	+140	+160	+180	+200	+221	+240	+260	+280	+300	+320	+335	+350	+384	+391	+400
坡度与距离		1.40			180				80		1.25		0			140				
设计高程	12.50	13.20	13.90	14.01	14.18	14.46	14.74	15.02	14.77	14.51	14.27	14.02	14.01	14.00	13.99	13.79	13.59	14.32	14.37	14.33
地面高程	12.89	12.61	13.89	13.48	13.60	15.16	15.14	14.84	14.46	14.65	14.60	14.08	14.02	14.02	14.02	14.02	14.02	14.02	14.02	14.02
填挖土 填		0.59	0.01	0.53	0.58			0.18	0.31				0.01	0.02	0.03	0.23	0.43			
填挖土 挖	0.39					0.70	0.40			0.14	0.33	0.06								
桩号	0+000	+050	+100	+108	+120	+140	+160	+180	+200	+221	+240	+260	+280	+300	+320	+335	+350	+384	+391	+400

直线与曲线：

JD₁0+221.70 α=10°56′（右） R=1 200
T=113.78 L=226.90 E=5.39

图2-6 某项目纵断面图

2.2.2 线路横断面测量

在铁路、公路设计中，只有线路的纵断面图还不能满足路基、隧道、桥涵、站场等专业设计以及计算土石方数量等方面的要求，因此，必须测绘横断面图。横断面是指垂直于线路中线方向的地面断面。线路横断面测量的主要任务是在各中桩处测定垂直于道路中线方向的地面起伏，然后绘制横断面图。横断面图是设计路基横断面、计算土石方和施工时确定路基填挖边界的依据。横断面测量的宽度，由路基宽度及地形情况确定，一般在中线两侧各测 15 ~ 50 m。

1. 确定横断面方向

横断面测量的密度及宽度，应根据线路沿线的地形和地质情况以及设计需要确定。在线路上，一般应在曲线控制点、公里桩和线路纵、横向地形明显变化处测绘横断面。在大中桥头、隧道洞口、挡土墙等重点工程地段，适当加密横断面。

横断面的方向，在直线地段与线路方向垂直，在曲线地段与各点的切线方向垂直。其确定方法可用全站仪、方向架等进行。

在直线段，将全站仪安置在中桩点，后视另一中桩点方向，拨角 90°，仪器望远镜视线方向即为置镜中桩处的横断面方向。在曲线上，如图 2-7 所示，欲测 A 点处的横断面，首先根据 AB 弧长和曲线半径计算偏角 δ，然后，安置全站仪于 A 点以 0°00′00″ 后视 B 点，拨角 90°+δ，则望远镜视线方向即为 A 点的横断面方向。方向架多用于直线段横断面方向的确定，如图 2-8 所示，将方向架置于中桩上，使方向架的一条连线瞄准另一中桩点，则与之垂直的另一连线的方向即为该中桩处的横断面方向。

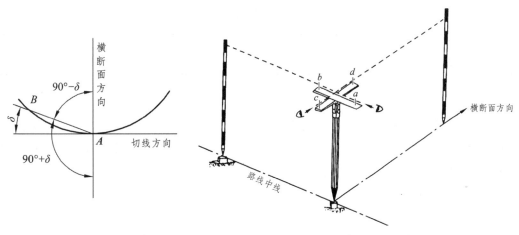

图 2-7　曲线段全站仪定向　　　　　图 2-8　直线段方向架定向

2. 横断面的测绘方法

根据铁路路基横断面数量多、工作量大，但测量精度要求不高的特点，在实际工作中，可根据仪器设备情况及地形条件，在保证测量精度的前提下，选择适当的测量方法，以提高工作效率。

1）水准仪测量横断面

当地势平坦、通视良好，或横断面精度要求较高时，可以使用水准仪测量横断面上各测点的高程。采用水准仪测量横断面时，由方向架确定断面方向，皮尺（或钢尺）量距。该法适用于施测横断面较宽的平坦地区，如图 2-9，水准仪安置后，以中桩地面高程点为后视，以中桩两侧横断面方向地形特征点为前视，水准尺上读数至厘米。分别量出各特征点到中桩的平距，量至分米。记录格式见表 2-6，表中按路线前进方向分左、右侧记录，以分式表示各测段的前视读数和平距。

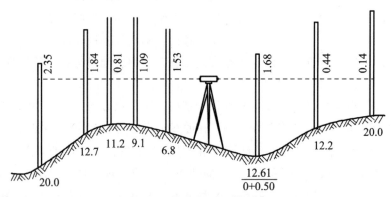

图 2-9　水准仪测量横断面

表 2-6　路线横断面测量记录

$\dfrac{\text{前视读数}}{\text{距离}}$（左侧）					$\dfrac{\text{后视读数}}{\text{桩号}}$	（右侧）$\dfrac{\text{前视读数}}{\text{距离}}$	
$\dfrac{2.35}{20.0}$	$\dfrac{1.84}{12.7}$	$\dfrac{0.81}{11.2}$	$\dfrac{1.09}{9.1}$	$\dfrac{1.53}{6.8}$	$\dfrac{1.68}{0+050}$	$\dfrac{0.44}{12.2}$	$\dfrac{0.14}{20.2}$

2）全站仪测量横断面

采用全站仪测量横断面时，首先要建立横断面坐标系，即建立以各里程桩为坐标原点，以里程桩切线方向为 X' 轴，法线方向为 Y' 轴的临时坐标系，全站仪在该坐标系中测得的 X' 值即为偏离 Y' 轴（横断面的方向）的值，测得的 Y' 值即为离 X' 轴的距离（即至中线的垂直距离）。

全站仪测量横断面的步骤为：

第一步：选取视野开阔的已知点 P_1 为测站，另一已知点 P_2 为后视，按极坐标法测量断面点。

第二步：测量里程桩的三维坐标，在横断面坐标系中，该点的坐标 $X' = 0$，$Y' = 0$。

第三步：测量横断面的地形变化点。在横断面坐标系中，如果该点在断面方向上，则 $X' = 0$，否则说明该点偏离横断面方向；如果超出允许范围，则由观测员指挥跑尺员调整位置。Y' 值为地形变化点离里程桩的距离，正值为右侧，负值为左例。同理测完其余各点。

3. 绘制横断面图

绘制横断面图的纵横比例尺相同，一般采用 1∶100 或 1∶200。根据横断面测量中得到的各点间的平距和高差，检验横断面测量成果，横断面测量检测限差为：

$$\Delta H_{\text{限}} = \pm\left(\frac{H}{100} + \frac{L}{200} + 0.1\right)$$

$$\Delta L_{\text{限}} = \pm\left(\frac{L}{100} + 0.1\right)$$

式中　H——检查点至中桩的高差（m）；

　　　L——检查点至中桩的水平距离（m）。

检验合格后，绘出各中桩的横断面图（见图 2-10）。在横断面图上应标定中桩位置和里程，并逐一将地面特征点画在图上，再连接相邻点，即绘出横断面图。

图 2-10　线路横断面图

2.3　应用案例

图 2-11 为某线路工程施工阶段绘制的线路详细纵断面图。线路纵断面图根据断面外业测量资料绘制而成，非常直观地体现了地面的起伏状况，是工程设计和施工的重要资料，也是铁路、公路设计的基础文件之一。

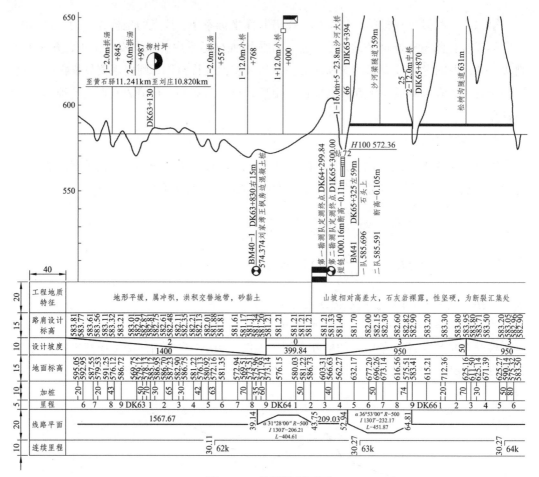

图 2-11　线路纵断面图

图 2-11 各项内容说明：

工程地质特征指线路沿线地质情况。

路肩设计标高指设计路基的路肩标高。

设计坡度指线路中线纵向的设计坡度，斜线方向代表纵坡方向（上坡或下坡），斜线上方数字表示坡度的大小（‰），下方数字表示坡段长度。

地面标高表示中桩高程。

加桩竖线表示百米桩或加桩的位置，数字表示至相邻百米桩的距离。

里程表示勘测里程，在百米桩或公里桩标出注字。

线路平面是线路平面形状示意图，图中对应栏中：直线表示线路为直线段；折线表示线路为曲线段，曲线段向下凸为左转，向上凸为右转。

连续里程表示线路自起点开始计算的里程，短竖线表示公里标位置，下方注字为公里数，短竖线左侧注字为公里标至相邻百米桩的距离。

图 2-11 的上部按地形起伏绘出了地面线，并注明了沿线桥涵、隧道、车站等建筑物的形式和中心里程，同时注明了沿线水准点的位置和高程。

1. 什么是线路纵断面？什么是线路横断面？

2. 什么是基平测量？什么是中平测量？

3. 线路纵断面测量的主要任务是什么？线路横断面测量的主要任务是什么？

4. 线路纵断面图是以线路中桩的为横坐标，以线路中桩的为纵坐标，绘制出的沿线路中线地面起伏变化的图。

5. 在纵断面图上，为明显表示地形起伏状态，通常使高程比例尺为水平比例尺的（　　）倍。

    A. 10   B. 20   C. 30   D. 40

6. 线路横断面的方向,在直线地段与线路方向(　　　　),在曲线地段与各点的(　　　)垂直。

7. 下表为某线路纵断面的测量数据，试完成表中括号部分的计算。

测点	水准尺读数/m			视线高程 /m	高程 /m	原有高程 /m	备注
	后视	中视	前视				
BM_A	1.068			（　　　）		99.269	
0+040		1.37			（　　　）		
0+080		1.24			（　　　）		
0+120		1.52			（　　　）		
0+160（ZD_1）	0.997		1.152	（　　　）	（　　　）		
0+200		1.11			（　　　）		
0+240		1.21			（　　　）		水准点高程
0+280		1.34			（　　　）		$H_{BM_A} = 99.269$ m
ZD_2	1.001		1.329	（　　　）	（　　　）		$H_{BM_B} = 98.109$ m
0+320		1.68			（　　　）		
0+360		1.79			（　　　）		
BM_B			1.764		（　　　）	98.109	
Σ	（　　　）		（　　　）				
f_h =（　　　　　　　　）				F_h =（　　　　　）			

8. 简要叙述全站仪测量横断面的具体步骤。

任务 3
直线段坐标测设

3.1　工作任务

直线是铁路平面曲线中最基本的一种平面线形，如图 2-12 中的 YZ ~ ZH 段点即为直线段。本任务通过对直线段逐桩坐标的计算和学习，为后续线形工程计算和测设提供理论基础。

3.2　相关配套知识

当受到地形、地物、水文、地质及其他因素限制时，铁路、公路等线路由一个直线方向转至另一直线方向时（其转折点称为交点，以 JD 表示），必须用平面曲线来连接。道路平面线形常采用直线、圆曲线和缓和曲线以及三种线形的组合，如图 2-12 所示。

从图 2-12 可以看出，标明线路走向的重要控制点是线路的转折点，称为线路的交点（例如 JD_1、JD_2）。当线路较长或线路有障碍时，为标明直线的走向可以在直线上设立一定数量的标识点，称为转点（ZD）。铁路、公路等线路定线测量，就是将线路以折线的方式表示在实地。

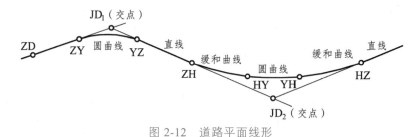

图 2-12　道路平面线形

1. 道路中线在地面的表示方法

地面上表示中线位置的桩点，简称为中桩。线路中桩的密度根据地形情况而定。对于直线段，平原微丘区间隔不大于 50 m，山岭重丘区间隔不大于 25 m；对于曲线段，间隔 5 ~ 25 m 测设一个中桩。中桩除了标定道路平面位置外，还应标记从道路起点沿道路方向至该中桩点的距离（里程），其中曲线上的中桩里程以曲线长来计算。里程表示方法是将整千米数和后面的尾数分开，中间用 " + " 号连接。例如：离起点距离为16547.356 m 的中桩里程表示为 K16+547.356（在里程前常冠以字母 K）。

线路上的桩点可分为控制桩、一般中线桩、加桩和断链桩。控制桩指对线路位置起决定作用的桩点，主要包括直线上的起终点、交点、转点，曲线上的曲线控制点和各个副交点。一般中线桩是指中线上除控制桩外沿直线或曲线每隔一段距离钉设的中线桩，一般设在整 50 m 或 20 m 的倍数处。一般中线桩还包括百米桩和千米桩。加桩主要指沿线路中线上有特殊意义的地方设置的中线桩，包括地形加桩和地物加桩。如遇河流、村庄等，在两侧均布设加桩，遇到灌溉渠道、高压线、道路岔口等也要布设加桩。

2. 直线段坐标计算

图 2-13 所示线形中，JD_1 的坐标为（X_1，Y_1），$JD_1 \sim JD_2$ 的方位角为 α_{1-2}，P 点位于 JD_1、JD_2 所在直线段上，根据坐标正算公式可求得：

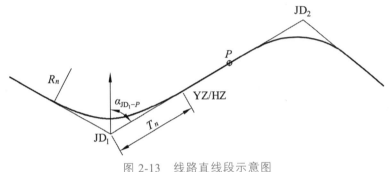

图 2-13　线路直线段示意图

$$X_P = X_1 + [T_n + (K_P - K_{\mathrm{YZ/HZ}})] \cdot \cos \alpha_{1-2} \qquad (2-3)$$

$$Y_P = Y_1 + [T_n + (K_P - K_{\mathrm{YZ/HZ}})] \cdot \sin \alpha_{1-2} \qquad (2-4)$$

式中：K_P 为 P 点的里程；$K_{\mathrm{YZ/HZ}}$ 为 YZ（或 HZ）点的里程；K_P 为曲线的切线长。

3.3　应用案例

某工程项目线路线形如图 2-14 所示，已知数据见表 2-7。

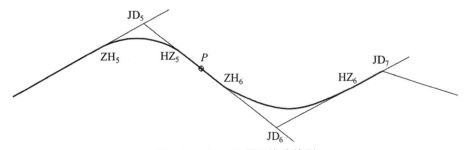

图 2-14　某工程项目线路线形

表 2-7　路线横断面测量记录

交点点号	交点桩号	交点坐标		转向角 /（°′″）	曲线要素				方位角 /（°′″）
		X 坐标	Y 坐标		R	l_0	T	L	
JD$_5$	K21+073.394	1 367.325	3 299.325	38 47 01 （右）	2 800	320	1 146.105	2 215.325	71 26 35
JD$_6$	K23+596.509	2 195.096	5 764.145	26 08 51 （左）	4 800	550	1 390.256	2 740.527	
JD$_7$	K25+698.253	1 912.193	7 887.092	15 33 36 （右）	5 500	0	751.456	1 493.663	97 35 26

若要计算 K22+200 点的坐标，可根据式（2-3）、（2-4）进行。

第一步：通过表 2-6 中 JD$_5$、JD$_6$ 的里程可确定 K22+200 点位于 JD$_5$ ~ JD$_6$ 的直线段上。

第二步：计算 HZ$_5$ 点的里程。

$$K_{HZ_5} = K_{JD_5} - T_5 = L_5 = K21 + 073.394 - 1\,146.105 + 2\,215.325 = K22 + 142.614$$

第三步：计算 K22+200 点的坐标。

$$
\begin{aligned}
X_P &= X_5 + [T_5 + (K_P - K_{HZ_5})] \cdot \cos\alpha_{JD_5-JD_6}\\
&= 1\,367.654 + [1\,146.105 - (22\,200.000 - 22\,142.614)] \cdot \cos\alpha 71°26'35''\\
&= 1\,750.661
\end{aligned}
$$

$$
\begin{aligned}
Y_P &= Y_5 + [T_5 + (K_P - K_{HZ_5})] \cdot \sin\alpha_{JD5-JD6}\\
&= 3\,299.325 + [1\,146.105 - (22\,200.000 - 22\,142.614)] \cdot \cos\alpha 71°26'35''\\
&= 44\,400.244
\end{aligned}
$$

项目二 任务 4

任务 4

单圆曲线测设

4.1 工作任务

　　圆曲线是道路平面曲线中最基本的一种平面线形，如图 2-12 所示。本任务通过对圆曲线主点测设和详细测设方法的学习，为后续线形工程计算和点位测设打下理论基础。

4.2.1 圆曲线主点测设

曲线的形式较多，其中圆曲线（又称单曲线）是最基本的一种平面曲线。如图 2-15 所示，确定圆曲线的参数是偏转角 α 和半径 R，其中 α 可在实地测定，R 则根据地形条件和工程要求在线路设计时选定。圆曲线的测设分两步进行，先测设曲线上起控制作用的主点（曲线起点 ZY、中点 QZ、终点 YZ），称为主点测设，然后以主点为基础，详细测设曲线上其他细部点，称为详细测设。

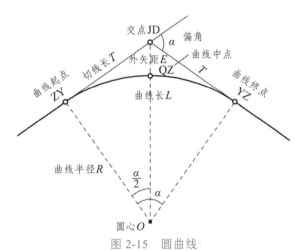

图 2-15 圆曲线

1. 计算圆曲线主点测设元素

为了在实地测设圆曲线的主点，需要知道切线长 T、曲线长 L 及外矢距 E_0 和切曲差 q，这些数据称为主点测设元素，又称为曲线元素。

（1）切线长：ZY（或 YZ）至交点 JD 间的距离。

（2）曲线长：ZY 至 YZ 间沿线路的距离。

（3）外矢距：JD 沿半径方向至 QZ 间的距离。

（4）切曲差：两倍切线长与曲线长之差。

从图 2-15 可知，因 α、R 已确定，主点测设元素的计算公式为：

切线长

$$T = R \times \tan\frac{\alpha}{2} \tag{2-5}$$

曲线长

$$L = R \times \alpha \times \frac{\pi}{180°} \tag{2-6}$$

外矢距

$$E_0 = R \times \left(\sec \frac{\alpha}{2} - 1 \right) \qquad (2\text{-}7)$$

切曲差

$$q = 2T - L \qquad (2\text{-}8)$$

式中　α 为圆曲线所对圆心角，以（°）为单位。

2. 主点桩号计算

线路测量中，路线上的点号通常用里程桩号表示，线路起点的里程桩号为 K0+000，
"+"左侧数字表示千米，"+"右侧数字表示米。假设线路上某点，离线路起点的距离
为 2.836 km，它的里程桩号便写成 K2+836。

交点的桩号可由中线丈量得到，根据交点的桩号和曲线元素，可计算出各主点的桩
号，由图 2-15 可知

$$ZY \text{ 点里程} = JD \text{ 点里程} - T \qquad (2\text{-}9)$$

$$QZ \text{ 点里程} = ZY \text{ 点里程} + \frac{L}{2} \qquad (2\text{-}10)$$

$$YZ \text{ 点里程} = ZY \text{ 点里程} + L = QZ \text{ 点里程} + \frac{L}{2} \qquad (2\text{-}11)$$

为了避免计算中的错误，可用下式进行计算检核：

$$JD \text{ 点里程} = YZ \text{ 点里程} - T + q \qquad (2\text{-}12)$$

【例 2-2】已知线路转折点 JD 的桩号为 K6+183.56，转角 $\alpha = 42°36'00''$，设计圆曲
线半径 $R = 150$ m，求曲线主点测设元素和主点桩号。

解：（1）曲线测设元素计算。

$$T = 150 \times \tan 21°18'00'' = 58.48 \text{（m）}$$

$$L = \frac{\pi}{180°} \times 150 \times 42°36'00'' = 111.53 \text{（m）}$$

$$E_0 = 150 \text{（} \sec 21°18'00'' - 1 \text{）} = 11.00 \text{（m）}$$

$$q = 2 \times 58.48 - 111.53 = 5.43 \text{（m）}$$

（2）主点桩号计算。

$$ZY = K6+183.56 - 58.48 = K6+125.08$$

$$QZ = K6+125.08 + 55.76 = K6+180.84$$

$$YZ = K6+180.84 + 55.77 = K6+236.61$$

（3）检核计算。

$$JD = K6+236.61-58.48+5.43 = K6+183.56$$

与交点原来桩号相等，证明计算正确。

3. 圆曲线主点的测设

用全站仪测设线路主点时，一般采用极坐标法，这种方法具有速度快、精度高、现场条件适应性强的特点。测设时，仪器安置在平面控制点或线路交点上，输入测站坐标和后视点坐标（或后视方位角），再输入要测设的主点坐标，仪器即自动计算出测设角度和距离，据此进行主点现场定位。下面介绍主点坐标计算方法。

如图 2-16 所示，根据 JD_1 和 JD_2 的坐标（x_1,y_1）、（x_2,y_2），用坐标反算公式计算第一条切线的方位角 α_{2-1}。

$$\alpha_{2-1} = \arctan \frac{y_1 - y_2}{x_1 - x_2} \qquad (2\text{-}13)$$

第二条切线的方位角 α_{2-3} 可由 JD_2、JD_3 的坐标反算得到，也可由第一条切线的方位角和线路转角推算得到，在本例中有

$$\alpha_{2-3} = \alpha_{2-1} - (180° - \alpha) \qquad (2\text{-}14)$$

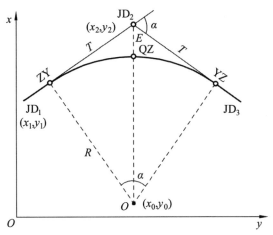

图 2-16　圆曲线主点坐标计算

根据方位角 α_{2-1}、α_{2-3} 和切线长度 T，用坐标正算公式计算曲线起点坐标（x_{ZY}, y_{ZY}）和终点坐标（x_{YZ}，y_{YZ}），例如起点坐标为：

$$x_{YZ} = x_2 + T\cos\alpha_{2-3} \qquad (2\text{-}15)$$

$$y_{YZ} = y_2 + T\sin\alpha_{2-3} \qquad (2\text{-}16)$$

曲线中点坐标（x_{QZ}，y_{QZ}）则由分角线方位角 $\alpha_{2-QZ} = \alpha_{2-1} - (180° - \alpha)/2$。

【例 2-3】某圆曲线的设计半径 $R = 150$ m，转角 $\alpha = 42°36'00''$，两个交点 JD_1、JD_2

的坐标分别为（1 922.821，1 030.091）、（1 967.128，1 118.784），试计算各主点坐标。

解：先计算 JD_2 至各主点（ZY、QZ、YZ）的坐标方位角，再根据坐标方位角和计算出的测设元素切线长度 T、外矢径 E，用坐标正算公式计算主点坐标，计算结果见表2-8。

表 2-8　圆曲线主点坐标计算表

主点	JD_2 至各主点的方位角	JD_2 至各主点的距离/m	坐标	
			x/m	y/m
ZY	243°27′19″	$T = 58.48$	1 940.994	1 066.469
QZ	174°45′19″	$E = 11.00$ m	1 956.174	1 119.790
YZ	106°03′19″	$T = 58.48$ m	1 950.955	1 174.983

4.2.2　圆曲线的详细测设

当曲线长度小于 40 m 时，测设曲线的 3 个主点已能满足设计和施工的需要。如果曲线较长，除了测设 3 个主点以外，还要按照一定的桩距 l_1。在曲线上测设里程桩，这个工作称为圆曲线的详细测设。曲线上的桩距的一般规定为：$R \geqslant 100$ m 时，$l = 20$ m；50 m<R<100 m 时，$l = 10$ m；$R \leqslant 50$ m 时，$l = 5$ m。下面介绍 3 种常用的测设方法。

1. 偏角法

1）测设数据计算

偏角法是利用偏角（弦切角）和弦长来测设圆曲线的方法。如图 2-17 所示，里程桩的桩距（弧长）为 l，首尾两段零头弧长为 l_1、l_2，弧长 l_1、l_2、l 所对应的圆心角分别为 φ_1、φ_2 和 φ_3，可按下列公式计算：

$$\left.\begin{array}{l} \varphi_1 = \dfrac{180°}{\pi R} l_1 \\[2mm] \varphi_2 = \dfrac{180°}{\pi R} l_2 \\[2mm] \varphi = \dfrac{180°}{\pi R} l \end{array}\right\} \quad （2\text{-}17）$$

弧长 l_1、l_2、l 所对应的弦长分别为 d_1、d_2 和 d，可按下列公式计算：

$$\left.\begin{array}{l} d_1 = 2R\sin\dfrac{\varphi_1}{2} \\[2mm] d_2 = 2R\sin\dfrac{\varphi_2}{2} \\[2mm] d = 2R\sin\dfrac{\varphi}{2} \end{array}\right\} \quad （2\text{-}18）$$

曲线上各点的偏角等于相应所对圆心角的一半，即：

第 1 点的偏角为 $\qquad \delta_1 = \dfrac{\varphi_1}{2}$

第 2 点的偏角为 $\qquad \delta_2 = \dfrac{\varphi_1}{2} + \dfrac{\varphi_2}{2}$

$$\vdots$$

第 i 点的偏角为 $\qquad \delta_1 = \dfrac{\varphi_1}{2} + (i-1)\dfrac{\varphi}{2}$

终点 YZ 的偏角为 $\delta_n = \dfrac{\alpha}{2}$

$$(2\text{-}19)$$

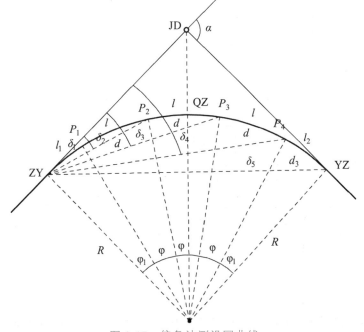

图 2-17　偏角法测设圆曲线

【例 2-4】圆曲线的交点桩号、转角和半径同[例 2-2]，整桩距为 $l = 20$ m，按偏角法测设，试计算详细测设数据。

解：（1）由[例 2-2]计算可知，ZY 点的里程为 K6+125.08，它前面最近的整桩里程为 K6+140，则首段零头弧长为：

$$l_1 = 140 - 125.08 = 14.92 \text{（m）}$$

YZ 的里程为 K6+236.61，它后面最近的整桩里程为 K6+220，则尾段零头弧长为：

$$l_2 = 236.61 - 220 = 16.61 \text{（m）}$$

（2）由式（2-17）可计算得到首尾两段零头弧长 l_1、l_2 及整弧长 l 所对应的偏角：

$$\varphi_1 = 5°41'56''$$

$$\varphi_2 = 6°20'40''$$

$$\varphi = 7°38'22''$$

（3）由式（2-18）可计算得到首尾两段零头弧长 l_1、l_2 及整弧长 l 所对应的弦长：

$$d_1 = 14.91 \text{ m}$$

$$d_2 = 16.60 \text{ m}$$

$$d = 19.99 \text{ m}$$

（4）由式（2-19）计算偏角，结果见表 2-9。

表 2-9　各桩号偏角表

桩号	桩点到 ZY 的弧长 l_i/m	偏角值	相邻桩点间弧长/m	相邻桩点间弦长/m
ZY K6+125.08	0	0°00′00″	0	0
K6+140	14.92	2°50′58″	14.92	14.91
K6+160	34.92	6°40′09″	20	19.99
K6+180	54.92	10°29′20″	20	19.99
QZ K6+180.84	55.76	10°38′58″	0.84	0.84
K6+200	74.92	14°18′31″	19.16	19.15
K6+220	94.92	18°07′42″	20	19.99
YZ K6+236.61	111.53	21°18′02″	16.61	16.60

2）测设步骤

以[例 2-4]为例，偏角法的测设步骤如下（见图 2-17）：

（1）将全站仪置于 ZY 点上，瞄准交点 JD 并将水平度盘配置为 0°00′00″。

（2）转动照准部使水平度盘读数为里程桩 K6+140 的偏角度数 2°50′58″，从 ZY 点沿此方向量取弦长 $d_1 = 14.91$ m，定出 K6+140 桩。

（3）转动照准部使水平度盘读数为里程桩 K6+160 的偏角度数 6°40′09″，由 K6+140 桩量取弦长 $d = 19.99$ m 与视线方向相交，定出 K6+160 桩。依此类推测设其他里程桩。最后一个整里程桩 K6+220 至 YZ 点的距离应为 $d_2 = 16.60$ m，以此来检查测设的质量。

用偏角法测设曲线细部点时，常因遇障碍物挡住视线而不能直接测设，如图 2-18 所示，全站仪在曲线起点 ZY 点测设出细部点①、②、③后，视线被房屋挡住，这时，可把全站仪移至③点，用盘右后视 ZY 点，将水平度盘配置为 0°00′00″，然后纵转望远镜变成盘左（水平度盘读数仍为 0°00′00″），转动照准部使水平度盘读数为④点的偏角度数，此时视线方向即在③至④的方向上，在此方向上从③量取弦长 d，即可测设出④点。接着按原计算的偏角继续测设曲线上其余各点。

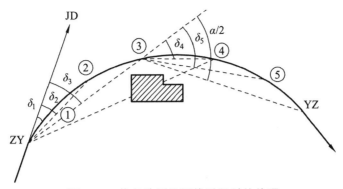

图 2-18 偏角法测设视线受阻时的处理

2. 切线支距法

切线支距法是以曲线起点或终点为坐标原点,以切线为 x 轴,通过原点的半径方向为 y 轴,建立一个独立平面直角坐标系,根据曲线细部点在此坐标系中的坐标 x、y,按直角坐标法进行测设。

1)测设数据计算

如图 2-19 所示,设圆曲线半径为 R,ZY 点至前半条曲线上各里程桩点的弧长 l_1,所对应的圆心角为:

$$\varphi_i = \frac{180°}{\pi R} l_i \qquad (2\text{-}20)$$

该桩点的坐标为:

$$\left. \begin{array}{l} x_i = R \sin \varphi_i \\ y_0 = R(1 - \cos \varphi_i) \end{array} \right\} \qquad (2\text{-}21)$$

【例 2-5】根据[例 2-4]曲线元素、桩号和桩距,按切线支距法计算各里程桩点的坐标。

解:先计算曲线起点或终点至各桩点的弧长,按式(2-20)计算圆心角,按式(2-21)计算圆曲线细部点坐标,具体计算结果见表 2-10。

表 2-10 切线支距法测圆曲线坐标计算表

桩点	弧长 l /m	圆心角 φ	支距坐标 x/m	支距坐标 y/m
ZY K6+125.08	0	0°00′00″	0	0
K6+140	14.92	5°41′56″	14.90	0.74
K6+160	34.92	13°20′18″	34.60	4.05
K6+180	54.92	20°58′40″	53.70	9.94
QZ K6+180.84	55.76	21°17′56″	54.48	10.24
K6+200	36.61	13°59′02″	36.25	4.44
K6+220	16.61	6°20′40″	16.58	0.92
YZ K6+236.61				

2）测设方法

切线支距法测设曲线时，为了避免支距过长，一般由 ZY 点和 YZ 点分别向 QZ 点施测，测设步骤如下：

（1）从 ZY（或 YZ）点开始，用钢尺沿切线方向量取 x_1，x_2，x_3，…纵距，得各垂足点 N_1、N_2、N_3，用测钎在地面作标记。

（2）在垂足点上作切线的垂直线，分别沿垂直线方向用钢尺量出 y_1，y_2，y_3…纵距，得出曲线细部点 P_1、P_2、P_3。

用此法测设的 QZ 点应与曲线主点测设时所定的 QZ 点相符，作为检核。

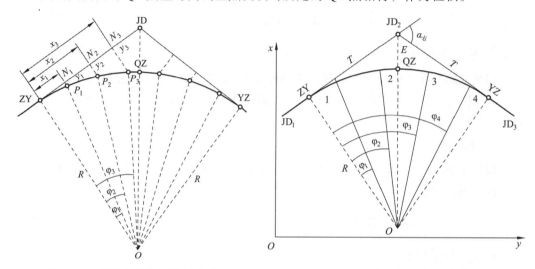

图 2-19　切线支距法测设圆曲线　　　　图 2-20　坐标法测设圆曲线

3. 极坐标法

用极坐标法测设圆曲线细部点时，要先计算各细部点在平面直角坐标系中的坐标值。测设时，全站仪安置在平面控制点或线路交点上，输入测站坐标和后视点坐标（或后视方位角），再输入要测设的细部点坐标，仪器即自动计算出测设角度和距离，据此进行细部点现场定位。下面介绍细部点坐标的计算方法。

1）计算圆心坐标

如图 2-20 所示，设圆曲线半径为 R，用前述主点坐标计算方法，计算第一条切线的方位角 α_{2-1} 和 ZY 点坐标（x_{ZY}，y_{ZY}），因 ZY 点至圆心方向与切线方向垂直，其方位角为：

$$\alpha_{ZY-O} = \alpha_{2-1} - 90° \tag{2-22}$$

则圆心坐标（x_0，y_0）为：

$$\left.\begin{array}{l} x_0 = x_{ZY} + R\cos\alpha_{ZY-O} \\ y_0 = y_{ZY} + R\sin\alpha_{ZY-O} \end{array}\right\} \tag{2-23}$$

2）计算圆心至各细部点的方位角

设 ZY 点至曲线上某细部里程桩点的弧长为 l_i，其所对应的圆心角 φ_i 按公式（2-17）计算得到，则圆心至各细部点的方位角 α_i 为：

$$\alpha_i = (\alpha_{ZY-O} + 180°) + \varphi_i \quad\quad\quad (2\text{-}24)$$

3）计算各细部点的坐标

根据圆心至细部点的方位角和半径，可计算细部点坐标：

$$\left.\begin{array}{l} x_i = x_0 + R\cos\alpha_i \\ y_i = y_0 + R\sin\alpha_i \end{array}\right\} \quad\quad\quad (2\text{-}25)$$

【例 2-6】根据［例 2-3］的曲线元素、桩号和桩距，按切线支距法计算各里程桩点的坐标。

解：由[例 2-3]可知，ZY 点坐标为（1 940.994，1 066.469），JD 至 ZY 点的方位角 $a_{2\text{-}1} = 243°27'19''$，则可按公式（2-22）计算 ZY 点至圆心的方位角为 153°27'18''，按公式（2-23）计算圆心坐标为（1 806.806，1 133.503），再按公式（2-22）和公式（2-24）计算圆心至各细部点的方位角 α_i，最后按公式（2-25）计算各点坐标，结果见表 2-11。

表 2-11　圆曲线细部桩点坐标表

桩号	圆心与各细部点的方位角	坐标	
		x/m	y/m
6+140	339°09'14″	1 946.987	1 080.125
6+160	346°47'36″	1 952.839	1 099.234
6+180	354°25'58″	1 956.099	1 119.952
6+200	2°04'20″	1 956.708	1 138.928
6+220	9°42'42″	1 954.656	1 158.807

用可编程计算器或掌上电脑可方便地完成上述计算。在实际线路测量中，利用这些计算工具，可在野外快速计算出直线或曲线上包括主点在内的任意桩号的中线坐标，配合全站仪按极坐标法施测，大大提高了工作效率。

✏ 复习思考题

1. 什么是圆曲线的主点？圆曲线元素有哪些？如何测设圆曲线的主点？
2. 圆曲线的主点有哪些？
3. 某里程桩距起点的距离为 44 650 m，则该桩的桩号表示为什么？

4. 已知线路交点桩号为 K2+215.14，圆曲线切线长为 61.75 m，圆曲线起点桩号为什么？

5. 已知线路交点里程为 K3+182.76，线路转角（右角）为 25°48′，圆曲线半径 $R=300$ m，请计算圆曲线元素和主点里程。

6. 圆曲线细部放样方法有哪几种？各适用于什么情况？

7. 已知线路交点里程为 K12+478.56，线路转角（右角）为 28°24′00″，圆曲线半径 $R=300$ m，请计算圆曲线元素和各主点里程，并说明主点测设步骤。

8. 对上题所述圆曲线，在 ZY 点上设站，用偏角法每隔 20 m 放样一里程桩，请计算圆曲线上各放样点的里程、弦长及偏角，并说明测设步骤。

项目二 任务 5

任务 5
标准曲线测设

5.1 工作任务

标准曲线是道路平面曲线中最基本的一种线形，如图 2-11 所示。本任务通过对标准曲线主点测设和详细测设方法的学习，为后续线形工程计算和测设打下理论基础。

5.2 相关配套知识

5.2.1 有缓和曲线的圆曲线

缓和曲线可用螺旋线、三次抛物线等空间曲线来设置。我国铁路、公路上常采用三次抛物线作为缓和曲线。当在直线与圆曲线之间嵌入缓和曲线后，其曲率半径由无穷大（与直线连接处）逐渐变化到圆曲线的半径 R（与圆曲线连接处）。螺旋线具有的特性是：曲线上任意一点的曲率半径 R' 与该点至起点的曲线长 l 成反比，即：

$$R' \propto \frac{1}{l} \ \text{或} \ R' = \frac{c}{l}$$

式中 c 为常数，称为曲线半径变化率。

当 l 等于所采用的缓和曲线长度 l_0 时，缓和曲线的半径 R' 等于圆曲线半径 R，故：

$$c = R \cdot l_0 \tag{2-26}$$

如图 2-21（a）为单圆曲线的情形。在直线与圆曲线间嵌入缓和曲线时，即圆曲线两端加入缓和曲线后，圆曲线应内移一段距离，方能使缓和曲线与直线衔接，而内移圆曲线，可采用移动圆心或缩短半径的办法实现。我国在铁路、公路的曲线测设中，一般采用内移圆心的方法。如图 2-21（b），若圆曲线的圆心 O_1 沿着圆心角的平分线内移至 O_2[此时 $O_1O_2 = p \cdot \sec\dfrac{\alpha}{2}$，$p$ 值的大小按式（2-28）计算]，圆曲线的两端就可以插入缓和曲线，把圆曲线与直线平顺地连接起来。

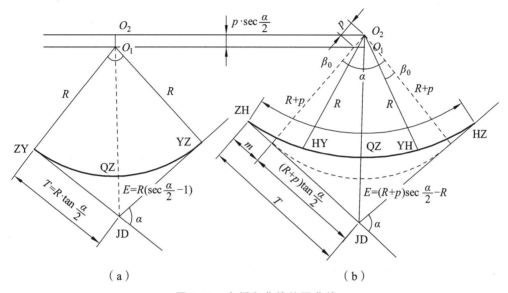

图 2-21　有缓和曲线的圆曲线

具有缓和曲线的圆曲线，其主要点为：

ZH（直缓点）：直线与缓和曲线的连接点。

HY（缓圆点）：缓和曲线和圆曲线的连接点。

QZ（曲中点）：曲线的中点。

YH（圆缓点）：圆曲线和缓和曲线的连接点。

HZ（缓直点）：缓和曲线与直线的连接点。

从图 2-21（b）可以看出，加入缓和曲线后，其曲线要素可以用下列公式求得：

$$
\left.
\begin{aligned}
T &= (R + p) \cdot \tan\frac{\alpha}{2} + m \\
L &= \frac{\pi R \cdot (\alpha - 2\beta_0)}{180^\circ} + 2l_0 \\
E &= (R + p)\sec\frac{\alpha}{2} - R \\
q &= 2T - L
\end{aligned}
\right\}
\qquad\text{（2-27）}
$$

式中　α ——偏角（线路转向角）；

$\quad\;\; R$ ——圆曲线半径；

l_0——缓和曲线长度；

m——加设缓和曲线后使切线增长的距离；

p——加设缓和曲线后圆曲线相对于切线的内移量；

β_0——HY 点（或 YH 点）的缓和曲线角度。

其中，m、p、β_0 称为缓和曲线参数，可按下式计算：

$$\left.\begin{aligned}\beta_0 &= \frac{l_0}{2R} \cdot \frac{180°}{\pi}\\[2mm]m &= \frac{l_0}{2} - \frac{l_0^3}{240R^2}\\[2mm]p &= \frac{l_0^2}{24R}\end{aligned}\right\} \tag{2-28}$$

从图 2-21 及式（2-28）可以看出，在圆曲线与直线之间插入长度为 l_0 的缓和曲线后，原圆曲线及直线的一部分，被缓和曲线代替，其长度为 l_0。

主点里程计算是根据交点里程和缓和曲线要素推算而得。如图 2-21（b）所示。

$$\left.\begin{aligned}\text{ZH里程} &= \text{JD里程} - T\\[2mm]\text{HY里程} &= \text{ZH里程} + l_0\\[2mm]\text{QZ里程} &= \text{HY里程} + \frac{L}{2} - l_0\\[2mm]\text{YH里程} &= \text{HY里程} + \frac{L}{2} - l_0\\[2mm]\text{HZ里程} &= \text{YH里程} + l_0\end{aligned}\right\} \tag{2-29}$$

校核计算： $$\text{HZ} = \text{ZH} + 2T - q \tag{2-30}$$

5.2.2 平面曲线放样数据准备

平面曲线有各种不同的形式，不论何种形式的曲线，在放样曲线之前，都要准备放样数据。

1. 与缓和曲线连接的圆曲线参数计算

有缓和曲线的圆曲线，一般分为缓和曲线及圆曲线两部分讨论。

1）缓和曲线参数方程

如图 2-22 所示，建立以直缓点 ZH 为原点，过 ZH 的缓和曲线切线为 x 轴、ZH 点上缓和曲线的半径为 y 轴的直角坐标系。

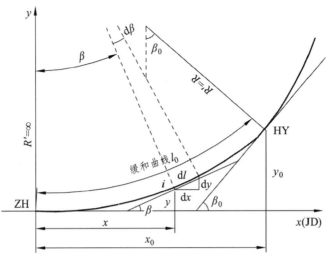

图 2-22 直角坐标系建立

缓和曲线上任一点以曲线长 l_i 为参数的缓和曲线参数方程的最后形式：

$$\left.\begin{aligned}
x_i &= l_i - \frac{l_i^5}{40R^2 l_0^2} + \frac{l_i^9}{3\,456R^4 l_0^4} - \cdots \\
y_i &= \frac{l_i^3}{6Rl_0} - \frac{l_i^7}{336R^3 l_0^3} + \frac{l_i^{11}}{42\,240R^5 l_0^5} - \cdots
\end{aligned}\right\}
\qquad (2\text{-}31)$$

实际上应用上式时，可只取前一、二项，即 $x_i = l_i - \dfrac{l_i^5}{40R^2 l_0^2}$，$y_i = \dfrac{l_i^3}{6Rl_0}$。

2）圆曲线参数方程

对于两端设置缓和曲线的圆曲线而言，如图 2-23 所示，仍用上述的直角坐标系，设 i 是圆曲线上的任意一点。从图中看出，i 点的坐标 x_i、y_i 可表示为：

$$\left.\begin{aligned}
x_i &= R \cdot \sin \alpha_i + m \\
y_i &= R(1 - \cos \alpha_i) + p
\end{aligned}\right\}
\qquad (2\text{-}32)$$

式中　$\alpha = \dfrac{180°}{\pi R}(l_i - l_0) + \beta_0$。

则圆曲线以曲线长 l_i 为参数的方程式：

$$\left.\begin{aligned}
x_i &= l_i - 0.5l_0 - \frac{(l_i - 0.5l_0)^3}{6R^2} + \cdots + m \\
y_i &= \frac{(l_i - 0.5l_0)^2}{2R} - \frac{(l_i - 0.5l_0)}{24R^3} + \cdots + p
\end{aligned}\right\}
\qquad (2\text{-}33)$$

如果是单圆曲线（图 2-23），以曲线起点 ZY（或终点 YZ）为坐标原点，其切线为 x 轴、过 ZY（或 YZ）的半径为 y 轴建立直角坐标系。

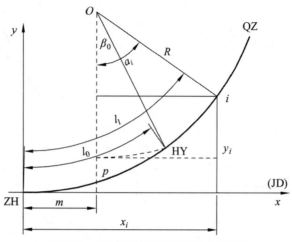

图 2-23　两端连接缓和曲线的圆曲线

由图 2-23 可以看出，圆曲线上任一点 i 的坐标为：

$$\left.\begin{array}{l} x_i = R \cdot \sin \alpha_i \\ y_i = R\left(1 - \cos \alpha_i\right) \end{array}\right\} \tag{2-34}$$

以 $\alpha_i = \dfrac{l_i}{R}$ 代入上式并用级数展开，可得圆曲线以曲线长 l_i 为参数的参数方程式：

$$\left.\begin{array}{l} x_i = l_i - \dfrac{l_i^3}{6R^2} + \dfrac{l_i^5}{120R^4} \\[3mm] y_i = \dfrac{l_i^2}{2R} - \dfrac{l_i^4}{24R^3} + \dfrac{l_i^6}{720R^5} \end{array}\right\} \tag{2-35}$$

根据曲线半径 R 与曲线上任意一点 i 的曲线长 l_i 代入上式即得 i 点坐标 x_i 与 y_i。

2. 曲线坐标的计算

1）曲线在切线直角坐标系中的坐标计算

在前面介绍了缓和曲线、圆曲线的参数方程，对曲线上任意一点的坐标都可以曲线长 l_i 为参数计算得到。如图 2-24 所示。

当 l_i 小于 l_0 时，所计算的坐标为缓和曲线上的坐标。

当 l_i 等于 l_0 时，即为缓圆点（HY）或圆缓点（YH）的坐标。

当 l_i 大于 l_0 时，所计算的坐标为圆曲线上的坐标；l_i 为圆曲线上的任意一点到 ZH 点的曲线长。

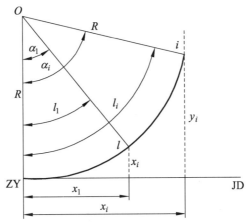

图 2-24　曲线在切线直角坐标系中的坐标计算

同样建立以缓直点 HZ 为原点，过 HZ 点的缓和曲线切线为 x 轴，HZ 点上缓和曲线的半径为 y 轴的直角坐标系，计算另一半曲线任意一点的坐标 x_i', y_i'。然后，通过坐标转换统一为以直缓点 ZH 为原点的直角坐标系中的坐标。如图 2-25 所示，HZ 点坐标为：

$$x_{HZ} = T_1 + T_2 \cos\alpha \tag{2-36}$$

$$y_{HZ} = T_2 \sin\alpha \tag{2-37}$$

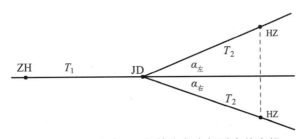

图 2-25　HZ 点在 ZH 切线直角坐标系中的坐标

过 HZ 点缓和曲线的切线 x 轴在以直缓点 ZH 为原点的切线直角坐标系中的方位角为 $180° + \alpha_{右}$ 或 $180° - \alpha_{左}$，并考虑到以缓直点 HZ 为原点的 y 轴方向与以直缓点 ZH 为原点的 y 轴方向相反，通过坐标转换，若 α 为右偏角，则另一半曲线任意一点的坐标为：

$$\begin{cases} x_i = x_{HZ} - x_i'\cos\alpha - y_i'\sin\alpha \\ y_i = y_{HZ} - x_i'\sin\alpha + y_i'\cos\alpha \end{cases} \tag{2-38}$$

若 α 为左偏角，则另一半曲线任意一点的坐标为：

$$\begin{cases} x_i = x_{HZ} - x_i' \cos\alpha + y_i' \sin\alpha \\ y_i = y_{HZ} + x_i' \sin\alpha + y_i' \cos\alpha \end{cases} \tag{2-39}$$

2）曲线坐标转换到测量坐标系中的坐标

为了在已知坐标的测量控制点上进行曲线放样，必须将在以 ZH 点的切线直角坐标系中的曲线坐标转换到线路测量坐标系中去。根据 ZH 点切线所在直线段两端端点的测量坐标计算该边的坐标方位角为 A，ZH 点在测量坐标系中的坐标为 X_{ZH} 和 Y_{ZH}，若曲线位于 ZH 点切线的右侧，则曲线任意一点在测量坐标系中的坐标为：

$$\begin{cases} X_i = X_{ZH} + x_i \cos A - y_i \sin A \\ Y_i = Y_{ZH} + x_i \sin A + y_i \cos A \end{cases} \tag{2-40}$$

若曲线位于 ZH 点切线的左侧，则曲线任意一点在测量坐标系中的坐标为：

$$\begin{cases} X_i = X_{ZH} + x_i \cos A + y_i \sin A \\ Y_i = Y_{ZH} + x_i \sin A - y_i \cos A \end{cases} \tag{2-41}$$

5.2.3　曲线的放样方法

曲线测设通常分两步进行。首先测设曲线上起控制作用的点，称为主点测设；然后根据主要点加密曲线上其他的点，称为曲线详细测设。

1. 曲线主点测设

1）圆曲线主点测设

圆曲线的主要点包括：ZY 点（直圆点）、QZ 点（曲中点）、YZ 点（圆直点）。在测设圆曲线主要点之前，应根据已知的圆曲线半径 R、线路偏角 α 按式（2-27）计算曲线要素 T、E、L、q。

如图 2-26，圆曲线主点测设步骤如下：

（1）将全站仪置于交点 JD_i 上，以线路方向定向。自 JD_i 起沿两切线方向分别量出切线长 T，即得曲线起点 ZY 及曲线终点 YZ。

（2）在交点 JD_i 上后视 ZY，拨 $\dfrac{180° - \alpha}{2}$ 角，得分角线方向，沿此方向自 JD_i 量出外矢矩 E，即得曲线中点 QZ。

圆曲线主点对整条曲线起着控制作用。其测设的正确与否，直接影响曲线的详细测设。所以，在进行作业时应仔细检查。在主点设置后，还可以用偏角检核所测设的主点有无错误。如图 2-26，曲线的一端对另一端的偏角应为转向角 α 的一半；曲线的一端对曲线的中点 QZ 的偏角应为转向角 α 的四分之一。

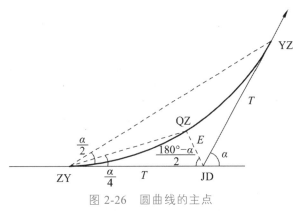

图 2-26　圆曲线的主点

2）有缓和曲线的圆曲线主点测设

有缓和曲线的圆曲线主点有 ZH 点（直缓点）、HY 点（缓圆点）、QZ 点（曲中点）、YH 点（圆缓点）、HZ 点（缓直点），如图 2-27。在测设有缓和曲线和圆曲线主点之前，应根据圆曲线的半径 R、线路转向角 α 及缓和曲线的长度 l_0 确定曲线的要素 T、E、L、q。曲线要素按式（2-27）进行计算。

各主点的里程计算出以后就可以进行测设。其步骤如下：

（1）将全站仪置于交点 JD_{100} 上定向，由 JD_{100} 沿两切线方向分别量出切线长 T，即得 ZH 及 HZ。

（2）在交点 JD_{100} 上，根据 $\gamma = \dfrac{180° - \alpha}{2}$，用全站仪设置 $(180° - \alpha)$ 的平分线。在此平分线上由 JD_{100} 量取外矢距 E，即得曲线的中点 QZ。

（3）根据 x_0 及 y_0 设置 HY 及 YH。在两切线上，自 JD_{100} 起分别向曲线起、终点量取 $T - x_0$（或自 ZH、HZ 点起分别向 JD_{100} 点量取 x_0），然后沿其垂直方向量 y_0，即得 HY、YH 点。

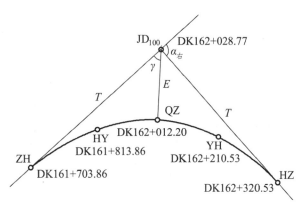

图 2-27　有缓和曲线的圆曲线主点

若在测设平面曲线时采用极坐标法或坐标法，也可按式（2-36）～（2-39）计算曲线坐标的方法，计算出主点和细部点在测量坐标系中的坐标，把主要点和细部点一并测设，不再细分之。

2. 曲线的详细测设方法

曲线主要点定出后，还要沿着曲线加密曲线桩，才能在地面上比较确切地反映曲线的形状。曲线的详细测设，就是指测设除主点以外的一切曲线桩，包括一定距离的加密桩、百米桩及其他加桩。

曲线详细测设的方法有多种，常见的有极坐标法、坐标法、切线支距法、偏角法。

1）极坐标法

随着光电测距仪和全站仪在线路勘测中的应用越来越普及，利用极坐标法测设曲线也越来越受到重视。极坐标法测设曲线的主要问题是曲线测设资料的计算，按式（2-36）~（2-39）计算曲线的坐标，并把有直线段、圆曲线段、缓和曲线段组合而成的曲线坐标归算到统一的测量坐标系中，计算极坐标法放样的数据，其极坐标(S_i, θ_i)可由测站点与待放样点坐标反算获得。该方法的优点是测量误差不积累，测设的点位精度高。尤其是测站设置在中线以外任意一点的自由设站极坐标法测设曲线，给现场的曲线测设工作带来极大的方便。

2）坐标法

（1）全站仪坐标法。

极坐标法测设曲线是根据曲线的测量坐标计算放样数据，而放样数据的计算是要根据仪器架设的位置而定的，现场仪器架设的位置会时而变化，就要重新计算放样数据。而全站仪坐标法测设曲线就不需要事先计算放样数据，只提供曲线的测量坐标就可以了。

（2）GNSS-RTK 法。

GNSS-RTK 是一种全天候、全方位的新型测量系统，能够实时地提供在任意坐标系中的三维坐标数据，拥有彼此不通视条件下远距离传递三维坐标，且测量误差不积累的优势。近年来，利用 GNSS-RTK 直接坐标法能快速、高效地完成测量放样任务，放样线路中线已很普遍。

3）切线支距法（直角坐标法）

切线支距法是以曲线起点 ZH（或终点 HZ）为坐标原点，其切线为 x 轴、过 ZH（或 HZ）的半径为 y 轴的直角坐标系。利用曲线上各点在此坐标系中的坐标（x，y），便可采用直角坐标法测设曲线。曲线上各点的坐标（x_i，y_i）可用式（2-29）（缓和曲线的参数方程式）及式（2-33）（圆曲线的参数方程式）计算。其做法是在地面上沿切线方向自 ZH（或 HZ）量出 x_i，在其垂直方向量取 y_i，便可定出曲线上的 i 点（见图 2-28）。

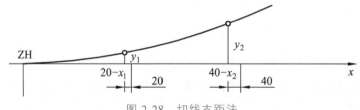

图 2-28　切线支距法

用切线支距法测设曲线，由于各曲线点是独立测设的，其测角及量边的误差都不积累，所以在支距不太长的情况下，具有精度较高、操作较简便的优点，故应用也较广泛。

5.3 应用实例

某线路工程项目已知点坐标数据如表 2-12 所示。JD_6 的半径 $R = 1\,100\,m$ ，缓和曲线长 $l_0 = 138.273\,m$ ， $\beta_{右} = 33°34'41.7''$ ，计算各中桩（缓和曲线上 10 m 一个点、圆曲线上 20 m 一个点）的坐标。如图 2-29 所示。

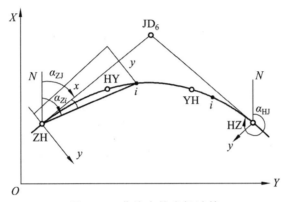

图 2-29　曲线中桩坐标计算

表 2-12　某公路工程已知点坐标表

交点序号	桩号	X/m	Y/m
JD_6	K231+812.510	3 012 842.730	495 338.539
JD_7	K232+536.158	3 012 111.992	495 473.928

1. 计算曲线要素、常数及主点里程

见表 2-13。

表 2-13　曲线要素、常数、主点里程表

缓和曲线切线角 β_0	3°36'04"	切曲差 q	19.525 m
切垂距 m	69.127 m	直缓点（ZH）里程	K231+411.282
内移距 p	0.724 m	缓圆点（HY）里程	K231+549.555
切线长 T	401.227 m	曲中点（QZ）里程	K231+802.747
曲线长 L	782.929 m	圆缓点（YH）里程	K232+055.938
外矢距 E_0	49.732 m	缓直点（HZ）里程	K232+194.211

2. 方位角计算

（1）计算 $\alpha_{JD_6-JD_7}$ 。

$$\Delta X_{JD_6-JD_7} = X_{JD_7} - X_{JD_6} = -730.738 \text{ m} < 0$$
$$\Delta Y_{JD_6-JD_7} = Y_{JD_7} - Y_{JD_6} = 135.389 \text{ m} > 0$$

该直线方位角在第二象限：

$$\alpha_{JD_6-JD_7} = 180° - \arctan \left| \frac{135.389}{-730.738} \right| = 169°30'12.4''$$

（2）计算 α_{JD_6-HZ} 。

因为 JD_6、HZ、 JD_7 三点在同一直线上，所以：

$$\alpha_{JD_6-HZ} = \alpha_{JD_6-JD_7} = 169°30'12.4''$$

（3）计算 α_{ZH-JD_6} 、 α_{JD_6-ZH} 。

$$\alpha_{ZH-JD_6} = \alpha_{JD_6-HZ} - \beta_{右} = 135°55'30.7''$$

$$\alpha_{JD_6-ZH} = \alpha_{ZH-JD_6} + 180° = 315°55'30.7''$$

3．计算直线上中桩坐标

（1）计算 ZH 点坐标。

$$\begin{aligned}
X_{ZH} &= X_{JD_6} + T \times \cos\alpha_{JD_6-ZH} \\
&= 3\ 012\ 842.730 + 401.227 \times \cos(315°55'30.7'') \\
&= 3\ 013\ 130.985 \text{ (m)}
\end{aligned}$$

$$\begin{aligned}
Y_{ZH} &= Y_{JD_6} + T \times \sin\alpha_{JD_6-ZH} \\
&= 495\ 338.539 + 401.227 \times \sin(315°55'30.7'') \\
&= 495\ 059.446 \text{ (m)}
\end{aligned}$$

（2）计算 HZ 点坐标。

$$\begin{aligned}
X_{HZ} &= X_{JD_6} + T \times \cos\alpha_{JD_6-HZ} \\
&= 3\ 012\ 842.730 + 401.227 \times \cos(169°30'12.4'') \\
&= 3\ 012\ 448.217 \text{ (m)}
\end{aligned}$$

$$\begin{aligned}
Y_{HZ} &= Y_{JD_6} + T \times \sin\alpha_{JD_6-HZ} \\
&= 495\ 338.539 + 401.227 \times \sin(169°30'12.4'') \\
&= 495\ 411.633 \text{ (m)}
\end{aligned}$$

（3）计算直线上任意中桩坐标（以 K232+500 为例）。

中桩 K232+500 到 JD_6 的距离为 L_i ：

$$L_i = T + (K232 + 500) - (K232 + 194.211)$$
$$= 401.227 + 305.789 = 707.016 \, (\text{m})$$

$$X_i = X_{\text{JD}_6} + L_i \times \cos \alpha_{\text{JD}_6 - \text{HZ}}$$
$$= 3\,012\,842.730 + 707.016 \times \cos(169°30'12.4'')$$
$$= 3\,012\,147.545 \, (\text{m})$$

$$Y_i = Y_{\text{JD}_6} + L_i \times \sin \alpha_{\text{JD}_6 - \text{HZ}}$$
$$= 495\,338.539 + 707.016 \times \sin(169°30'12.4'')$$
$$= 495\,467.341 \, (\text{m})$$

4. 计算缓和曲线上任意中桩的坐标

（1）第一缓和曲线上任意中桩坐标（以 K231+481.282 为例）。

在切线坐标系中的坐标为：

$$x_i = l_i - \frac{l_i^5}{40R^2 l_0^2} = 69.998 \, (\text{m})$$

$$y_i = \frac{l_i^3}{6Rl_0} = 0.376 \, (\text{m})$$

$$\alpha_{zi} = \alpha_{\text{ZH}-\text{JD}_6} \pm \arctan\left(\frac{y}{x}\right) = 135°55'30.7'' + \arctan\left(\frac{0.376}{69.998}\right) = 136°13'58.7''$$

$$D = \sqrt{x^2 + y^2} = \sqrt{69.998^2 + 0.376^2} = 69.999 \, (\text{m})$$

$$X_i = X_{\text{ZH}} + D\cos\alpha_{zi} = 3\,013\,080.435 \, (\text{m})$$

$$Y_i = Y_{\text{ZH}} + D\sin\alpha_{zi} = 495\,107.867 \, (\text{m})$$

（2）第二缓和曲线上任意中桩坐标（以 K232+104.211 为例）。

在切线坐标系中的坐标为：

$$x_i = l - \frac{l^5}{40C^2} = 89.994 \, (\text{m})$$

$$y_i = \frac{l^3}{6C} = 0.799 \, (\text{m})$$

$$\alpha_{Hi} = \alpha_{\text{JD}_6 - \text{HZ}} + 180° \mp \arctan\left(\frac{y}{x}\right)$$
$$= 169°30'12.4'' - \arctan\left(\frac{0.799}{89.994}\right) = 168°59'41.1''$$

$$D = \sqrt{x^2 + y^2} = \sqrt{89.994^2 + 0.799^2} = 89.998 \, (\text{m})$$

$$X_i = X_{HZ} + D \cos \alpha_{Hi} = 3\ 012\ 536.559 \ （\text{m}）$$

$$Y_i = Y_{HZ} + D \sin \alpha_{Hi} = 495\ 394.453 \ （\text{m}）$$

5. 计算圆曲线段内任一点中桩坐标（以 K231+700 为例）

（1）切线坐标系中：

$$\alpha_C = \frac{180° \times (l_i - l_0)}{\pi \times R} + \beta_0 = \frac{180° \times (288.718 - 138.273)}{\pi \times 1100} + 3°36'04'' = 11°26'14.5''$$

$$x_i = R \sin \varphi + m = 1\ 100 \times \sin(11°26'14.5'') + 69.127 = 287.253 \ (\text{m})$$

$$y_i = R(1 - \cos \varphi) + p = 1\ 100 \times [1 - \cos(11°26'14.5'')] + 0.724 = 22.568 \ (\text{m})$$

（2）统一坐标系中：

$$\alpha_{zi} = \alpha_{ZH-JD_6} \pm \arctan\left(\frac{y}{x}\right) = 135°55'30.7'' + \arctan\left(\frac{22.568}{287.253}\right) = 140°25'02.6''$$

$$D = \sqrt{x^2 + y^2} = \sqrt{287.253^2 + 22.568^2} = 288.138 \ （\text{m}）$$

$$X_i = X_{ZH} + D \times \cos \alpha_{Zi} = 3\ 013\ 130.985 + 288.138 \times \cos(140°25'02.6'') = 3\ 012\ 908.915 \ （\text{m}）$$

$$Y_i = Y_{ZH} + D \times \sin \alpha_{Zi} = 495\ 059.446 + 288.138 \times \sin(140°25'02.6'') = 495\ 243.045 \ （\text{m}）$$

6. 中桩坐标计算成果

见表 2-14。

表 2-14　中桩坐标表

桩号	坐标/m	
	X（N）	Y（E）
ZH K231+411.282	3 013 130.985	495 059.446
……	……	……
K231+481.282	3 013 080.435	495 107.867
……	……	……
HY K231+549.555	3 013 029.670	495 153.510
……	……	……
K231+700.000	3 012 908.915	495 243.045
……	……	……

QZ K231+802.747	3 012 819.931	495 294.341
……	……	……
YH K232+055.938	3 012 583.595	495 383.605
……	……	……
HZ K232+194.211	3 012 448.217	495 411.633
……	……	……
K232+500.000	3 012 147.545	495 467.341
……	……	……

📖 复习思考题

1. 已知线路交点的里程桩为 K4+342.18，测得转角 $\alpha_{左} = 25°38'00''$，圆曲线半径为 $R = 250 \text{ m}$，曲线整桩距为 20 m，若采用切线支距法测设，试计算各桩坐标（要求前半曲线由 ZY 点开始测设，后半曲线由 YZ 点开始测设），并说明测设步骤。

2. 上题中，若交点的平面坐标为（2 088.273，1 535.011），交点至圆曲线起点（ZY）的坐标方位角为 243°27'18''，请计算曲线主点坐标和细部坐标。

项目二 任务6

任务 6
竖曲线测设

6.1　工作任务

连接两相邻坡度线的竖曲线，可以用圆曲线，也可以用抛物线。目前，我国铁路上多采用圆曲线连接。本任务通过对竖曲线测设方法的学习，为后续线形工程计算和测设打下理论基础。

6.2　相关配套知识

线路纵断面是由许多不同坡度的坡段连接成的。坡度变化的点称为变坡点。在变坡点处，相邻两坡度的代数差，称为变坡点的坡度代数差，它对列车的运行有很大的影响。

列车通过变坡点时，由于坡度方向的改变，会产生附加的力和附加的加速度，而使列车车钩受损，甚至产生脱钩、断钩或列车出轨的现象。

为了缓和坡度在变坡点处的急剧变化，使列车能平稳通过，变坡点的坡度代数差 $\varDelta_i$ 不应超过规定限值（国家Ⅰ、Ⅱ级铁路规定 $\varDelta_i \leqslant 3‰$、Ⅲ级铁路 $\varDelta_i \leqslant 4‰$）。若超过限值，则坡段间应以曲线连接。为了行车平顺，在纵断面上相邻两条纵坡线相交的转折处需用一段曲线来缓和，这种连接两纵坡线的曲线称为竖曲线。

6.2.1　竖曲线要素的计算

如图 2-30，竖曲线与平面曲线一样，首先要进行曲线要素的计算。

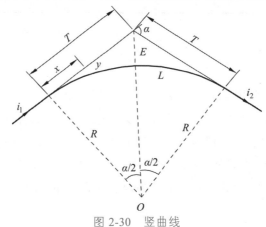

图 2-30　竖曲线

根据"铁路工程技术规范"规定，竖曲线半径 R，Ⅰ、Ⅱ级铁路不小于 10 000 m、Ⅲ级铁路不小于 5 000 m。在工作量不过分加大的情况下，为了改进交通条件，竖曲线的半径应当尽可能地加大。

由于允许坡度的数值不大，纵断面上的曲折角 α 可以认为：

$$\alpha = \varDelta_i = i_1 - i_2 \tag{2-42}$$

式中　i_1，i_2——两相邻的纵向坡度值；

$\varDelta_i$——变坡点的坡度代数差。

曲线要素除了半径 R 及纵向转折角 α 外，尚有：

1. 竖曲线切线长度 T

$$T = R \cdot \tan\frac{\alpha}{2} \tag{2-43}$$

因为 α 很小，故 $\tan\dfrac{\alpha}{2} \approx \dfrac{\alpha}{2} = \dfrac{1}{2}(i_1 - i_2)$

所以

$$T = \frac{1}{2}R \cdot (i_1 - i_2) = \frac{R}{2} \cdot \Delta_i \qquad (2\text{-}44)$$

在 I 、II 级铁路上，取 $R = 10\,000$ m，则 $T = 5\,000\,\Delta_i$ ；在 III 级铁路上，取 $R = 5\,000$ m，
$T = 2\,500\,\Delta_i$ 。

2. 竖曲线长度 L

由于转折角 α 很小，所以 $L \approx 2T$ 。

3. 竖曲线上各点高程及外矢距 E

由于 α 很小，故可以认为曲线上各点的 y 坐标方向与半径方向一致，也认为它是切
线上与曲线上的高程差。从而得

$$(R + y)^2 = R^2 + x^2 \qquad (2\text{-}45)$$

故 $\qquad\qquad 2Ry = x^2 - y^2 \qquad\qquad\qquad (2\text{-}46)$

又 y^2 与 x^2 相比较，其值甚微，可略去不计。故有

$$2Ry = x^2 \qquad\qquad\qquad (2\text{-}47)$$

所以

$$y = \frac{x^2}{2R} \qquad\qquad\qquad (2\text{-}48)$$

算得高程差 y ，即可按坡度线上各点高程，计算各曲线点的高程。

从图 2-30 上还可以看出， $y_{\max} \approx E$ ，故

$$E = \frac{T^2}{2R} \qquad\qquad\qquad (2\text{-}49)$$

竖曲线上各点的放样，可根据纵断面图上标注的里程及高程，以附近已放样的整桩
为依据，向前或向后量取各点的 x 值（水平距离），并设置标桩。施工时，再根据附近
已知的高程点进行各曲线点设计高程的放样。

6.2.2　竖曲线的测设

竖曲线的测设步骤如下：

（1）计算竖曲线元素 T 、 L 和 E 。

（2）推算竖曲线上各点桩号：

曲线起点桩号 = 变坡点桩号 – 竖曲线切线长

曲线终点桩号 = 曲线起点桩号+竖曲线长

（3）根据竖曲线上细部点距曲线起点（或终点）的弧长，求相应的 y 值，然后按下列公式求得各点高程：

$$H_i = H_坡 \pm y_i$$

式中 H_i——竖曲线细部点的高程；

　　　　$H_坡$——细部点的坡段高程。

当竖曲线为凹形时，式中取"+"号；竖曲线为凸形时，取"–"号。

（4）从变坡点沿路线方向向前或向后丈量切线长 T，分别得竖曲线起点和终点。

（5）由竖曲线起点（或终点）起。沿切线方向每隔 5 m 在地面上标定一木桩（竖曲线上一般每隔 5 m 测设一个点）。

（6）测设各个细部点的高程，在细部点的木桩上注明地面高程与竖曲线设计高程之差（即填或挖的高度）。

6.3 应用实例

1. 实例 1

某线路上一竖曲线为凹曲线，$i_1 = -1.114\%$，$i_2 = +0.154\%$，变坡点的桩号为 K1+670.00，高程为 48.60 m，曲线半径 $R = 5\,000$ m，求竖曲线的基本要素，起点、终点的桩号和里程，若曲线上每个 10 m 间距里程桩的高程改正数和设计高程。

解：由式（2-42）得

$$T = \frac{1}{2}R \cdot (i_1 - i_2) = \frac{1}{2} \times 5\,000 \times (-1.114\% - 0.154\%) = 31.70 （m）$$

由 $L = 2T$ 得：

$$L = R \cdot (i_1 - i_2) = 5\,000 \times (-1.114\% - 0.154\%) = 63.40 （m）$$

由式（2-47）得：

$$E = \frac{T^2}{2R} = \frac{31.70^2}{2 \times 5\,000} = 0.10 （m）$$

竖曲线起点、终点的里程和高程为：

起点桩号 = K1+670.00 – 31.70 = K1+638.30

终点桩号 = K1+638.30+63.40 = K1+701.70

坡道起点高程 = 48.60+31.70 × 1.114% = 48.96 （m）

坡道终点高程 = 48.60+31.70 × 0.154% = 48.65 （m）

根据竖曲线半径 $R = 5\,000$ m 和桩距 $x_i = 10$ m，可求得竖曲线上各桩的高程差 y_i，计算结果见表 2-15。

表 2-15　竖曲线计算表

桩号	至起点、终点距离 x_i /m	高程差 y_i /m	坡道高程/m	竖曲线高程/m
K1+638.30	0.00	0.00	48.95	48.95
K1+650	11.70	0.01	48.82	48.83
K1+660	21.70	0.05	48.71	48.76
K1+670	31.70	0.10	48.60	48.70
K1+680	21.70	0.05	48.62	48.67
K1+690	11.70	0.01	48.63	48.64
K1+701.70	0.00	0.00	48.65	48.65

2. 实例 2

某山岭第区二级公路，转坡点设在 K6+140 桩号处，其高程为 428.90 m，两相邻坡段的坡度分别为 $i_1 = +4\%$，$i_2 = -5\%$，选用竖曲线半径为 2 000 m。计算竖曲线要素及桩号 K6+080 及 K6+160 处的路基设计标高。

解：（1）计算竖曲线要素。

转坡角：$\omega = i_1 - i_2 = 0.04 - (-0.05) = 0.09 > 0$，为凸形竖曲线

曲线长：$L = R\omega = 2\,000 \times 0.09 = 180$（m）

切线长：$T = \dfrac{L}{2} = \dfrac{R\omega}{2} = \dfrac{180}{2} = 90$（m）

外矢距：$E = \dfrac{T^2}{2R} = \dfrac{90^2}{2 \times 2\,000} = 2.03$（m）

（2）计算竖曲线的起、终点桩号。

$$竖曲线起点桩号 = (K6+140) - 90 = K6+050$$
$$竖曲线终点桩号 = (K6+140) + 90 = K6+230$$

（3）计算路基设计标高。

桩号 K6+080 处：

$$平距\ x = (K6+080) - (K6+050) = 30（m）$$
$$纵距\ y = \dfrac{x^2}{2R} = \dfrac{30^2}{2 \times 2\,000} = 0.23（m）$$
$$切线设计标高 = 428.9 - 60 \times 0.04 = 426.50（m）$$
$$路基设计标高 = 426.50 - 0.23 = 426.27（m）$$

桩号 K6+160 处：

$$平距\ x = (K6+230) - (K6+160) = 70（m）$$

纵距 $y = \dfrac{x^2}{2R} = \dfrac{70^2}{2 \times 2\,000} = 1.23$（m）

切线设计标高 $= 428.9 - 20 \times 0.05 = 427.90$（m）

路基设计标高 $= 427.90 - 1.23 = 426.67$（m）

✏️ 复习思考题

1. 什么是竖曲线？竖曲线有什么作用？

2. 某线路上一方为上坡，其坡度为 $i_1 = +2.5\%$，一方为下坡，其坡度为 $i_2 = -4.981\text{‰}$，变坡点的桩号为 K6+470.00，高程为 41.299 m，竖曲线切线 $T = 239.848$ m，半径 $R = 16\,000$ m。试计算竖曲线上的里程为 K6+435.00 和 K6+635.00 的高程。

3. 某丘陵地区二级公路，转坡点设在 K6+100 桩号处，其高程为 328.90 m，两相邻坡段的坡度分别为 $i_1 = -5\%$，$i_2 = +4\%$，选用竖曲线半径为 1 500 m。试计算竖曲线要素及桩号 K6+080 及 K6+160 处的路基设计标高。

项目二 任务 7

任务 7
坡度线测设

7.1　工作任务

在平整场地、敷设上下水管道及修建道路等工程中，需要在地面上测设给定的坡度线。坡度线的测设是根据附近水准点的高程、设计坡度和坡度线端点的设计高程，用高程测设的方法将坡度线上各点的设计高程，标定在地面上。测设方法有水平视线法和倾斜视线法两种。本节通过对坡度线测设方法的学习，掌握后续线形工程坡度测设的基本方法。

7.2　相关配套知识

1. 水平视线法

如图 2-31 所示，A、B 为设计坡度线的两端点，其设计高程分别为 H_A 和 H_B，AB 设计坡度为 i，在 AB 方向上，每隔距离 d 定一木桩，要求在木桩上标定出坡度为 i 的坡度线。

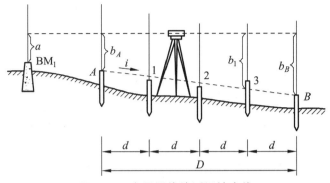

图 2-31　水平视线法测设坡度线

施测方法如下：

（1）沿 AB 方向，桩定出间距为 d 的中间点 1、2、3 的位置。

（2）计算各桩点的设计高程。

第 1 点的设计高程　　　　$H_1 = H_A + i \cdot d$

第 2 点的设计高程　　　　$H_2 = H_1 + i \cdot d$

第 3 点的设计高程　　　　$H_3 = H_2 + i \cdot d$

B 点的设计高程　　　　　$H_B = H_3 + i \cdot d$

或　　　　　　　　　　　$H_B = H_A + i \cdot D$（检核）

坡度 i 有正有负，计算设计高程时，坡度应连同其符号一并运算。

（3）安置水准仪于水准点 BM_1 附近，后视读数 a，得仪器视线高 $H_i = H_{BM_1} + a$，然后根据各点设计高程计算测设各点的应读前视尺读数 $b = H_i - H_设$。

（4）将水准尺分别贴靠在各木桩的侧面，上、下移动尺子，直至水准尺读数为 b 时，在水准尺底面木桩侧画一横线，该线即在 AB 的坡度线上。或立尺于桩顶，读得前视读数 b'，再根据 b' 与 b 之差，自桩顶向下画一横线，该线即为坡度线位置。

2. 倾斜视线法

如图 2-32 所示，AB 为坡度线的两端点，其水平距离为 D，设 A 点的高程为 H_A，要沿 AB 方向测设一条坡度为 i 的坡度线，则先根据 A 点的高程、坡度 i 及 A、B 两点间的距离计算 B 点的设计高程，即：

$$H_B = H_A + i \cdot D \qquad\qquad (2\text{-}50)$$

再按测设已知高程的方法，将 A、B 两点的高程测设在相应的木桩上。然后将水准仪（当设计坡度较大时，可用全站仪）安置在 A 点上，使基座上一个脚螺旋在 AB 方向上，其余两个脚螺旋的连线与 AB 方向垂直，量取仪器高 i，再转动 AB 方向上的脚螺旋和微倾螺旋，使十字丝横丝对准 B 点水准尺上等于仪器高 i 处，此时，仪器的视线与设计坡度线平行。然后在 AB 方向的中间各点 1、2、3 的木桩侧面立尺，上、下移动水准尺，直至尺上读数等于仪器高 i 时，沿尺子底面在木桩上画一横线，则各桩横线的连线就是设计坡度线。

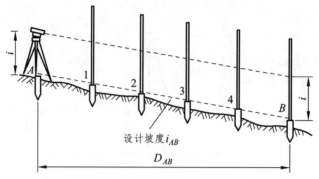

图 2-32　倾斜视线法测设坡度线

7.3　应用实例

　　如图 2-31 所示，已知水准点 BM_1 的高程为 240.650 m，设计坡长为 200 m，设计坡度 $i = -2‰$，起点里程为 K0+000，其高程为 240.000 m，终点 B 为已知，试测设每 50 m 一点的坡度线位置。

　　（1）根据式（2-48）计算各设计点高程：

$$H_{+50} = 240.000 - \frac{2}{1\,000} \times 50 = 239.900\text{（m）}$$

$$H_{+100} = 240.000 - \frac{2}{1\,000} \times 100 = 239.800\text{（m）}$$

$$H_{+150} = 240.000 - \frac{2}{1\,000} \times 150 = 239.700\text{（m）}$$

$$H_{+200} = 240.000 - \frac{2}{1\,000} \times 200 = 239.600\text{（m）}$$

　　（2）置水准仪于起点 A，后视终点 B 定向，每 50 m 打一木桩。

　　（3）安置水准仪读取 BM_1 点上后视读数 $a = 1.065\,\text{m}$。

　　（4）计算视线高程：

$$H_i = 240.650 + 1.065 = 241.715\text{（m）}$$

　　（5）根据公式 $b = H_i - H_{设}$，计算出各桩点坡度线位置的前视读数：

$$b_{+50} = 241.715 - 239.900 = 1.815\text{（m）}$$

$$b_{+100} = 241.715 - 239.800 = 1.915\text{（m）}$$

$$b_{+150} = 241.715 - 239.700 = 2.015\text{（m）}$$

$$b_{+200} = 241.715 - 239.600 = 2.115\text{（m）}$$

（6）按测设已知高程点的方法在里程桩侧面标出坡度线位置，即可完成坡度线测设。

🖎 复习思考题

1. 简要叙述如何用水准仪测设已知坡度的坡度线。

2. 在地形图上，已知 A 点高程为 21.17 m，B 点高程为 16.84 m，AB 距离为 279.50 m，则直线 AB 的坡度为（　　　）。

    A. 6.8%   B. 1.5%   C. － 1.5%   D. － 6.8%

3. 已知 A 点的高程 $H_A = 62.118$ m，水准仪观测 A 点水准标尺的读数 $a = 1.345$ m，则仪器视线高程为（　　　）。

    A. 60.773   B. 63.463   C. 62.118   D. 61.773

4. 要在 CB 方向测设一条坡度为 $i = － 2\%$的坡度线，已知 C 点高程为 36.425 m，CB 的水平距离为 120 m，则 B 点的高程应为多少？

项目二 任务 8

任务 8
路基工程施工测量

8.1 工作任务

路基是公路、铁路工程中重要的一种结构物。路基通常由路堤和路堑组成。

路基的填方称为路堤，挖方称为路堑；在填挖高度为零时，称为路基施工零点。路基施工测量为公路、铁路等路基工程施工提供基础数据，是保证设计实现的基本依据。通过本任务学习，掌握路基边坡放样的程序、内容及施测方法。

8.2 相关配套知识

1. 路基边坡放样

在路基施工前，测设出中、边桩后，还不足以指导施工。为了使填、挖的边坡坡度达到设计的坡度要求，还需要进行路基边坡放样工作。在实地标定出路基的边桩，即路堤坡脚线或路堑的坡顶线。路基施工填挖边界线的标定，称为路基边坡放样。它是用木桩标出路堤坡脚线或路堑坡顶线到线路中线的距离，作为修筑路基填挖方开始的范围。

设计横断面与地面实测横断面线之间所围的面积就是待施工(填或挖)的面积。根据相邻两个横断面面积和断面的间距，就可计算施工土方量。修筑路基的土石方工程就从边桩开始填筑和开挖。测设边桩可用下列方法。

1）从横断面图上求出边桩位置

当所测的横断面图有足够的精度时，可在横断面图上根据填挖高度绘出路基断面，则左右两侧边桩离中线桩的水平距离从图上可直接量出。根据图上所得距离，在实地放出边桩，这是测设边桩最简单的方法。

2）平坦地面路基边桩位置的测设

在平坦地面，路基边桩到中线桩的水平距离可用公式计算。如图 2-33，水平距离 D_1 和 D_2 可按下式计算：

$$D_1 = D_2 = \frac{b}{2} + m \cdot H \qquad (2-51)$$

式中　　b——路堤时为路基顶面宽度，路堑时为路基顶面宽加侧沟和平台的宽度；

　　　　m——边坡的坡度比例系数，填方通常为 1.5 或 1.75，挖方依地质条件而定，通常为 1.5，1，0.75 或 0.5 等；

　　　　H——中桩的填挖高度，可从纵断面图或填挖高表上查得。

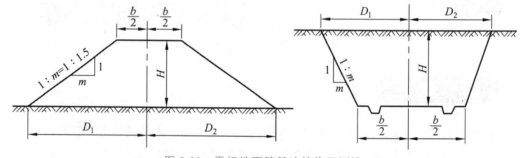

图 2-33　平坦地面路基边桩位置测设

3）倾斜地面路基边桩位置的测设

当在倾斜地面上测设路基边桩位置时，不能利用（2-49）式直接计算路基边桩的水平距离，且路基两侧边桩的距离 D_1 和 D_2 也不相等，这时可用试探法在实地测设路堤或路堑边桩。

如图 2-34（a），当测设路堤的边桩时，在坡下一侧先估计大致的坡脚位置，假定在点 1 处。然后用水准仪测出 1 点与中桩的高差 h_1，再量出 1 点离中桩的水平距离 D_1'。当高差为 h_1 时，坡脚位置到中桩的距离应为：

$$D_1 = \frac{b}{2} + m(H + h_1) \qquad (2-52)$$

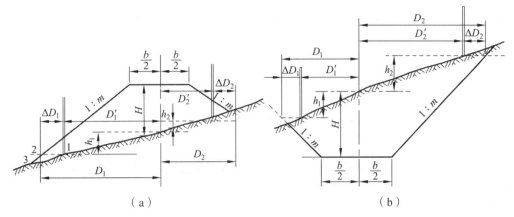

图 2-34　倾斜地面路基边桩位置测设

若计算所得的 D_1 大于 D_1'，说明坡脚应位于 1 点之外，如图 2-34（a）所示；若 D_1 小于 D_1'，说明坡脚应在 1 点之内。按照差数 $\Delta D_1 = D_1 - D_1'$ 移动水准尺的位置（ΔD_1 为正时向外移，为负时向内移），再次进行试测，直至 $\Delta D_1 < 0.1$ m 时，立尺点即可认为是坡脚的位置。从图 2-34（a）上可以看出：计算出的 D_1 是 2 点到中桩的距离，而实际坡脚在 3 点，为减少试测次数，在路堤的坡下一侧，移动尺子的距离应稍大于 $|\Delta D_1|$。这样，一般试测一、二次即可找出所需的坡脚点。

在路堤的坡上一侧，D_2 的计算式为：

$$D_2 = \frac{b}{2} + m(H - h_2) \tag{2-53}$$

而实际测得为 D_2'。根据 $\Delta D_2 = D_2 - D_2'$ 来移动尺子，但移动的距离应略小于 $|\Delta D_2|$。

如图 2-34（b），当测设路堑的边桩时，在坡下一侧，D_1 按下式计算：

$$D_1 = \frac{b}{2} + m(H - h_1) \tag{2-54}$$

实际量得为 D_1'。根据 $\Delta D_1 = D_1 - D_1'$ 来移动尺子，ΔD_1 为正时向外移，ΔD_1 为负时向里移。但移动的距离应略小于 $|\Delta D_1|$。

在路堑的坡上一侧，D_2 按下式计算：

$$D_2 = \frac{b}{2} + m(H + h_2) \tag{2-55}$$

实际量得为 D_2'。根据 $\Delta D_2 = D_2 - D_2'$ 来移动尺子，但移动的距离应稍大于 $|\Delta D_2|$。

2．路基高程放样

路基高程的放样是通过中桩高程测量，在中桩和路肩边上竖立标杆，杆上画出标记，表示需要填筑的高度（见图 2-35）。如果填土高度较大，标杆长度不够时，可在桩上先画出一标记，再注明填土高度到标记以上若干米。挖土时，在标桩上画一记号，再注明需要下挖的尺寸。待土方接近设计标高时，再用水准仪精确标出最后应达到的标高。

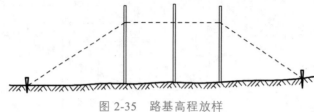

图 2-35　路基高程放样

　　通常给出的设计标高是指路肩边的标高，可自纵断面图上查得。但是到路基最后整修时，所测设的是中桩路基面的标高。

案例 2　线元法线路中桩坐标计算

✎　**复习思考题**

1. 什么是路堤？什么是路堑？什么是路基的施工零点？
2. 什么是路基边坡放样？路基边坡放样的目的是什么？

项目三

桥梁施工测量

项目描述

随着我国国民经济的快速发展和综合国力的不断增强，我国交通基础设施网络建设取得了令人瞩目的变化和成果，桥梁建设技术也不断在发展和创新。近年来，我国十分重视在主要的江河及其大型支流上建设大型桥梁，尤其是江河入海口的宽阔江面及海湾等巨型桥梁建设的实施，为桥梁工程测量的发展和创新提供了广阔的舞台。

桥梁施工测量主要是指桥梁施工前后的所有测量和放样工作，是桥梁修建中不可忽视的重要一环，也是工程测量的重要组成部分。从实际意义上讲，桥梁施工测量是确保桥梁工程质量的重要工作之一，稍有疏忽或麻痹大意，往往就会铸成大错，给工程带来严重后果，因此要求每个工程测量人员在工作上必须具有严肃的高度责任感，互相协作；在业务知识上，必须接受新事物，精益求精，不断学习，以提高业务水平。桥梁施工测量主要包括桥梁控制测量、墩台中心定位、轴线测设、桥梁细部施工放样等测量工作。

思政亮点

（1）以我国几座著名大桥引入桥梁施工测量，从中体会逢山开路、遇水架桥的奋斗精神；了解桥梁发展变迁及现代桥梁的建设过程，树立职业自信和价值自信。

（2）通过港珠澳大桥施工测量典型案例，了解我国大型桥梁建设先进水平，更要从中体会"一桥通三地，通达千万家"的重大交通成果，从而树立职业自信和价值自信。

学习目标

1. 知识目标

（1）熟练掌握相关测绘仪器的操作；

（2）了解桥梁、涵洞施工测量过程中的精度要求；

（3）掌握桥梁、涵洞施工测量相关数据计算的方法；

（4）掌握桥梁、涵洞施工测量的方法。

2. 能力目标

（1）具备使用相关测绘仪器设备的能力；

（2）具备查阅资料、规范的能力；

（3）具备对桥梁、涵洞测设数据计算的能力；

（4）具备桥梁施工测量的能力；

（5）具备涵洞施工测量的能力。

3. 素质目标

（1）具备查阅相关规范、资料并进行自学的能力；

（2）具备良好的质量意识、规范意识；

（3）具备团队协作的精神。

项目三 任务1

任务 1
桥梁平面控制网测量

1.1 工作任务

桥梁平面控制测量是为了确保桥梁轴线、墩台位置等在平面位置上符合设计的精度要求而进行的测量工作，是指导桥梁施工的重要依据。本任务就是通过对桥梁平面控制网的布设和测量方法的学习，可完成桥梁平面控制网布设、测量及计算等工作。

1.2 相关配套知识

1. 桥梁平面控制网布设

为确保桥轴线长度和墩台定位的精度，大桥、特大桥必须布设专用的施工平面控制网。建立桥梁平面控制网的目的是测定桥轴线长度并据此进行墩、台位置的放样，也可用于施工过程中的变形监测。随着测量仪器的更新、测量方法的改进，特别是高精度全站仪和 GNSS 测量技术的普及，给桥梁平面控制网的布设带来很大的灵活性，也使网形趋于简单化。建立桥梁施工平面控制网的方法较多，根据桥梁的大小、精度要求和地形条件，桥梁施工平面控制网的网形布设有以下几种形式，如图 3-1 所示。图 3-1 中 D_1、D_2 连线为桥轴线。桥两岸，当一岸较为平坦，另一岸较为陡峻时，可布设为双三角形图形，如 3-1（a）所示；当两岸均较为平坦时，可布设为大地四边形，如图 3-1（b）所示。这两种网形适用于桥长较短且需要交会的水中墩台数量不多的情况。对于大型、特大桥可采用双大地四边形，如图 3-1（c）所示，这种网形图形强度高，控制点数量多，不但有利于提高精度，而且便于墩台中心测设。

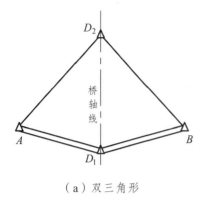
（a）双三角形

（b）大地四边形

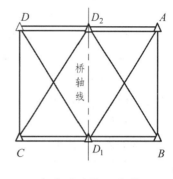
（c）双大地四边形

图 3-1 桥梁控制网布设常用图形

在建立控制网时，既要考虑三角网本身的精度，即图形强度，又要考虑以后施工的需要。所以，在布网之前应对桥梁的设计方案、施工方法、施工机具及场地布置、桥址地形及周围的环境条件、精度要求等方面进行研究，然后在桥址地形图上拟订布网方案，在现场选定点位。点位应选在施工范围以外，且不能位于土质松软或容易被淹没的地区。

应满足下列要求：

（1）图形应具有足够的强度，使测得的桥轴线（桥中心线）长度的精度能满足施工要求，并能利用这些三角点以足够的精度放样桥墩。当主网的三角点数目不能满足施工需要时，能方便地增设插点。在满足精度和施工的前提下，图形应力求简单。

（2）为使控制网与桥轴线连接起来，在河流两岸的桥轴线上应各测设一个三角点，三角点离桥台的设计位置不应太远，以保证桥台放样的精度。放样桥墩时，仪器可安置在桥轴线上的三角点上进行交会，以减小横向误差。

（3）控制网的边长一般在 0.5～1.5 倍河宽的范围内变动。由于控制网的边长较短，可直接丈量控制网的一条边作为基线。基线长度不宜小于桥轴线长度的 0.7 倍，一般应在两岸各一条，以提高三条线的精度及增加检核条件。通常丈量两条基线边，两岸各一条。基线场应选在土质坚实、地势平坦的地段。

（4）三角点均应选在地势较高、土质坚实稳定、便于长期保存的地方，而且三角点的通视条件良好。尽可能避免旁折光和地面折光的影响，尽量不造标。

桥梁建设中都要考虑与周边道路的衔接，因此平面控制网应首选国家统一坐标系统。但在大型和特大型桥梁建设中，选用国家统一坐标系统时应具备：① 桥轴线位于高斯正形投影统一的 3°带中央子午线附近；② 桥址平均高程面应接近于国家参考椭球面或平均海水面。

由此可知，当桥址区的平均高程大于 160 m 或其桥轴线平面位置离统一的 3°带中央子午线东西方向的距离（横坐标）大于 45 km 时，其长度投影变形值将会超过 25 mm/km（1/40 000）。此时，对于大型或特大型桥梁施工来说，仍采用国家统一坐标系就不适宜了。通常的做法是人为地改变归化高程，使距离的高程归化值与高斯投影的长度归化值相抵消，但不改变统一的 3°带中央子午线进行的高斯投影计算的平面直角坐标系，这种坐标系称为抵偿坐标系。所以，在大型桥梁施工中，当不具备使用国家统一坐标系时，通常采用抵偿坐标系。

在特大型桥梁的主桥施工中，尤其是桥面钢构件的施工，定位精度要求很高，一般小于 5 mm，此时选用国家统一坐标系和抵偿坐标系都不适宜，通常选用高斯正形投影任意带（桥轴线的经度作为中央子午线）平面直角坐标系，称为桥轴坐标系，主高程归化投影面为桥面高程面，桥轴线作为 x 轴。

在布设控制网时，由于考虑图形强度及其他因素，主网上的点往往不能满足交会墩台位置的需要，因此，需要在首级控制网下将控制点加密。一般采用前方交会，侧方交会及附合导线等形式。

2. 平面控制网的精度估算

建立的桥梁平面控制网必须满足桥轴线测设、施工放样、桥墩台定位所需精度要求。要达到这样的效果，事前必须对平面控制网的测量精度进行正确的估算。在实际应用中，习惯以桥轴线长度需要的精度来估算桥梁平面控制网的精度。桥轴线是指在桥梁中线上，桥头两端两控制点的连线（如图 3-2，D_1、D_2 连线为桥轴线，D_1、D_2 长度为桥轴线长度）。施工过程中墩、台定位时主要以这两点为依据，所以桥轴线长度的精度会直接影响墩、台定位的精度。为保证墩、台定位的精度要求，首先要对桥轴线长度的精度进行估算，以保证桥轴线长度的测设精度满足要求，从而制订合理的测设方案。

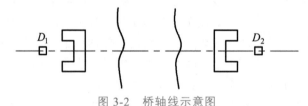

图 3-2　桥轴线示意图

1）混凝土梁与钢筋混凝土简支梁

桥轴线长度中误差：

$$m_L = \pm \frac{\Delta_D}{\sqrt{2}} \sqrt{N} \tag{3-1}$$

式中　Δ_D——墩中心的点位放样限差（±10 mm）；

　　　N——联（跨）数。

2）钢板梁及短跨（$l \leqslant 64$ m）简支钢桁梁

轴线长度中误差：

单联（跨）

$$m_l = \pm \frac{1}{2} \sqrt{\left(\frac{l}{5\,000}\right)^2 + \delta^2} \tag{3-2}$$

式中　l——梁长；

　　　δ——固定支座安装限差（±7 mm）；

$$\frac{l}{5\,000}\text{——梁长制造限差。}$$

多联（跨）等联（跨）

$$m_L = \pm m_l \sqrt{N} \tag{3-3}$$

多联（跨）不等联（跨）

$$m_L = \pm \sqrt{m_{l1}^2 + m_{l2}^2 + \cdots + m_{ln}^2} \tag{3-4}$$

3）连续梁及长跨（$l > 64$ m）简支钢桁梁

轴线长度中误差：

单联（跨）

$$m_l = \pm \frac{1}{2} \sqrt{n\Delta_l^2 + \delta^2} \tag{3-5}$$

多联（跨）等联（跨）

$$m_L = \pm m_l \sqrt{N} \tag{3-6}$$

多联（跨）不等联（跨）

$$m_L = \pm \sqrt{m_{l1}^2 + m_{l2}^2 + \cdots + m_{ln}^2} \tag{3-7}$$

式中　n——每联（跨）节间数；

　　Δ_l——节间拼装限差（± 2 mm）。

根据式（3-1）~（3-7）估算出桥轴线长度的中误差，再除以桥梁长度，即可得到桥长相对中误差。有了这个数据，便可以确定所需测量精度和等级。《铁路工程测量规范》（TB 10101—2018）规定跨河正桥施工平面控制网分为 4 个等级，见表 3-1 所示。

表 3-1　跨河正桥施工平面控制网测量等级和精度要求

跨河桥长 L/m	大跨径桥梁主跨 L_1/m	测量等级	跨河桥轴线边的边长相对中误差
2 500 < L ≤ 3 500	800 < L_1 ≤ 1 000	一等	≤ 1/350 000
1 500 < L ≤ 2 500	500 < L_1 ≤ 800	二等	≤ 1/250 000
1 000 < L ≤ 1 500	300 < L_1 ≤ 500	三等	≤ 1/150 000
L ≤ 1 000	L_1 ≤ 300	四等	≤ 1/100 000

【例 3-1】某铁路单跨直线桥的设计结构为 24 m 预应力混凝土梁，试进行桥轴线长度中误差计算。

解：设中误差为 m_L 墩中心的点位放样限差 $\Delta_D = 10$ mm，则

$$m_L = \pm \frac{\Delta_D}{\sqrt{2}} = \pm 7.07 \text{ mm}$$

将计算出的桥轴线中误差，除以桥轴线长度 24 m，再化成分子是 1，分母是整数的形式，即 1/3 394，就得到了桥轴线长度测量应满足的相对中误差 1/N，据此确定测量等级和方法。

3. 桥梁平面控制测量的外业工作

桥梁平面控制网经估算能达到施工放样的精度要求，确定测量等级后，即可进行控制网的外业测量工作。外业测量工作包括实地选点、造标埋石、水平角测量和边长测量等工作。

1）水平角测量

桥梁三角网水平角观测宜采用方向观测法进行，当观测方向数为 3 个及以上时，应进行归零观测。三角形网测量的等级划分及主要技术要求应符合表 3-2 的规定。

表 3-2　三角形网测量的等级划分及主要技术要求

等级	测角中误差 / ("")	三角形最大闭合差/ ("")	测边相对中误差	最弱边边长相对中误差	测回数		
					0.5"级仪器	1"级仪器	2"级仪器
二等	1.0	3.5	1/250 000	1/120 000	6	9	—
三等	1.8	7.0	1/150 000	1/70 000	4	6	9
四等	2.5	9.0	1/100 000	1/40 000	2	4	6

2）距离测量改化与归算

桥梁三角网距离测量采用高精度全站仪进行，测量前必须加入温度、气压等改正。在野外测得的长度，在参与平差计算前，每一条边应归化成轨底或墩顶平均高程面上的长度。归化计算公式按下式计算：

$$D_d = D_0 \left(1 + \frac{H_0 - H_m}{R_A} \right) \qquad (3-8)$$

式中　D_d——轨底或墩顶平均高程面上的平距；

D_0——测距边两端平均高程面上的平距；

H_0——工程独立坐标系投影面高程；

H_m——测距边两端点的平均高程；

R_A——参考椭球体在测距边方向的法截弧曲率半径。

以上参数单位均为 m。

1.3　应用案例

某铁路桥长 1 800 m，其中：主桥孔为一联 180 m+216 m+180 m，节间数 32；北端为二联 162 m+162 m+162 m，节间数 27；南端为一联 126 m+126 m，节间数 14。试估算该桥轴线误差及相对中误差（节间长 18 m），并确定采用哪个等级的平面控制网施测。

解：根据公式（3-5）和（3-7）

主桥孔　　$m_{l1} = \pm\dfrac{1}{2} \times \sqrt{32 \times 2^2 + 7^2} = \pm6.65$（mm）

北端　　　$m_{l2} = \pm\dfrac{1}{2} \times \sqrt{27 \times 2^2 + 7^2} \times \sqrt{2} = \pm8.86$（mm）

南端　　　$m_{l3} = \pm\dfrac{1}{2} \times \sqrt{14 \times 2^2 + 7^2} = \pm5.12$（mm）

　　　　　$m_L = \pm\sqrt{6.65^2 + 8.86^2 + 5.12^2} = \pm12.20$（mm）

　　　　　$K = \dfrac{m_L}{L} = \dfrac{1}{147\ 541} \approx \dfrac{1}{147\ 000}$

由表 3-2 得知，该桥桥轴线精度要求在三等和四等之间，应采用三等平面网精度施测。

✏️ **复习思考题**

1. 桥梁平面控制测量的目的是什么？
2. 桥梁施工控制网的基本网型有哪些？
3. 《铁路工程测量规范》（TB 10101—2018）规定，跨河正桥施工平面控制网分为
（　　）个等级。

　　A. 三　　　　　B. 四　　　　　C. 五　　　　　　D. 六

项目三 任务 2

任务 2
桥梁高程控制测量

2.1 工作任务

在桥梁的施工过程中，要在桥址附近设立高程控制点，这些水准基点除用于施工外，也可作为以后变形观测的高程基准点。通过对本任务的学习，希望学生可以掌握桥梁高程控制网的布设、水准点位置的选择，跨河水准测量等内容，并能完成桥梁高程控制测量和桥梁施工过程中的高程放样等工作。

2.2 相关配套知识

无论是公路桥、铁路桥或公路铁路两用桥，在放样桥梁施工高程控制网前都必须收集两岸桥轴线附近国家水准点资料。对城市桥还应收集市政工程水准点资料；对铁路及公铁两用桥铁路线路还应收集勘测或已有铁路的水准点资料，包括其水准点的位置、编号、等级、采用的高程系统及其最近的测量日期等。在收集已有水准点资料时，桥轴线每岸应不少于 2 个已知水准点，以便在联测时或发现有较大出入时，有所选择。

桥梁高程控制网的起算高程数据是由桥址附近的国家水准点或其他已知水准点引入的。这只是取得统一的高程系统，而桥梁高程控制网仍是一个自由网，不受已知高程点的约束，以保证网本身的精度。

放样桥墩、台高程的精度除受施工放样误差的影响外，控制点间高差的误差也是一个重要的影响因素，因此高程控制网必须要有足够的精度。对于水准网，水准点之间的联测及起算高程的引测一般采用三等。

水准点的选点与埋设工作一般都与平面控制网的选点与埋石工作同步进行，水准点应包括水准基点和工作基点。水准基点是整个桥梁施工过程中的高程基准，因此在选择水准点时应注意其隐蔽性、稳定性和方便性，即水准基点应选择在不易被损坏的地方，同时要特别避免地质不良、过往车辆影响和易受其他振动影响的地方。此外，还应注意其不受桥梁和线路施工的影响，又要考虑其便于施工应用。在埋石时应尽量埋设在基岩上。在覆盖层较浅时，可采用深挖基坑或用地质钻孔的方法使之埋设在基岩上；在覆盖层较深时，应尽量采用加设基桩（即开挖基坑后打入若干根大木桩的方法）以增加埋石的稳定性。水准基点除了考虑其在桥梁施工期间使用之外，要尽可能做到在桥梁施工完毕交付运营后能长期用于桥梁沉降观测之用。

在桥梁施工过程中，单靠水准基点难以满足施工放样的需要，因此，在靠近桥墩附近还应在设置水准点，通常称为工作基点。这些点一般不单独埋石，而是利用平面控制网的导线点或三角网点的标志作为水准点。采用强制对中观测墩时则是将水准标志埋设在观测墩旁的混凝土中。

在布设水准点时，对于桥长在 200 m 以内的大、中型桥，可在河两岸各设置 1 个。当桥长超过 200 m 时，由于两岸联测起来比较困难，而且水准点高程发生变化时不易复查，因此每岸至少应设置 2 个水准点。对于特大型桥，每岸应选设不少于 3 个水准点，当能埋设基岩水准点时，每岸也应不少于 2 个水准点；当引桥较长时，应不大于 1 km 设置 1 个水准点，并且在引桥端点附近应设有水准点。

为了便于施工时使用，还可设立若干个施工水准点。水准点应根据地形条件、地质情况、使用期限和精度要求分别埋设混凝土标石、钢管标石、岩石标石、管桩标石、钻孔桩标石或基岩标石。无论选择什么样的标石，均应采用凸出的铜质或不锈钢的标心。水准基点是永久性的，必须十分稳固。选址时要考虑便于保护、交通便利、方便观测等因素，根据不同等级和地质条件，可采用混凝土标石、钢管标石、管柱标石或钻孔标石，在标石上方嵌以凸出半球状的铜质或不锈钢标志。

为了方便施工，也可在桥址附近设立若干个临时的施工水准点，水准点应设在距桥中线 50～100 m 的范围内，坚实、稳固、能够长久保留及便于引测使用的地方，且不易受施工和交通的干扰。相邻水准点之间的距离一般不大于 500 m。此外，在桥墩较高、两岸陡峭的情况下，应在不同高度设置水准点，以便于放样桥墩的高程。桥梁高程控制网应与路线采用同一个高程系统，所以要与线路水准点进行联测，而且联测的精度应与施测桥梁高程控制网的精度保持一致。

1. 跨河水准测量

当过河视距较长时，读数精度偏低，特别是前后视距相差太大，从而使水准仪的 i 角误差和地球曲率、大气折光的影响都会变大，这时就需要用到跨河水准测量。跨河水准测量是指为跨越超过一般水准测量视线长度的障碍物（江河、湖泊、沟谷等）而采用特殊方法（倾斜螺旋法、经纬仪倾角法、光学测微法、测距三角高程法、GNSS 测量法等）进行的水准测量。跨河水准测量广泛应用于建设跨越大江、大河、湖泊的桥梁、水利大坝或者高速铁路等特大型工程领域中，目的是建立高精度的施工高程控制网，确保工程施工或者建筑物变形监测在高程上的衔接。当跨河距离大于 200 m 时，宜采用过河水准法联测两岸的水准点；跨河点间的距离小于 800 m 时，可采用三等水准；大于 800 m 时，则采用二等水准进行测量。

要确保两岸水准点之间高程的相对精度，跨河水准测量的精度至关重要，因此它在桥梁高程控制测量中精度要求最高。根据河水面宽度的不同，可以选择使用单线过河或双线过河，即在桥轴线上、下游处分别进行跨河水准测量，再通过陆上水准线路，使两处跨河水准测量自身组成水准网。一般而言，跨河水面宽度在 300 m 以下时，可采用单线过河；超过 300 m 时，应采用双线过河，且应该构成水准闭合环。

跨河水准测量的跨河地点应选在距桥轴线不远、河面最窄处。水准视线不宜通过草丛，沙滩的上方。当视线长度在 300 m 以下时，视线距水面的高度应大于或等于 2 m；在 300 m 以上时，则应大于或等于 3 m。若视线高度不能满足以上要求，可建造稳固的观测台。观测时间及气象条件应选在成像最为稳定的时刻。全部观测的测回数应平均分配在上午和下午进行，以减弱一些与气象条件有关的系统误差的影响。

跨河水准测量的场地布置可按图 3-3 进行布设，可布设成平行四边形、等腰三角形和 "Z" 字形。图中水准路线由北向南，需要跨过一条河流。此时，可在河流的两岸选择立尺点 A、B，测站点 I_1、I_2，测站点同时又是立尺点。视线 I_1B、I_2A 应接近等距，岸上视线长度 I_1A、I_2B 一般应在 20 m 左右，也应相等。

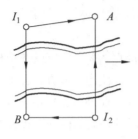

（a）平行四边形布设 （b）等腰三角形布设 （c）"Z"字形布设

图 3-3　跨河水准测量布设图形

当采用 1 台仪器进行观测时，可采用"Z"字形布置，I_1A、I_2B 为两岸近尺视线长度，一般应取 20 m 左右，并且应相等。此时 A、B 为跨河标尺点，I_1、I_2 为仪器与标尺交替两用点。

观测时，先将仪器安置在 I_1 点，照准本岸 A 点的水准尺，进行读数。再照准对岸 I_2 点水准尺（此时 I_2 点上竖立水准尺），进行读数。完成上半测回观测。

然后将水准仪搬至对岸，置镜于 I_2 点，先照准 I_1 点水准尺，进行读数。再照准本岸 B 点的水准尺，进行读数。完成下半测回观测。《铁路工程测量规范》（TB 10101—2018）中规定应观测的测回数及组数要求见表 3-3。

表 3-3　跨河水准应观测的测回数及组数要求

跨河视线长度/m	一等		二等		精密水准		三等		四等		五等	
	双测回数	半测回组数	双测回数	半测回组数	双测回数	半测回组数	双测回数	半测回组数	双测回数	半测回组数	双测回数	半测回组数
≤300	4	2	2	2	2	2	2	1	2	1	1	1
301~500	6	4	2	2	2	2	2	2	2	2	1	1
501~800	8	6	6	4	6	4	4	3	2	2	1	1
801~1 000	10	6	8	4	6	4	4	3	2	2	2	1
1 001~1 200	12	8	8	6	6	6	4	4	3	2	2	2
1 201~1 500	14	8	10	6	6	6	4	4	3	2	2	2
1 501~1 800	18	12	12	8	8	6	4	4	3	3	3	2
1 801~2 000	20	12	14	8	10	6	6	4	4	3	3	2
>2 000	10S	12	7S	8	5S	6	3S	4	4	3	4	2

注：表中 S 为跨河视线长度（km），尾数凑整到 0.5 或 1。

A、B 两标尺点的跨河高差，应分别由两岸所测 AI_2、BI_1 的高差加上对岸的两立尺点间的高差求得。当符合限差要求时，取两测回平均值作为最后结果。

则 A、B 两点的高差为：

$$\left.\begin{array}{l} h_{\text{上}} = h_{AI_2} + h_{I_2B} \\ h_{\text{下}} = h_{BI_1} + h_{I_1A} \end{array}\right\}$$ （3-9）

A、B 两点高差的一测回值为：

$$h_{AB} = \frac{1}{2}(h_{\text{上}} + h_{\text{下}})$$ （3-10）

当用 2 台仪器进行观测时，应从两岸同时作对向观测，每台仪器各观测 1 个测回组成 1 个双测回，测回间互差的限差 $dH_{\text{限}}$，按公式（3-11）进行计算；

$$dH_{\text{限}} = 4M_{\Delta}\sqrt{Ns}$$ （3-11）

式中　　M_{Δ}——每千米水准测量的偶然中误差限值（mm）；

　　　　N——双测回的测回数；

　　　　s——跨河视线长度（km）。

当用 1 台水准仪进行跨河水准测量时，表 3-3 中的测回数应加倍。计算单测回的限差 $dH_{\text{限}}$ 时，N 按单测回数进行计算。

在观测过程中，应保证每次读数前，必须保证仪器观测条件严格符合规范要求；在上半测回完成后，应立即将仪器搬至对岸，不得碰动调焦螺丝和目镜筒，保持望远镜对光不变。

桥梁施工高程控制网测量的大部分工作量都在跨河水准测量上。在进行跨河水准测量前，应对两岸高程控制网，按设计精度进行测量，并联测将用于跨河水准测量的临时或永久水准点。同时将两岸国家水准点或部门水准点的高程引测到桥梁施工高程控制网的水准点上来，并比较其两岸已知水准点高程是否存在问题，以确定是否需要联测到其他已知高程的水准点上。

但不管采用哪种形式进行跨河水准测量，最后均采用由一岸引测的高程来推算全桥水准点的高程，在成果中应着重说明其引测关系及高程系统。

桥梁施工高程控制网复测一般配合平面控制网复测工作一并进行。复测时应采用不低于原测精度的方法。当水中已有建成或即将建成的桥墩时，应予以利用，以缩短其跨河视线的长度。

2. 光电测距三角高程测量

光电测距三角高程测量是利用全站仪对测站点和观测目标点的水平距离或斜距和竖直角进行观测，再根据几何关系，计算获取测站点和观测目标点间高差的方法，可以替代三、四等水准测量。光电测距三角高程测量观测方法简单，受地形条件限制小，是测定大地控制点高程的基本方法。它的一般步骤是：

（1）在测站 A 上安置全站仪，量取仪器高 $i_{\text{仪}}$；在目标点 B 上安置棱镜，量取棱镜高 $v_{\text{镜}}$。

（2）采用测回法观测竖直角 α ，并取平均值作为最后计算取值。

（3）采用全站仪测量两点之间的水平距离 D_{AB} 。

（4）进行对向观测，即全站仪与棱镜位置互换，按前述步骤进行观测。

（5）应用公式（3-12）计算两点间的高差。

$$h_{AB} = D_{AB} \times \tan \alpha + i_{仪} - v_{镜} \tag{3-12}$$

光电测距三角高程测量还应满足下列要求：

（1）光电测距三角高程测量可结合平面导线测量同时进行。

（2）仪器高和反射镜高量测，应在测前、测后各测 1 次，两次互差不得超过 2 mm。三、四等测量时，宜采用专用测尺或测杆量测。

（3）距离应采用不低于 Ⅱ 级精度的测距仪观测，取位至毫米。导线点应作为高程转点，转点间的距离和竖直角应对向观测，并宜在同一气象条件下完成。计算高差时应考虑地球曲率的影响。两点间高差采用对向观测平均值。

（4）测距时，应测定气温和气压。气温读至 0.5 ℃，气压读至 1.0 hPa，并在斜距中加入气象改正。

（5）光电测距三角高程测量，观测时间的选择取决于成像是否稳定。但在日出、日落时，大气垂直折光系数变化较大，不宜进行长边观测。

《铁路工程测量规范》（ TB 10101—2018）中规定的精密光电测距三角高程测量观测的主要技术要求见表 3-4。

表 3-4　精密光电测距三角高程测量观测的主要技术要求

边长/m	测回数	指标差较差 /（″）	测回间垂直角度较差/（″）	测回间测距较差 /mm	测回间高差较差 /mm
≤100	2	5	5	3	精密水准：$\pm 8\sqrt{S}$ 二等水准：$\pm 4\sqrt{S}$
301 ~ 500	4				
501 ~ 800	6				
800 ~ 1 000	8				

注：S 为视线长度，单位为 km。

近年来大量研究资料都表明，离地面 2 m 以内的大气折光系数在日出后至日落前的时间里，会随时间发生变化，即视线会随时间变化呈凸型或凹型弯曲，并随季节、视线高度、云量、风等因素而改变，其数值会发生变化。一天中折光系数的离散度很大，往往要大于折光系数的平均值，虽然采用对向观测，但因两站间的气象、地形条件等几乎完全不同，而视线折射最显著的区域是近地面的部分，即测站附近，因此对向观测不是最佳解决方案。最佳方案是中间设站法，即采用在两端点的中间选择一点设站，分别对两端进行观测，虽不能保持同步但相隔时间极短，在很短的时间里，折光差近似呈线形变化，用后、前、前、后的对称观测顺序能有效地减弱折光差。

复习思考题

1. 桥梁高程控制测量的方法有哪些？
2. 思考光电测距三角高程测量进行对向观测的意义何在？

项目三 任务 3

任务 3
桥梁墩台中心坐标计算

3.1 工作任务

通过本任务的学习，学生可掌握铁路简支梁桥在曲线部分的布置形式和计算方法，了解公路桥梁与铁路桥梁的区别，可完成铁路桥梁曲线段墩台中心坐标计算。

3.2 相关配套知识

在进行桥梁墩台中心坐标计算时，公路桥梁与铁路桥梁的计算方法不尽相同。公路桥梁与铁路桥梁直线段的墩台中心均位于线路中线上，墩台中心坐标与线路中线坐标计算方法相同，曲线桥上因涉及偏距设置，计算方法有所不同。

3.2.1 铁路曲线桥布置

随着曲线计算理论的不断完善，施工技术水平的日益提高，曲线梁将逐步应用于曲线上。但目前曲线铁路桥上的梁仍以简支直线梁为主。

在曲线桥上，因为梁中心线与路线中线不重合，如果墩台中心位于线路中线上，那么列车通过时，梁外侧必然受力较大，桥梁承受偏心荷载。为了使桥梁承受较小的偏心荷载，桥梁设计中必须将梁的轴线向曲线外侧移动一段距离。根据跨长及曲线半径，梁中心线向曲线外侧所移动的距离，可以等于该中矢值的一半（称为平分中矢布置），如图 3-4 所示，也可以等于以梁长为弦线的中矢值（称为切线布置），如图 3-5 所示。

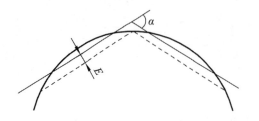

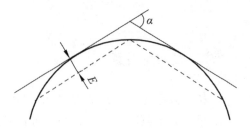

图 3-4　平分中矢布置　　　　　　　　　　　图 3-5　切线布置

　　鉴于铁路桥梁在曲线段外移后墩台中心偏离了线路中线，因此在铁路桥梁墩台中心坐标计算时需了解几个相关的基本概念，具体如下：

　　（1）桥梁工作线。在曲线上的桥，各孔梁中线的连接线是一条折线，称为桥梁工作线，与线路中线不一致。如图 3-6 所示，AB、BC 是桥梁工作线，ab、bc 是线路中心线。

　　（2）桥墩中心。两相邻梁中心线的交点是桥墩中心，图 3-6 中的 A、B、C 各点。

　　（3）桥墩的横、纵向轴线。过桥墩中心作一直线平分相邻两孔梁中心线（桥梁工作线）的夹角，这条直线就是桥墩横向轴线，如图 3-6 中的 Aa、Bb、Cc；过桥墩中心与横向轴线相垂直的直线称为桥墩纵向轴线。

　　（4）桥墩中心里程。桥墩横向中心线与线路中心线的交点称为桥墩中心在线路中心线上的对应点，如图 3-6 中的 a、b、c 点，桥墩的中心里程即以其对应点的线路里程表示。

　　（5）偏距（E）。桥墩中心与其在线路中心线上对应点之间的距离称为偏距，如图 3-6 中的 Aa、Bb、Cc，均位于线路法线上。

　　（6）偏角（α）。两相邻梁中心线（桥梁工作线）的转向角称为偏角，如图 3-6 中的 α 角。

　　（7）交点距（L）。指相邻桥跨中心线交点之间的距离，如图 3-6 中的 AB、BC；对边孔而言，交点距是指桥台胸墙中心与相邻桥跨中心线交点的距离。

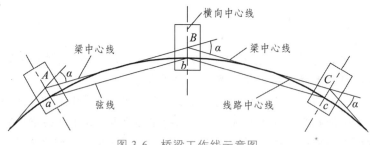

图 3-6　桥梁工作线示意图

3.2.2　墩台中心及桩位坐标计算

1. 墩台位于直线

P 为直线上墩台中心，P' 为该墩台纵轴线与路线中线的交点，线路双线间距为 D，如图 3-7 所示。

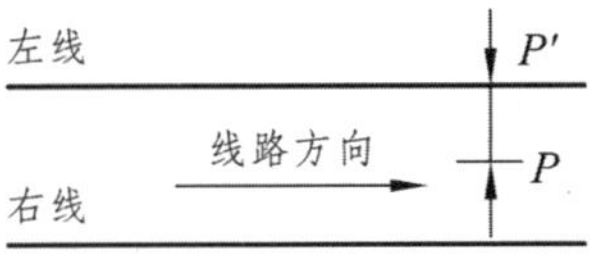

图 3-7　直线上的墩台中心

（1）计算线路中线点坐标。

$$\left.\begin{array}{c} X_{P'} = X_{JD} + L_i \cos \alpha_{直} \\ Y_{P'} = Y_{JD} + L_i \sin \alpha_{直} \end{array}\right\}$$
（3-13）

式中　L_i——线路中线点与交点距离；

　　　$\alpha_{直}$——JD 至计算点 P' 方位角。

（2）计算法线方位角。

$$\alpha_{法} = \alpha_{直} \pm 90°$$
（3-14）

式中　$\pm$——P' 位于 P 右侧时取+，反之取 –。

（3）计算桥墩中心坐标。

桥墩中心位于左右线路中心，由线路中线桩坐标推算桥墩中心坐标。

$$\left.\begin{array}{c} X = X_i + \dfrac{D}{2} \times \cos \alpha_{法} \\ Y = Y_i + \dfrac{D}{2} \times \sin \alpha_{法} \end{array}\right\}$$
（3-15）

（4）计算桩位的坐标。

以线路中线点为起算坐标，由各墩桩基图纸提取各部分尺寸，利用坐标正算公式计算各桩位坐标。

2. 墩台位于缓和曲线

（1）计算线路中线点坐标。如图 3-8 所示，P' 为线路中线点，计算公式如下：

$$\left.\begin{array}{c} x_i = l_i - \dfrac{l_i^5}{40R^2 l_0^2} \\ y_i = \dfrac{l_i^3}{6R l_0} - \dfrac{l_i^7}{336R^3 l_0^3} \end{array}\right\}$$
（3-16）

$$\alpha_{ZP'} = \alpha_{ZJ} \pm \arctan\left(\dfrac{y}{x}\right)$$
（3-17）

$$D = \sqrt{x^2 + y^2}$$
（3-18）

$$\left.\begin{array}{l} X_{P'} = X_{ZH} + D\cos\alpha_{ZP'} \\ Y_{P'} = Y_{ZH} + D\sin\alpha_{ZP'} \end{array}\right\} \qquad (3\text{-}19)$$

式中　±——线路右偏时取+，反之取－。

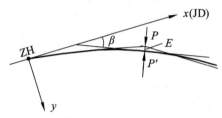

图 3-8　第一缓和曲线上的墩台中心

（2）计算法线方位角。P' 点的切线与 x 轴的交角 β 称为切线角，按下式计算：

$$\beta = \frac{l^2}{2Rl_0} \times \frac{180°}{\pi} \qquad (3\text{-}20)$$

式中　l —— P' 点至 ZH（HZ）点的曲线长度。

线路向外侧方向法线方位角计算式为：

$$\alpha_{法} = \alpha_{ZJ} \pm \beta - 90° \qquad (3\text{-}21)$$

式中　±——线路右偏时取+，反之取－。

（3）计算桥墩中心坐标。

$$\left.\begin{array}{l} X_P = X_{P'} + E\cos\alpha_{法} \\ Y_P = Y_{P'} + E\sin\alpha_{法} \end{array}\right\} \qquad (3\text{-}22)$$

（4）计算桩位坐标。

以线路中线点为起算坐标，由各墩桩基图纸提取各部分尺寸，利用坐标正算公式计算各钻孔桩坐标。

3. 墩台位于圆曲线

（1）如图 3-9 所示，线路中线点 P' 位于圆曲线段，其坐标计算公式如下：

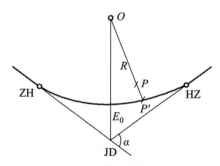

图 3-9　圆曲线上的墩台中心

$$\varphi = \frac{180°(l-l_0)}{\pi R} + \beta \tag{3-23}$$

$$\left.\begin{array}{l} x_i = R\sin\varphi + m \\ y_i = R(1-\cos\varphi) + p \end{array}\right\} \tag{3-24}$$

$$\alpha_{ZP'} = \alpha_{ZJ} \pm \arctan\left(\frac{y}{x}\right) \tag{3-25}$$

$$D = \sqrt{x^2 + y^2} \tag{3-26}$$

$$\left.\begin{array}{l} X_{P'} = X_{ZH} + D\cos\alpha_{ZP'} \\ Y_{P'} = Y_{ZH} + D\sin\alpha_{ZP'} \end{array}\right\} \tag{3-27}$$

式中 $\pm$——线路右偏时取+，反之取–。

（2）计算圆心坐标，公式如下：

$$\alpha_{JO} = \alpha_{JZ} + \frac{180-\alpha}{2} \tag{3-28}$$

$$\left.\begin{array}{l} X_O = X_J + (R+E_0)\cos\alpha_{JO} \\ Y_O = Y_J + (R+E_0)\sin\alpha_{JO} \end{array}\right\} \tag{3-29}$$

式中 α_{JO}——JD→圆心O方位角。

（3）P为圆曲线上一墩台中心，因P、P'和圆心三点一线，法线方位角与径向方位角相同，可由圆心O和线路中线点P'坐标反算获得。

$$\alpha_{法} = \alpha_{OP'} \tag{3-30}$$

（4）桥墩中心P坐标采用下式计算：

$$\left.\begin{array}{l} X_P = X_{P'} + E\cos\alpha_{法} \\ Y_P = Y_{P'} + E\sin\alpha_{法} \end{array}\right\} \tag{3-31}$$

式中 E——偏距值，由设计图纸获取。

（5）计算桩位的坐标。

以线路中线点为起算坐标，由各墩桩基图纸提取各部分尺寸，利用坐标正算公式计算各钻孔桩坐标。

3.3 应用案例

某高铁联络线为单线桥，起止里程为 DK0+550.25~DK2+074.06，简支梁按平分中矢布置（图 3-10），部分交点坐标见表 3-5，JD_1 和 JD_2 的曲线参数均为：半径 $R=500$ m，缓和曲线长 $l_0=120$ m。JD_2 的转向角 $\beta_左=128°33'03.3''$，根据表 3-6 中信息，计算下列指定墩台的中心点坐标。

表 3-5 已知交点信息

点号	桩号	坐标 X	坐标 Y
QD	DK0+000.000	50 875.432	3 911.871
JD1	DK0+396.271	50 902.437	4 307.220
JD2	DK1+775.648	50 175.451	5 492.343
ZD	DK1+917.220	51 267.438	5 357.783

表 3-6 墩台偏距信息

墩台号	里程	偏距 E/cm
0 号台	DK0+552.750	−6
2 号墩	DK0+618.360	0
7 号墩	DK0+782.260	12
26 号墩	DK1+392.380	8
35 号墩	DK1+817.420	11

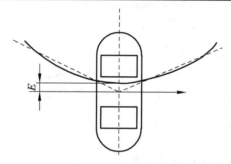

图 3-10 平分中矢图

1. 计算 JD$_2$ 的曲线要素、常数及主点里程

见表 3-7。

表 3-7 曲线要素、常数、主点里程表

缓和曲线切线角 β_0	6°52′31.8″	切曲差 q	958.674
切垂距 m	59.971	直缓点（ZH）里程	DK0+675.401
内移距 p	1.200	缓圆点（HY）里程	DK0+795.401
切线长 T	1 100.246	曲中点（QZ）里程	DK1+296.310
曲线长 L	1 241.818	圆缓点（YH）里程	DK1+797.219
外矢距 E_0	654.719	缓直点（HZ）里程	DK1+917.219

2. 方位角及 ZH 点和 HZ 点坐标计算

见表 3-8。

表 3-8　ZH 点和 HZ 点坐标及对应切线方位角

点号	坐标 X	坐标 Y	方位角
ZH	50 750.755	4 554.491	ZH 至 JD_2：121°31′33.8″
HZ	51 267.438	5 357.783	HZ 至 JD_2：172°58′30.5″

3. 桥墩对应线路中心点坐标

见表 3-9。

表 3-9　桥墩对应线路中心点坐标

墩台号	里　　程	对应线路中心点坐标		切线方位角
		X	Y	
0 号台	DK0+552.750	50 814.540	4 449.733	120°12′08.8″
2 号墩	DK0+618.360	50 780.581	4 505.869	121°31′33.8″
7 号墩	DK0+782.260	50 697.817	4 647.266	116°04′26.2″
26 号墩	DK1+392.380	50 785.488	5 213.489	46°14′30.5″
35 号墩	DK1+817.420	51 168.119	5 367.241	357°43′50.3″

4. 计算 2 号墩的中心点坐标

根据 2 号墩的中心点里程为 DK0+618.360，偏距为 0。

墩中心坐标为对应线路坐标：

$$\begin{cases} X_2 = 50\ 780.581 \\ Y_2 = 4\ 505.869 \end{cases}$$

5. 计算 7 号墩的中心点坐标

根据 7 号墩的中心里程为 DK0+782.260，右偏值为 0.120 m（E 左偏取 "－"，右偏取 "＋"）。

墩中心坐标为：

$$\begin{cases} X_7 = X_{Z7} + E \cdot \cos(\alpha+90°) = 50\ 697.817 + 0.12\cos(116°04′26.2″+90°) = 50\ 697.710 \\ Y_7 = Y_{Z7} + E \cdot \sin(\alpha+90°) = 4\ 647.266 + 0.12\sin(116°04′26.2″+90°) = 4\ 647.213 \end{cases}$$

6. 计算 26 号墩的中心点坐标

根据 26 号墩的中心里程为 DK1+392.380，右偏值为 0.080 m（E 左偏取 "－"，右偏取 "＋"）。

墩中心坐标为：

$$\begin{cases} X_{26} = X_{Z26} + E \cdot \cos(\alpha+90°) = 50\ 785.488 + 0.08\cos(46°14'30.5''+90°) = 50\ 785.430 \\ Y_{26} = Y_{Z26} + E \cdot \sin(\alpha+90°) = 5\ 213.489 + 0.08\sin(46°14'30.5''+90°) = 5\ 213.544 \end{cases}$$

根据同样的原理，可得 35 号墩的墩中心坐标。

综合以上墩台中心坐标见表 3-10。

表 3-10 墩台中心坐标

墩台号	里 程	偏距 E /m	墩台中心坐标	
			X_0	Y_0
0 号台	DK0+552.750	-6	50 814.592	4 449.763
2 号墩	DK0+618.360	0	50 780.581	4 505.869
7 号墩	DK0+782.260	12	50 697.710	4 647.213
26 号墩	DK1+392.380	8	50 785.430	5 213.544
35 号墩	DK1+817.420	11	51 168.123	5 367.351

✎ **复习思考题**

1. 铁路桥梁平分中矢布置与切线布置有何区别？
2. 交点距与梁的长度什么关系？
3. 桥梁墩台位于第二缓和曲线，计算法线方位角时如何区分左偏和右偏？

项目三 任务 4

任务 4
桥梁基础工程施工测量

4.1 工作任务

桥梁基础修建位置的正确与否，关系到整个桥梁是否满足设计要求，是桥梁基础施工测量的质量关键，目前桥梁基础主要采用明挖基础和桩基础两种形式。本任务通过对桥梁明挖基础和桩基础测量工作相关内容的学习，可完成桥梁基础施工中的桥梁基础放样工作。

4.2 相关配套知识

中小型桥梁的基础，较常用的是明挖基础和桩基础。

明挖基础的构造如图 3-11 所示。它是在墩、台位置处挖出一个基坑，将坑底平整后，进行基础及墩身的灌注。根据已经测设出的墩中心位置及纵、横轴线及基坑的长度和宽度，测设出坑的边界线。在开挖基坑时，根据基础周围地质条件，坑壁需放有一定的坡度（简称放坡，如图 3-12），可根据基坑深度及坑壁坡度测设开挖边界线，测设出开挖边界线后，根据角桩撒白灰线，依据灰线进行基坑开挖。边坡桩至墩、台轴线的距离 b 依下式计算：

$$b = \frac{a}{2} + h \times m \qquad (3\text{-}32)$$

式中　a——坑底的长度或宽度；

　　　h——原地面与坑底的高差；

　　　m——坑壁坡度系数的分母项。

进行基础及墩、台身的立模放样时，应将全站仪架设在轴线上较远的一个护桩上，以另一个护桩定向，这时全站仪的视线方向即为轴线方向。安装模板时，使模板中心线与视线重合。当模板的位置在地面下较深时，可以在基坑两边设立两个轴线控制桩，两点拉线绳或垂球来指挥模板的安装，图 3-13 所示。

桩基础的护筒定位如图 3-14 所示，它是在基础的下部打入基桩，在桩群的上部灌注承台，使桩和承台连成一体，再在承台以上浇筑墩身，护筒中心应与桩中心位于同一垂线。

基桩位置的放样如图 3-15 所示，它是以墩、台纵、横轴线为坐标轴，按设计位置用支距法测设；或根据基桩的坐标依极坐标的方法安置全站仪于任一控制点进行测设。后者更适合于斜交桥的情况。在基桩施工完成以后，承台修筑以前，应再次测定其位置，作为竣工资料内容。

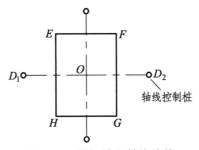

图 3-11　平坦地面基坑边线

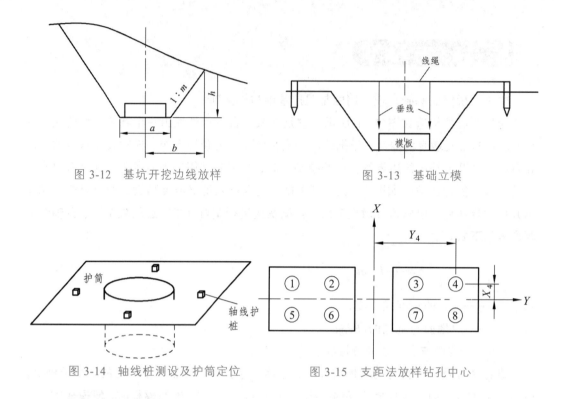

图 3-12　基坑开挖边线放样

图 3-13　基础立模

图 3-14　轴线桩测设及护筒定位

图 3-15　支距法放样钻孔中心

4.3　应用案例

应用案例 3.3 中，根据桥梁墩台布置图 3-16，计算下列指定墩台桩基础和承台角点坐标。

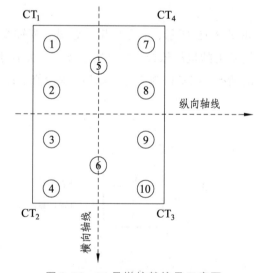

图 3-16　26 号墩桩基编号示意图

1. 根据案例 3.3 的计算结果

见表 3-11。

表 3-11　26 号墩坐标信息

墩台号	里程	X_0	Y_0	切线方位角	转换为弧度
26 号墩	DK1+392.380	50 785.430	5 213.544	46°14′30.5″	0.807 071 759

2. 根据墩台布置图, 可知 26 号墩在墩台轴线局部坐标系的坐标

见图 3-17、表 3-12。

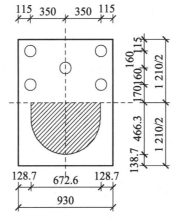

图 3-17　26 号墩半基顶和半基底平面图

表 3-12　桩基横向和纵向偏移

墩台号	X_0	Y_0	切线方位角	序号	横向偏移	纵向偏移
26 号墩	50 785.430	5 213.544	46°14′30.5″	Z_1	−4.9	−3.5
				Z_2	−1.7	−3.5
				Z_3	1.7	−3.5
				Z_4	4.9	−3.5
				Z_5	−3.3	0.0
				Z_6	3.3	0.0
				Z_7	−4.9	3.5
				Z_8	−1.7	3.5
				Z_9	1.7	3.5
				Z_{10}	4.9	3.5
				CT_1	−6.05	−4.65
				CT_2	6.05	−4.65
				CT_3	−6.05	4.65
				CT_4	6.05	4.65

根据局部坐标系和统一坐标系的坐标转换公式：

$$X_p = X_0 + x_p \cos\alpha - y_p \sin\alpha$$
$$Y_p = Y_0 + x_p \sin\alpha + y_p \cos\alpha$$

式中　X_0，Y_0——墩中心坐标；

x_p——纵向偏移量；

y_p——横向偏移量；

α——桥墩纵轴方向对应的方位角，该案例指墩中心的切线方位角。

1）钻孔桩测量坐标系中心坐标计算

$$
\begin{aligned}
X_{z1} &= X_0 + x_{z1}\cos\alpha - y_{z1}\sin\alpha \\
&= 50\,785.430 + (-3.5)\cos46°14'30.5'' - (-4.9)\sin46°14'30.5'' \\
&= 50\,786.548
\end{aligned}
$$

$$
\begin{aligned}
Y_{z1} &= Y_0 + x_{z1}\sin\alpha + y_{z1}\cos\alpha \\
&= 5\,213.544 + (-3.5)\sin46°14'30.5'' + (-4.9)\cos46°14'30.5'' \\
&= 5\,207.627
\end{aligned}
$$

同理：可计算得到其余钻孔桩中心坐标。

2）承台测量坐标系角点坐标计算

$$
\begin{aligned}
X_{CT1} &= X_0 + x_{CT1}\cos\alpha - y_{CT1}\sin\alpha \\
&= 50\,785.430 + (-4.65)\cos46°14'30.5'' - (-6.05)\sin46°14'30.5'' \\
&= 50\,786.584
\end{aligned}
$$

$$
\begin{aligned}
Y_{CT1} &= Y_0 + x_{CT1}\sin\alpha + y_{CT1}\cos\alpha \\
&= 5\,213.544 + (-4.65)\sin46°14'30.5'' + (-6.05)\cos46°14'30.5'' \\
&= 5\,206.001
\end{aligned}
$$

同理：可得承台的另外三个角点测量坐标。

综合以上，解算得到承台角点和钻孔桩中心坐标如表 3-13。

表 3-13　承台角点和钻孔桩中心坐标

墩台号	X_0	Y_0	切线方位角	序号	X	Y
26 号墩	50 785.430	5 213.544	46°14′30.5″	Z_1	50 786.548	5 207.627
				Z_2	50 784.237	5 209.840
				Z_3	50 781.781	5 212.192
				Z_4	50 779.470	5 214.405
				Z_5	50 787.813	5 211.262
				Z_6	50 783.047	5 215.826
				Z_7	50 791.390	5 212.683
				Z_8	50 789.079	5 214.896
				Z_9	50 786.623	5 217.248
				Z_{10}	50 784.312	5 219.461
				CT_1	50 786.584	5 206.001
				CT_2	50 777.844	5 214.370
				CT_3	50 793.016	5 212.718
				CT_4	50 784.276	5 221.087

✎　复习思考题

1. 简述桩基础施工测量的工作。
2. 简述明挖基础边界线放样方法。

项目三 任务 5

任务 5
承台施工测量

5.1　工作任务

　　承台是在桩基顶部设置的连接各桩顶的钢筋混凝土平台,主要作用是传递荷载。确定承台的位置是本任务的要点,通过学习完成承台位置放样工作。

5.2 相关配套知识

确定各结构的位置是桥梁施工测量中最主要的工作。其测设数据由控制点坐标和承台中心的设计位置计算，直线桥比较简单，如果是曲线桥则还需桥梁偏角、偏距及墩距等原始资料。测设方法则视河宽、水深及墩位的情况，可采用直接测设或角度交会的方法。墩、台中心位置定出以后，还要测设出墩、台的纵横轴线，以固定墩台方向，同时它也是墩台施工中细部放样的依据。

1. 桥梁墩台纵横轴线测设

为了便于墩、台施工的细部放样，需要对其纵、横轴线进行测设。纵轴线是指过墩、台中心平行于线路方向的轴线；横轴线是指过墩、台中心垂直于线路方向的轴线；桥台的横轴线是指桥台的胸墙线。直线桥墩、台的纵轴线于线路的中线重合，在墩、台中心架设全站仪，自线路中线方向测设 90°角，就是横轴线的方向（见图 3-18）。曲线桥的墩、台纵轴线位于桥梁偏角的分角线上，在墩、台中心架设仪器，照准相邻的墩、台中心，测设 $\alpha/2$ 角，即为纵轴线的方向（见图 3-19）。自纵轴线方向测设 90°角，即为横轴线方向，由于相邻墩、台中心曲线长度为 l，曲线半径为 R，则：

$$\frac{\alpha}{2} = \frac{l}{2R} \times \frac{180°}{\pi} \tag{3-33}$$

2. 承台放样

承台的放样，还是以纵横轴线为依据，首先在其基础顶面或每一节段顶面上测设出承台的中心位置及纵横轴线以作为下一节段立模的依据。根据纵横轴线及中心位置用墨斗弹出立模边线，立模时，在模板外侧需先画出承台中心线，然后在纵横轴线的护桩上架设仪器，照准该轴线上另一护桩，用该方向线调整模板的位置。

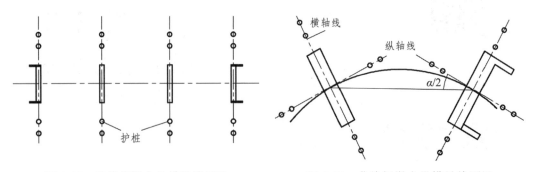

图 3-18　直线桥墩台纵横轴线测设　　　　图 3-19　曲线桥墩台纵横轴线测设

复习思考题

1. 什么是墩台的横轴线？
2. 什么是墩台的纵轴线？
3. 简述承台施工的工艺流程。

项目三 任务6

任务 6
墩台身施工测量

6.1 工作任务

墩台包括桥墩和桥台，是桥梁下部结构的主要组成部分。墩台身施工测量就是对墩台身的平面位置和高程位置进行定位，本任务通过对墩、台身平面位置和高程位置的放样相关内容的学习，完成墩台身位置放样工作。

6.2 相关配套知识

1. 墩、台平面位置放样

进行墩台位置放样时，先应确定墩、台的平面位置。当承台获基础施工完成后，还是以纵横轴线为依据的来确定墩、台位置。一是可根据桥墩或桥台几何尺寸将其位置放样在承台或基础上；二是可根据墩中心和轮廓点坐标利用全站仪坐标放样确定位置，现场要根据实际情况灵活选用，无论哪种都要设置护桩，在纵横轴线的护桩上架设全站仪，照准该轴线上另一护桩，用该方向线调整模板的位置。

2. 墩、台高程位置放样

墩台高程放样就是确定桥墩台的高度要和设计值相符。一般的方法采用水准测量，其优点是操作简单，速度快。但当桥墩过高或施工到墩上部时，墩顶与工作面高差较大，水准测量无法进行，可改用三角测量、垂吊钢尺等方法。

当桥面与地面高差大于 3 m 时，因桥面与地面间高差较大，线路水准基点高程直接传递到桥面控制点上有困难时，可通过不量仪器高和棱镜高的中间设站三角高程测量法传递，即要求在桥梁地段每 2 km 左右做一处三角高程测量，梁上三角高程点应埋设在梁的固定支座（纵横向均固定）正上方的防撞墙上。

具体方法如下：

（1）在桥墩上高出地面不小于 0.3 m 的地方埋设一辅助点，辅助点横向垂直于桥墩；在桥上固定支座端防撞墙外侧低于顶面 10 cm 的地方埋设桥上辅助点，辅助点横向垂直于防撞墙。测量方法如图 3-20 所示。

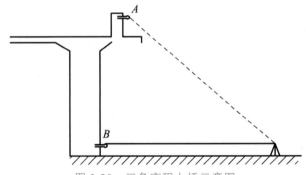

图 3-20　三角高程上桥示意图

采用此方法时，桥下辅助点按二等水准测量要求进行往返测量，由距离其最近线路水准点引测（埋设时需考虑距线路水准点的距离不宜过长）。桥下辅助点编号一律为"水准基点名-X"；桥上辅助点编号一律为"水准基点名-S"。

（2）使用的全站仪应具有自动目标识别功能，其标称精度应满足：方向测量中误差不大于 1″，测距中误差不大于 1 mm + $2 \times 10^{-6} D$。每测站边长观测必须进行温度、气压等气象元素改正，温度读数精确到 0.5 ℃，气压读数精确至 1hPa。采用与全站仪配套的精密棱镜进行观测。

（3）要求进行两组独立的观测，第一组观测完成后，将测站挪动位置后进行第二组观测，两组高差较差不应大于 2 mm，满足限差要求后，取两组高差平均值作为传递高差。观测时，仪器与棱镜的距离一般不超过 100 m，最大不得超过 150 m，前后视距差不应超过 5 m。辅助点布设于在桥下桥墩位置。

根据《铁路工程测量规范》（TB 10101—2018）规定中间设站光电测距三角高程测量外业观测应符合表 3-14 所示的技术要求。

表 3-14　中间设站光电测距三角高程测量外业观测技术要求

等级	仪器标称精度	测回数	垂直角测量		距离测量	
			指标差较差 /（″）	测回间较差 /（″）	测回内较差 /mm	测回间较差 /mm
二等	≤0.5″、1 mm+$1 \times 10^{-6} D$	4	5	5	2	2
精密	≤0.5″、1 mm+$1 \times 10^{-6} D$	3	5	5	2	2
三等	≤1″、2 mm+$2 \times 10^{-6} D$	2	2	5	3	3
四等	≤1″、2 mm+$2 \times 10^{-6} D$	2	2	7	3	3

✎ 复习思考题

1. 简述墩台身平面位置放样。
2. 简述墩台身高程位置放样。

任务 7
墩台帽、支座垫石、挡块施工测量

项目三 任务 7

7.1 工作任务

本任务通过对桥梁墩台帽、垫石、挡块施工测量方法的学习，实现可按规范设计要求完成桥梁墩台帽、垫石、挡块的施工测量工作。

7.2 相关配套知识

1. 墩台帽放样

墩台帽是指墩台身与桥面之间的连接部分，它通过支座承托上部结构的荷载并传递给墩身。其作用主要是将桥梁支座传递的集中力，分散均匀地传递给墩台身。直线桥顶帽布置图如图 3-21 所示。

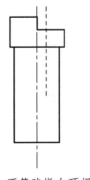

（a）不等跨墩台顶帽

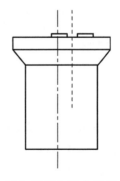

（b）预偏心墩台顶帽

图 3-21　墩台中心线关系

当墩身柱浇注完成且符合规定的基本要求后，应认真清理墩柱顶面，墩台身放样采用全站仪坐标法放样，先计算出各墩台桥梁工作线的交点的坐标。测量并记录现场放样点的坐标和高程，与理论坐标比较检核，确认无误后在标志旁加注记。全部放样点放样完后，随机抽查放样点并记录，其差值应不大于放样点的允许偏差值。

支座是设置在桥梁的上、下部结构之间的传力和连接装置。顶帽立模应注意基础中心线、墩中心线、梁工作线及支座布置之间的轴线关系。直线桥支座布置详图如图 3-22 所示；曲线桥支座布置详图如图 3-23 所示。

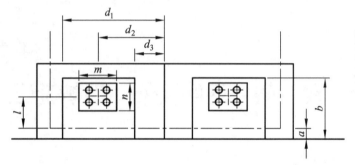

图 3-22　单梁直线桥顶帽支座布置

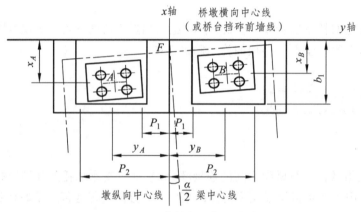

图 3-23　单梁曲线桥顶帽支座布置

2. 支座垫石放样

桥梁上部构造的静荷载是通过支座垫石传递到下部构造及基础中的，垫石是受力最集中的部位，因此支座的安装是桥梁施工中的重要环节，如果在施工中支座垫石水平及高程位置控制不好，就会造成支座不均匀受力或脱空现象，从而造成严重的工程质量隐患。

一般桥梁支座垫石测量放样是在盖梁施工完成后，进行支座垫石施工前，需根据设计图用全站仪精确放出各个支座垫石的位置，用水准仪精确测出支座垫石的设计高程。支座垫石的位置放样通常是从盖梁中心线向量边放，一般是放垫石中心点，通过图纸，可算出盖梁中心线距垫石中心的距离，然后放样。

1）平面位置放样

垫石平面位置放样一般采用全站仪坐标放样并用人工挂线尺来控制，用全站仪把支座垫石的纵向和横向中心线放样出来，根据设计要求进行支座垫石的钢筋预埋。定位好垫石的预埋钢筋,用水准仪控制好垫石钢筋的高程,用电焊把垫石钢筋与墩帽钢筋焊接。待墩帽混凝土浇筑完毕后,再用全站仪定出垫石的中心线,用钢尺按照设计图纸量出支座垫石的平面尺寸,然后用墨斗弹出支座垫石的平面位置。

支座中心坐标:

$$
\left.
\begin{aligned}
x_A &= (l + F)\cos\frac{\alpha}{2} + y\sin\frac{\alpha}{2} \\
x_B &= (l + F)\cos\frac{\alpha}{2} - y\sin\frac{\alpha}{2} \\
y_A &= y\cos\frac{\alpha}{2} - (l + F)\sin\frac{\alpha}{2} \\
y_B &= y\cos\frac{\alpha}{2} + (l + F)\sin\frac{\alpha}{2}
\end{aligned}
\right\}
\qquad (3\text{-}34)
$$

式中 F ——梁缝;

l ——支座中心到梁端的长度;

α ——梁轴线和桥墩横轴的偏角;

y ——支座中心到梁轴线的长度。

2)高程位置放样

垫石高程放样主要是用水准仪控制好支座垫石模板的顶面高程,先用水准仪按照设计高程定出模板的标高,然后浇筑混凝土,因支座垫石在施工过程中要反复抹平垫石顶面,因此需用水平尺反复检测整个垫石顶面是否达到水平,同时用水准仪进行跟踪测量标高,使垫石顶面高程符合设计要求且顶面水平。采用 DS1 高精度水准仪控制支座顶面标高,所有支座安装就位后其顶面标高需与设计标高一致,其误差不得大于 ± 2 mm,每一个支座特别是滑动支座安装就位后其上表面水平度不得大于 2 mm。

为确保顶帽中心位置、预埋件位置的正确,在浇筑混凝土之前,应再进行一次复核,保证同一墩上相邻两个支座在同一个水平面,使垫石水平达到要求,保证支座不偏斜。支座垫石标高一般有两种方法控制,从桩底往上推或从路面往下返,一般多采用后者。路面高程 –(面层厚度+铺装层厚度+梁体高度+橡胶支座厚度)= 垫石顶标高。此标高是垫石不放橡胶支座时的标高。一般用水准仪进行测量,通常都会选择把垫石标高人为地降低 1 cm 左右,方便于桥面铺装。

3. 挡块放样

挡块是桥面两边为了防止落梁而设置的块状墙。对于地震比较严重的地方还在各梁间设置挡块卡住梁,防止横向移动。

施工前,梁骨架及模板吊装固定好后,须在梁骨架顶面测量放出两墩顶中心点及梁中心轴线方向前后控制点,该点可通过焊铁板的方式固定于钢筋骨架面上,然后对每个挡块中心位置进行分中并预埋垫石及挡块钢筋。

挡块模板安装完成后,对各挡块模板的平面位置及标高进行复测,满足设计及规范要求后,方可进行梁的混凝土浇筑。浇筑完成后,重新在梁砼顶面上将纵横轴线控制点测放出，然后依据控制点分出挡块的中心点，再根据中心点位置按设计图加设钢筋网片并用电焊等方式进行固定。

✎ 复习思考题

1. 什么是墩台帽、挡块、垫石？
2. 简述垫石放样的方法。

任务 8
桥梁上部结构施工测量

8.1　工作任务

桥梁上部结构施工测量包括桥面铺装、防撞护栏放样、伸缩缝安装、支座安装、桥头搭板放样等。通过本任务的学习，可完成桥梁上部结构施工测量工作。

8.2　相关配套知识

1. 桥面铺装

桥面初次清扫后，按照相关规范和设计文件要求进行坐标放线，并以红油漆标注，复测出标高，做好记录。对局部较高部位进行凿毛处理，整体较高部位做好调坡方案，经协商确定后方可用于施工。

2. 防撞护栏放样

防撞护栏的施工质量是影响桥梁整体美观的重要因素。大多数桥梁均因桥面防撞墙的外观质量直接影响到了桥梁的整体外观效果。防撞护栏施工工程量小、工序烦琐复杂，大多数防撞护栏外形设计均有倒角、圆弧等异形截面，外观质量很难控制。

施工放样时要对沿线的水准点进行联测，并根据设计要求，放样出防撞护栏的平面和高程控制点，一般每 5 m 放样 1 个点，拉线画出防撞护栏的轮廓线，确保钢筋绑扎和模板安装的顺直。

3. 伸缩缝安装

伸缩缝是指为适应材料涨缩变形对结构的影响，为了使车辆平稳通过桥面，在桥梁结构的两端设置的间隙，一般有对接式、钢制支承式、橡胶组合剪切式、模数支撑式、无缝式等。

在铺筑桥面前将伸缩缝的位置进行有效的标识和中心线测量栓桩。桥面铺完成后进行伸缩缝线位恢复，并按设计图纸进行伸缩缝槽线位放样并标识在沥青路面上。

4. 支座安装

墩台顶及预留孔清理后，在支座及支座垫石顶分别画出纵横轴线，在垫石上放出支座控制标高。支座安装前按纵横轴线检查螺栓预留孔位置及尺寸，无误后将螺栓放入预留孔内。调整好标高及垂直度后灌注环氧砂浆。支座的安装要在螺栓预埋砂浆固化前进行，找平层要略高于设计高程，支座就位后，在自重及外力作用下将其调整至设计高程。如图 3-24、图 3-25 所示。

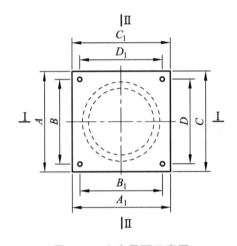

图 3-24　支座平面示意图

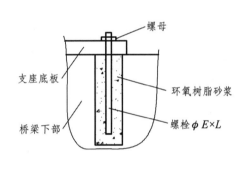

图 3-25　地脚螺栓安装示意图

5. 桥头搭板放样

桥头搭板用于防止桥端连接部分的沉降而采取的措施。它搁置在桥台或悬臂梁板端部和填土之间，随着填土的沉降而能够转动。车辆行驶时可起到缓冲作用，即使台背填土沉降也不至于产生凹凸不平。放样时，采用全站仪坐标法放样出路基的中心位置和高程，搭板及过渡板顶面的纵坡与路线设计线型应一致。

案例 3　桥梁桩基础坐标计算

复习思考题

桥梁上部结构放样的内容主要有哪些？

项目四

隧道施工测量

项目描述

隧道施工测量是在隧道工程施工中进行的测量工作。施工时根据隧道线路形状和主洞口、辅助洞口、转折点等位置为参考，建立洞外控制网，进行洞外施工控制测量。待控制网精度达到要求后，方可进洞，随后再进行洞内施工测量，即隧道施工中的细部结构放样。为保证隧道位置的正确性和精确性，随隧道施工向前延伸还要阶段性地将洞外控制网引入洞内，并不断地向前延伸，来保证细部放样所要使用的控制点稳固、可靠。还要指导并保证不同工作面之间以预定的精度贯通，贯通后进行实际贯通误差测定和线路中线的调整，施工过程中进行隧道纵、横断面测量和相关建筑物的放样，施工完成后进行竣工测量。在施工建造阶段，定期进行地表、隧道洞身各部位及其相关建筑物的沉降观测和位移观测，保证隧道施工安全。

思政亮点

（1）在对我国北斗卫星导航系统的了解和学习过程中，感受我国强大的科技实力，先进的测绘技术；在隧道的控制测量中理解"云连北斗，隧贯山河"的中国力量，进而树立民族自信、价值自信和职业自信。

（2）通过隧道内典型案例的讲解，强调只有细致精准、精益求精才是安全生产的第一生命线，培养精益求精的工匠精神。

学习目标

1. 知识目标

（1）了解隧道施工的流程；

（2）掌握隧道洞内外控制测量的方法及要求；

（3）掌握隧道各部位施工测量的方法及要求；

（4）掌握隧道竣工量测的方法及要求。

2. 能力目标

（1）能进行隧道洞内、外控制测量；

（2）能进行隧道洞内施工测量；

（3）能进行隧道竣工测量及图表绘制。

3. 素质目标

（1）具备查阅相关规范、资料并进行自学的能力；

（2）具备良好的质量意识、规范意识；

（3）具有良好的团队意识和协作精神。

项目四 任务1

任务 1
洞外平面控制测量

1.1 工作任务

根据铁路工程隧道洞外平面控制测量技术要求，采用合理的测量方法，完成铁路隧道工程平面控制点的复测任务和洞外平面控制网建立工作，为后续铁路隧道工程施工测量提供可靠基准。

1.2 相关配套知识

1.2.1 隧道洞外控制测量概述

隧道是铁路工程的重要组成部分。隧道施工控制网分为洞外控制网和洞内控制网两部分。洞外控制部分确定隧道洞口的相对位置，并传递进洞方向；洞内控制部分确定隧道掘进方向。

隧道洞外控制测量的目的是在隧道开挖洞口建立精密的控制网，据此精确地确定开挖洞口的掘进方向和开挖高程，保证隧道准确贯通。隧道洞外控制测量包括平面控制测量和高程控制测量两部分。隧道施工平面控制坐标系宜采用隧道内线路的平均高程面为基准面、以隧道中线（直线隧道）或曲线隧道切线为坐标轴的施工坐标系，坐标轴的选取应便于施工测量使用。高程系统应与线路高程系统一致。隧道洞口应测设不少于 3 个平面控制点和 2 个高程控制点。

隧道施工时，根据隧道线路的形状和主洞口、辅助洞口、转折点的位置确定洞外施工控制网的布设及施测方法；根据隧道施工要求的精度和施工顺序进行相应的施工测量工作。隧道施工流程如图 4-1 所示。

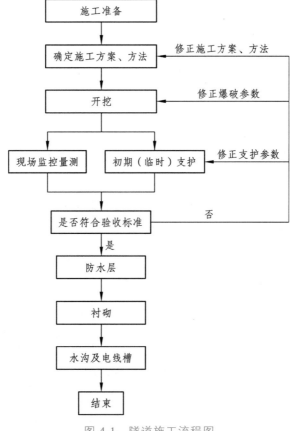

图 4-1 隧道施工流程图

1.2.2 隧道洞外平面控制网建立

隧道洞外平面控制网的建立主要有 GNSS 控制网和导线控制网两种形式。

1. GNSS 平面控制网

隧道施工控制网可利用 GNSS 相对定位技术，采用静态测量方式进行施测。GNSS 定位时仅需要在开挖进出口及竖井、斜井等位置测定几个控制点，便可建立隧道洞外 GNSS 平面控制网。进行隧道洞外 GNSS 平面控制测量时，除满足相关的规范要求外，对于 GNSS 的网形及点位设置，应满足下列要求。

1）布网要求

控制网由隧道各开挖口的控制点组成，每个开挖口应布设不少于 3 个控制点。控制网的边长不宜过长，可根据施工场地地形决定，最短不宜短于 300 m；GNSS 点位之间不要求通视，但布设洞口控制点时，考虑到用常规测量方法检测、加密或恢复的需要，应当两两通视；点位视野开阔，保证至少能接收到 4 颗卫星信号；测站附近不应有对电磁波强烈吸收和反射影响的金属或其他物体。

2）外业施测

隧道工程施工前根据设计院和业主技术部门现场交接的测量控制点，组织测量人员对交接的导线网点和水准基点进行复核测量，复核导线点的坐标和水准基点高程的准确性。外业施测前应准备好 GNSS 控制网施测方案、点之记等，配备好仪器设备和施测人员。采用的技术参数应满足规范和业主、监理要求，采用边连式，按 GNSS 静态网相应等级要求施测，测量结果经过平差后与所交接的控制点进行对比，完全无误后作为施工控制点。后期施测要求：隧道每掘进 1 km 或雨季前后（6 个月）应对洞内外控制点联测一次，施测要求按《铁路工程测量规范》（TB 10101—2018）规定进行，见表 4-1、4-2 所示。

表 4-1　隧道平面控制测量技术要求

测量部位	测量方法	测量等级	隧道长度/km	洞外定向边/洞内导线边长度/m
洞外	GNSS 测量 导线测量 三角形网测量	一等（GNSS）	8 ~ 20	≥400
		二等	4 ~ 8	≥350
		三等	2 ~ 4	≥300
		四等	<2	≥250

表 4-2　卫星定位测量控制网的主要技术要求

等级	固定误差 a/mm	比例误差系数 b/mm	基线边方位角中误差/（″）	约束点精度		约束平差后最弱边边长相对中误差
				方位角精度/（″）	边长相对精度	
四等	≤6	≤4	2.0	1.7	1/100 000	1/70 000

注：当基线长度短于 500 m 时，四等边长中误差应小于 7.5 mm。

2. 导线控制网

隧道控制网采用导线形式时，首先要在设计院提供的平面控制网基础上加密导线点，导线点位宜选在地势较高的地方，且能前后互相通视；导线点应选在开阔的地方，以便可以控制隧道进出口的地形，方便隧道洞口位置放样；导线点间的距离要适中，点位距离不宜过大，300 m 左右即可，即使地势平坦，视线清晰时，亦不应大于 500 m。若使用测距仪或全站仪时，导线点间的距离可增至 1 000 m，并应在不远于 500 m 处增设内分点；导线点应尽可能接近将来的线路位置，以便为定测时所利用。根据施工要求，在每个洞口布设不少于 3 个平面控制点（包括洞口投点及其相联系的三角点或导线点）。洞口投点应该布设在便于中线施工放样、联测洞外控制点以及洞内测设导线之处。如果条件困难，可在主网与投点间设支导线联结，但支导线必须构成闭合检核条件，如闭合导线、主副导线等形式联结。如图 4-2 所示。

图 4-2　导线网布设图

隧道洞外控制测量导线可布设成附合导线、闭合导线或导线网。各等级导线测量的主要技术要求应遵循《铁路工程测量规范》（TB 10101—2018）规定，见表 4-3 所示。

表 4-3　导线测量的主要技术要求

等级	测角中误差/（"）	测距相对中误差	方位角闭合差/（"）	导线全长相对闭合差	测回数			
					0.5"级仪器	1"级仪器	2"级仪器	6"级仪器
二等	1	1/250 000	$\pm 2\sqrt{n}$	1/100 000	6	9	—	—
三等	1.8	1/150 000	$\pm 3.6\sqrt{n}$	1/55 000	4	6	10	—
四等	2.5	1/100 000	$\pm 5\sqrt{n}$	1/40 000	3	4	6	—
一级	4	1/50 000	$\pm 8\sqrt{n}$	1/20 000	—	2	2	—
二级	7.5	1/25 000	$\pm 15\sqrt{n}$	1/10 000	—	—	1	2

注：表中的 n 为测站数。

1）准备工作

首先在和设计单位交接桩时要仔细检查桩的完整性，以便及时发现有松动或不稳的桩。这样在复核时及时检查出粗差，有利于复核后的平差。其次，要对交接资料进行复核，包括桩号、桩位、桩的里程、桩的坐标等。同时对隧道平面图进行研究，算出其走向。

2）外业施测

在施测时如果有平面控制点和高程控制点重合的情形，则须采用全站仪对平面和高程同时进行施测。采用全站仪进行的高程施测可作为参考。施测时，应该选择合适的天气进行测量。对平面控制施测，测回数根据测量精度而定，一般情况下不得低于两个测回，同时采用主副导线闭合法进行施测（主导线为在设计方所交点基础上布设的导线网，测边测距，副导线为临时导线，只测角度）便于检查角度闭合差。

1.3　应用案例

某铁路工程隧道进口里程为 DK184+382，出口里程为 DK187+256，全长 2 874 m，按 250 km/h 双线隧道设计，隧道为 5‰/2 301 m、−3‰/573 m 的人字坡，隧道最大埋深约 192 m。为满足隧道工程需求，建立洞外控制点，进行控制网布设和测量，用于指导施工。

1. 技术要求

本次采用 GNSS 卫星定位施测，按测量规范三等精度要求测量，起闭于 GNSS 控制点，以 GNSS 控制点为已知点进行约束平差，测量遵循的主要技术指标见表 4-1、4-2。

2. 外业观测

外业观测内容：观测内容为隧道洞外控制网测量，分别在进出口布设周边控制点 6 个，连同已知点共 9 个，其余需要之处适当增加，要求点位之间两两通视。

外业观测计划：本次 GNSS 测量等级采用三等标准施测，6 台仪器同步观测至少保证 50 min 采用静态相对定位模式观测。计划 2 d 完成本次平面控制网施测工作。

外业观测：外业观测人员 6 人。

仪器设备：仪器设备为美国天宝公司的 Trimble R6 型接收机 6 台，仪器静态测量标称水平精度为 $\pm 3\ \text{mm}+0.1 \times 10^{-6}D$。

外业观测方法：外业观测过程采用边传递方式，如图 4-3 所示。4 台仪器保持同步开关机，每次搬站时固定前进方向的两个点上的两台仪器即一条边不动，后两个点上的仪器向前挪动，依此类推向前传递施测。

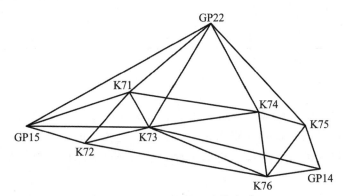

图 4-3　GNSS 控制网连接方式

外业测量操作要点：

（1）观测过程中必须执行调度计划，按规定的时间同步观测同一组卫星。

（2）仪器对中精度为 1 mm。每时段观测应在测前、测后分别量取天线高，两次天线高之差不应大于 2 mm，并取均值作为天线高。

（3）观测时防止人员或其他物体触动天线或遮挡信号。

（4）GNSS 开机接收信号后，及时将导线点号、仪器编号、接收机名称、观测日期、开机时间、关机时间、天线高、观测人名、工程项目名等填写在记录表中。

（5）观测结束后，将外业数据文件及时下载到电脑里，不得剔除或修改，文件以工程项目名作目录，里面分成若干个子目录，子目录以观测日期命名。

外业测量注意事项：

（1）尽可能跟踪和观测到所有在视野中的卫星；在 5° ~ 15°高度角以上不能有成片的障碍物。

（2）为减少各种电磁波对 GNSS 卫星信号的干扰，避免周围约 200 m 的范围内不能有强电磁波干扰源，如大功率无线电发射设施、高压输电线等。

（3）为避免或减少多路径效应的发生，仪器应远离对电磁波信号反射强烈的地形、地物，如高层建筑、成片水域等。

3. 内业计算

基线解算：采用广播星历，运用 TBC2.50 版本软件按静态相对定位模式进行基线解算。

控制网平差：平差软件采用武汉大学《科傻 GPS 数据处理系统》软件进行平差处理。

（1）无约束平差：以一个稳定的 GNSS 点的 WG-84 空间三维直角坐标为起算数据，对控制网进行空间 GNSS 基线无约束平差，确保无约束平差获得的基线向量的改正数（V_DX，V_DY，V_DZ）的绝对值应在规定的限差之内。

（2）运用两个已知 GNSS 坐标作为强制约束条件，对控制网的基线向量网进行二维约束的平差，获取各 GNSS 点和加密点的平面成果坐标。

（3）平差计算（部分数据）。

相关计算见表 4-4 ~ 4-7。

表 4-4　GNSS 控制网重复性基线较差计算手簿

基线序号	起点	终点	DX/m	DY/m	DZ/m	S/m	S限差/差值/mm	备注
1	K75	GP14	− 706.770 5	240.809 1	474.171 9	746.661 2	0.859 6	合格
2	186	GP14	− 706.771 9	240.808 6	474.166 8	746.662 2	14.417 8	
3	K76	K75	839.930 5	646.872 9	42.473 4	868.776 1	14.351 9	
4	K76	K75	839.930 8	646.873 1	42.475 3	868.778 0	1.870 6	合格

表 4-5　GNSS 控制网异步环闭合差计算手簿

闭合环号	点名			X闭合差限差/mm	X闭合差/mm	Y闭合差限差/mm	Y闭合差/mm	Z闭合差限差/mm	Z闭合差/mm	S闭合差限差/mm	S闭合差/mm	线路总长度/m	PPM	备注
1	K072	K71	K73	26.31	− 1.6	26.31	1	26.31	0	45.57	1.89	2 889.8622	0.79	合格
2	GP14	K75	K76	26.52	0.5	26.52	− 0.7	26.52	− 0.4	45.94	0.95	2 704.4291	0.31	合格
3	GP22	K71	K74	26.86	− 2.6	26.86	9	26.86	10.8	46.52	14.3	5 602.6274	3.64	合格

表 4-6　GNSS 控制网平差计算采用的起算数据表

点名	X/m	Y/m
GP14	3 507 975.588	174 177.184
GP15	3 508 690.561	169 250.286
GP22	3 510 350.256	172 366.095

表 4-7　GNSS 控制点坐标成果表

点号	坐标成果		备注
	X/m	Y/m	
K71	3 509 234.226	170 994.795	
K72	3 508 408.518	170 225.392	
K73	3 508 661.915	171 305.914	
K74	3 508 905.260	173 157.141	
K75	3 508 682.350	173 936.375	
K76	3 507 842.420	173 289.503	

复习思考题

1. 隧道洞外平面控制测量的方法有哪些？
2. GNSS 控制测量主要步骤有哪些？
3. GNSS 控制网施测过程有哪些具体要求？

项目四 任务 2

任务 2
洞外高程控制测量

2.1　工作任务

根据铁路工程隧道洞外高程控制测量技术要求，采用合理的测量方法，完成铁路隧道工程高程控制点的复测任务和高程控制网建立工作，为后续铁路隧道工程施工测量提供可靠高程基准。

2.2 相关配套知识

为了保证隧道开挖时线路的高程符合设计要求，需要在隧道洞外建立高程控制系统，一般设计单位已完成建网，施工单位进场施工时，需对原有的高程控制网进行复测和加密，在隧道掘进前，要完成洞外高程控制网的测设工作。洞外高程控制测量和其他高程控制测量基本一样，主要有两种方法：水准测量和三角高程测量。

1. 水准测量

洞外高程控制测量的任务是按照测量设计规定的精度要求，测量并计算出洞口、竖井及斜井处的水准点高程，作为隧道进洞高程的依据。隧道洞外高程控制的二、三等应采用水准测量方法进行，水准测量路线一般为以洞口附近一个线路定测水准点的高程为起算高程，测量并传算到隧道另一端洞口与另一个定测水准点闭合。每一个洞口应埋设不少于两个水准点，两水准点之间的高差，以安置一次水准仪即可测出为宜。

水准测量的等级按照设计文件和《铁路工程测量规范》（TB 10101—2018）规定的要求确定，见表4-8所示。

表 4-8　水准测量的主要技术要求

等级	每千米高差全中误差/mm	路线长度/km	水准仪型号	水准尺	观测次数		往返较差、附合或环线闭合差	
					与已知点联测	附合或环线	平地/mm	山地/mm
二等	±2	—	DS1	铟钢	往返各一次	往返各一次	$\pm4\sqrt{L}$	—
三等	±6	≤50	DS1	铟钢	往返各一次	往一次	$\pm12\sqrt{L}$	$\pm4\sqrt{n}$
			DS3	双面	—	往返各一次		
四等	±10	≤16	DS3	双面	往返各一次	往一次	$\pm20\sqrt{L}$	$\pm6\sqrt{n}$
五等	±15	—	DS3	单面	往返各一次	往一次	$\pm30\sqrt{L}$	—

2. 三角高程测量

隧道地形过于复杂或设计单位布设的控制点高差较大时，水准测量施测起来困难较大，可采用光电测距三角高程测量方法测定各洞口高程。采用三角高程方法，一般采用2″以上全站仪进行往返测，取平均高差，进行高程传递。一般边长不大于600 m，最大边长不宜大于1 000 m，否则应在中部加设临时转点。当所测两点水平距离大于300 m时，需计算球气差改正。

光电测距三角高程测量可代替四等、五等水准测量，其精度要求见表4-9所示。

表 4-9　光电测距三角高程测量主要技术要求

等级	仪器	竖直角测回数		指标差较差/（"）	竖直角较差/（"）	对向观测高差较差/mm	附合或环线闭合差/mm
		三丝法	中丝法				
四等	2"	—	3	≤7	≤7	$\pm40\sqrt{D}$	$\pm20\sqrt{D}$
五等	2"	1	2	≤10	≤10	$\pm60\sqrt{D}$	$\pm30\sqrt{D}$

注：D 为光电测距边长度，单位为 km。

2.3　应用案例

某铁路隧道全长 4 530 m，起讫里程 DK145+685～DK150+215。两端洞口周边已有设计单位移交水准点 BM3 和 BM5，为增加线路高程点。在隧道进出口分别埋设 1 个水准点，在斜井位置旁布设 2 个水准点，本次共加密 4 个水准点，连同已知点共 6 个作为本隧道工程高程控制点用于指导施工。

1. 技术要求

本次高程加密采用水准测量方式进行，按照测量规范二等精度要求测量，起闭于两个已知高程控制点，测量遵循的主要技术指标见表 4-10。

表 4-10　水准测量技术要求

等级	水准仪最低型号	水准尺类型	视距/m		前后视距差/m		测段的前后视距累积差/m		视线高度/m		数字水准仪重复测量次数
			光学	数字	光学	数字	光学	数字	光学（下丝读数）	数字	
二等	DS1	因瓦	≤50	≥3 且 ≤50	≤1.0	≤1.5	≤3.0	≤6.0	≥0.3	≤2.8 且 ≥0.55	≥2 次

水准测量等级	每千米水准测量偶然中误差 M_Δ	每千米水准测量全中误差 M_W	限差			
			检测已测段高差之差	往返测不符值	附合路线或环线闭合差	左右路线高差不符值
二等	≤1.0	≤2.0	$6\sqrt{L}$	$4\sqrt{L}$	$4\sqrt{L}$	—

2. 选点、埋石

（1）优先利用平面控制点的埋石作为高程控制点。

（2）无法利用平面控制点作为高程控制点，可根据地形和结构物特征增加部分独立高程控制点，根据需要进行加密。

3. 外业观测

外业观测内容：外业观测内容为隧道洞外高程控制网加密测量，分别在隧道进出口分别埋设 1 个水准点，在斜井位置旁布设 2 个水准点。

外业观测计划：本次高程控制加密测量等级采用二等标准施测，计划 3 天完成本次高程控制网外业观测工作。

外业观测：外业观测人员 4 人。

仪器设备：仪器设备为美国天宝公司的 DINI03 电子水准仪 1 台、水准尺 1 对、3 kg 尺垫 2 个、木质三脚架 1 个、尺撑 1 对。

外业观测方法：观测过程采用水准测量方式进行往返观测，水准路线的形式为附合水准线路。

外业测量操作要点：

（1）观测过程中必须按照计划路线进行。

（2）观测过程中必须固定人员、固定仪器、固定路线。

（3）水准测量开始观测前应建立新的工程，新的工程以当天日期命名。

（4）观测结束后，将外业数据文件及时下载到电脑里，不得剔除或修改，文件以工程项目名作目录，里面分成若干个子目录，子目录以观测日期命名。

外业测量注意事项：

（1）各测站上安置水准仪的三脚架时，应使其中两脚与水准路线的方向平行，第三脚轮换置于路线方向的左侧与右侧。

（2）每一测段的往测和返测，测站数均应为偶数。由往测转向返测时，两支标尺应互换位置，并应重新整置仪器。

（3）除路线转弯处外，每一测站仪器与前后视标尺的位置，应接近一条直线。

（4）数字水准仪，应避免望远镜直接对着太阳。

（5）扶尺时应借助尺撑，使标尺上的气泡居中，标尺垂直。

4. 内业计算

外业数据采集完成后，导出原始观测文件，采用《科傻地面控制测量数据处理系统6.0》软件进行数据处理平差计算。具体见表 4-11 ~ 4-14 所示。

表 4-11　测段实测高差数据统计

序号	起点	终点	高差/m	距离/km	权
1	D031	JM8	−12.181 73	1.191 0	0.840
2	JM8	JM3	51.460 22	2.057 3	0.486
3	JM3	JM4	−6.637 08	0.330 7	2.024
4	JM4	JM26	3.629 02	0.952 0	1.050
5	JM26	D043	47.826 57	1.549 3	0.932

表 4-12　高程及其精度

序号	点号	高程	中误差
1	D031	448.270 00	
2	D043	532.370 00	
3	JM8	436.090 79	9.01
4	JM3	487.555 36	13.84
5	JM4	460.920 29	15.16
6	JM26	484.550 00	15.53

表 4-13　高差平差值及其精度

序号	起点	终点	高差平差值/m	改正数/mm	中误差/mm
1	D031	JM8	− 12.179 21	2.52	9.01
2	JM8	JM3	51.464 57	4.34	11.5
3	JM3	JM4	− 26.635 07	2.01	8.12
4	JM4	JM26	23.629 72	0.70	4.88
5	JM26	D043	47.826 57	3.0	9.54

表 4-14　概略高程及高程控制网总体信息

概略高程			高程控制网总体信息
序号	点号	高程	
1	D031	448.270	已知高程点：2
2	D043	532.370	未知高程点：4
3	JM8	436.088 3	高差测段数：5
4	JM3	487.548 5	PVV：5.618
5	JM4	460.911 4	由度：1
6	JM26	484.540 4	验后单位权中误差：1.570

✎ 复习思考题

1. 隧道洞口进行三角高程测量时，需要观测哪些数据？

2. 水准测量等级是怎么划分的？每个等级所对应的观测顺序及精度要求是什么？

任务 3
洞内平面控制测量

3.1 工作任务

根据铁路工程隧道洞内平面控制测量技术要求，采用合理的测量方法，完成铁路隧道工程洞内平面控制点的布设的施测工作，为后续铁路隧道工程点位测设提供基准。

3.2 相关配套知识

洞内导线是随着隧道的开挖逐渐向前延伸，只能采用单导线或狭长形导线环，并且不可能将全部导线一次测完，应按隧道开挖的进度不断向前延伸布设。

1. 单导线

单导线一般用于小导坑、短隧道。为了检核结果的准确性，导线必须独立进行两次以上的测量，导线角可采用左右角观测法，如图 4-4 所示。单导线的布设，应按照相应的规范和要求进行，单导线在隧道施工中选点时还应该注意：

（1）从洞外控制点开始，每掘进 20 ~ 50 m 增设一个新点。

（2）新点布设需要进行导线测量，一般为了防止错误和提高支导线的精度，每建立一个新的导线点以前，必须对已经建立的前两点进行检测。主要检测角度，将检测角度与原测角度进行比较。

（3）洞内导线的水平角观测，一般采用 2″以上全站仪观测 2 个测回，观测时最好使用三联架法观测；对于长度在 2 km 以内的隧道，导线的测角中误差应不大于 ±5″，边长测量相对中误差应小于 1/5 000。

（4）导线点应布设在施工干扰小、稳固可靠、便于设站的地方，点间视线距洞内设施 0.2 m 以上。避免产生较大的旁折光影响。

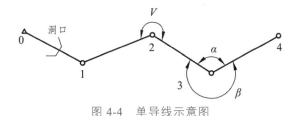

图 4-4 单导线示意图

2. 导线环

在洞内量距有困难时，一般每隔 2~3 条边组成一个闭合环。洞内平面控制一般情况下将洞内控制网布设成了双导线形式（见图 4-5）。

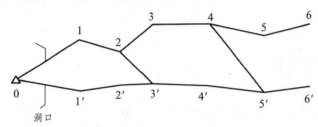

图 4-5　导线环示意图

从图 4-5 可以看到控制网点均形成了独立环，每个环都可以计算角度闭合差和坐标闭合差，这样能够发现在测角或测距方面的问题。当不合格时可以重测，单导线则没有检核的条件，有粗差或较大误差时无法发现。设置双导线在平差精度的评定中也可以看出测量精度是否满足设计精度，从而保障隧道的贯通。很显然，双导线的测量工作量比单导线增加 1.5 倍，进行洞内平面控制测量时，需要注意精度及边长要求。根据《铁路工程测量规范》（TB 10101—2018）洞内控制测量等级的主要技术指标见表 4-15 所示。

表 4-15　隧道洞内平面控制测量技术要求

测量方法	测量等级	隧道长度/km	洞外定向边/洞内导线边长度/m
导线测量	二等	8~20	≥400
	隧道二等	5~8	≥350
	三等	2~5	≥300
	四等	1.5~2	≥200
	一级	<1.5	≥200

注：本表适用于相向开挖在中部贯通的隧道，对于相向开挖不在中部贯通的隧道，应进行专项设计。

对于直线隧道，应尽量于隧道中线上布设，减少测距误差对横向贯通误差的影响，导线点数应尽量少，以减少测角误差的影响。对于曲线隧道，亦应沿洞口连线布设直伸型导线为宜。

隧道洞内导线控制测量应在洞外控制测量的基础上，结合洞内施工特点布设导线。隧道洞内导线外业观测时，由于洞内、外温差较大，洞内外的两个测站的测角工作宜选择在夜晚或阴天进行。仪器进洞后，应将仪器打开晾露半小时并测定隧道内温度及大气压，方可正常使用。观测时宜在测回间采用仪器和目标多次对中的方法，并采用双照准、双读数（两次照准，两次读数）观测，以减弱仪器、觇标对中和照准读数误差。在洞内进行观测，觇标必须使用人工照明，以保证目标应有足够的明亮度、受光均匀、目标清晰。

3.3 应用案例

某铁路隧道全长 830 m，起讫里程 DK218+685～DK219+515。施工进入洞内开挖阶段，已完成施工任务的 1/3，进口处有 3 个控制点，为保证施工顺利进行，将控制点向掌子面延伸，用于指导施工。

1. 技术要求

本次布设平面控制点采用导线测量方式进行，按照测量规范四等精度要求测量，起闭于洞外两个已知平面控制点。测量遵循的主要技术指标见表 4-16、表 4-17。

表 4-16　导线测量的主要技术要求

等级	测角中误差/（″）	测距相对中误差	方位角闭合差/（″）	导线全长相对闭合差	测回数			
					0.5″级仪器	1″级仪器	2″级仪器	6″级仪器
四等	2.5	1/100 000	$\pm 5.0\sqrt{n}$	1/40 000	3	4	6	—

表 4-17　水平角方向观测法的主要技术要求

等级	仪器等级	半测回归零差	测回内各方向2C互差/（″）	归零后同一方向值各测回较差/（″）
四等及以上	0.5″级仪器	4	8	4
	1″级仪器	6	9	6
	2″级仪器	8	13	9

2. 洞内控制点选取与埋设

（1）点位沿隧道中心布设，每 150 m 左右布设 1 个。

（2）埋点的规格严格按照隧道施工要求埋设，洞内导线点采用混凝土包铁芯桩，桩顶面较导坑地面一般低 0.1～0.2 m，上面加木板覆盖，在桩位两侧坑道壁上须将点名、里程标注清楚，以利保护和使用。

3. 外业观测

外业观测内容：隧道洞内平面控制测量，按照闭合导线的形式进行测量，以洞外控制点为已知点，向掌子面延伸布设洞内控制点，在测量新布设控制点的同时，把洞内前期已经布设的控制点也作为未知点进行测量。

外业观测计划：本次洞内平面控制测量等级采用四等标准施测，计划 1 天完成本次平面控制网外业观测工作。

外业观测：外业观测人员 3 人。

仪器设备：仪器设备为徕卡公司的 TS16 全站仪 1 台、基座棱镜 2 套、木质三脚架 3 个。

外业观测方法：观测过程采用闭合导线的形式进行，起闭于洞外的高等级控制点。

外业测量注意事项：

（1）在施测前，应及时排水与通风。

（2）为防止测角误差过大，观测时间宜选在气温比较稳定后进行，同时可采用在测回间将仪器和觇标多次重新对中的方法。

（3）观测过程应注意安全。

（4）洞内导线控制点向前延伸过程中并对前面的导线点进行附合，以防止测量错误，并以此检验前面的点位是否发生位移。

（5）导线开始观测前应建立新的工程，新的工程以当天日期命名。

（6）观测结束后，将外业数据文件及时下载到电脑里，不得剔除或修改。文件以工程项目名作目录，里面分成若干个子目录，子目录以观测日期命名。

4. 数据处理

外业数据采集完成后，导出原始观测文件，采用南方平差易 2002 软件进行数据处理平差计算。具体见表 4-18 ~ 4-22。

表 4-18　方向观测成果表

测站	照准	方向值/dms	改正数/s	平差后值/dms	备注
K34	K37	0.000 000			
K34	YD01	30.085 104	− 0.07	30.085 097	
YD01	K34	0.000 000			
YD01	YD02	201.194 634	− 0.94	201.194 540	
YD02	YD01	0.000 000			
YD02	LS01	0.461 042	− 1.70	0.460 872	
LS01	YD02	0.000 000			
LS01	K34	157.221 738	− 0.94	157.221 644	
K34	LS01	0.000 000			
K34	K37	330.225 854	− 0.07	330.225 847	

表 4-19　距离观测成果表

测站	照准	距离/m	改正数/m	平差后值/m	方位角/dms
K34	K37	290.399 9	−0.009 8	290.390 1	224.090 616
K34	YD01	173.330 6	−0.000 8	173.329 9	254.175 712
YD01	K34	173.330 1	−0.000 3	173.329 9	74.175 712
YD01	YD02	149.647 2	0.000 1	149.647 3	275.374 252
YD02	YD01	149.646 9	0.000 5	149.647 3	95.374 252
YD02	LS01	148.985 5	−0.000 1	148.985 4	96.235 124
LS01	YD02	148.985 9	−0.000 5	148.985 4	276.235 124
LS01	K34	174.693 3	0.000 5	174.693 8	73.460 767
K34	LS01	174.693 3	0.000 5	174.693 8	253.460 767
K34	K37	290.399 9	−0.009 8	290.390 1	224.090 616

表 4-20　平面点位误差表

点名	长轴/m	短轴/m	长轴方位/dms	点位中误差/m	备注
YD01	0.005 4	0.002 8	79.225 074	0.006 1	
YD02	0.006 2	0.005 4	81.050 758	0.008 3	
LS01	0.005 4	0.002 9	79.132 699	0.006 1	

表 4-21　平面点间误差表

点名	点名	MT/m	MD/m	D/MD	T方位	D距离/m	备注
K34	YD01	0.006 1	0.005 4	32 380	79.225 074	173.333 4	
YD01	K34	0.006 1	0.005 4	32 380	79.225 074	173.333 4	
YD01	YD02	0.006 3	0.005 4	27 868	90.565 708	149.650 3	
YD02	YD01	0.006 3	0.005 4	27 868	90.565 708	149.650 3	
YD02	LS01	0.006 3	0.005 4	27 817	91.143 407	148.988 4	
LS01	YD02	0.006 3	0.005 4	27 817	91.143 407	148.988 4	
LS01	K34	0.006 1	0.005 3	32 696	79.132 699	174.697 4	
K34	LS01	0.006 1	0.005 3	32 696	79.132 699	174.697 4	

表 4-22　控制点成果表

点名	X/m	Y/m	备注
K37	23 367.394 5	12 301.793 8	已知点
K34	23 575.753 0	12 504.072 2	已知点
YD01	23 528.846 6	12 337.206 3	
YD02	23 543.523 9	12 188.277 4	
LS01	23 526.922 6	12 336.338 0	
K34	23 575.753 0	12 504.072 2	已知点
K37	23 367.394 5	12 301.793 8	已知点

✎ 复习思考题

1. 进行隧道洞内平面控制测量时，常用的方法有哪些？
2. 洞内导线布设的位置及观测过程的注意事项有哪些？
3. 洞内温度、大气压对导线测量中测距、测角的影响有哪些？

项目四 任务4

任务 4
洞内高程控制测量

4.1　工作任务

通过隧道洞内高程控制点的布设和施测方法的学习，掌握隧道洞内高程控制测量的常用方法、要求和注意事项，可完成隧道洞内高程控制测量相关工作。

4.2　相关配套知识

洞内高程控制测量一般用水准仪进行闭合水准测量。常在洞口设置 1~2 个高程控制点，每次布设新的水准点时都从洞口高程控制点引入，然后从新水准点引出闭合至洞口高程控制点。隧道应采用四等水准高程控制，进出口高程控制根据施工的实际情况以洞外控制点为基点，做闭合水准路线测量，在进出口附近布设水准点，作为隧道进洞的高程控制点，中间联测洞内高程点，严格按照四等水准测量的规范要求施测，采用 3 m 水准标尺黑红面读数，每一站所测黑红面高差不大于 3 mm，黑红面读数之差不大于 3 mm，前后视距差不大于 3 m，视距累积不大于 10 m。测得结果经平差后达到四等水准测量的精度要求，允许闭合差小于 $20\sqrt{L}$，L 代表测距，单位为 km。

1. 洞内高程控制点布设

洞内高程测量是为了保障隧道的纵向贯通，故要对洞内高程测量加以重视。洞内高程必须由洞外高程控制点传算，测量时应进行往返测，洞内应每隔 200 ~ 500 m 设置一对高程控制点，必须对这对高程控制点加以检核后才能使用。隧道高程控制测量精度按《铁路工程测量规范》（TB 10101—2018）进行，见表 4-23 所示。

表 4-23　隧道高程控制测量精度

铁路类型	轨道结构	列车设计速度 V	隧道洞外洞内水准路线总长度/km			
			<6	6 ~ 17	17 ~ 39	39 ~ 150
客货共线铁路、重载铁路	无砟	120 km/h<V≤200 km/h	二等			
		≤120 km/h	三等		精密	二等
	有砟	120 km/h<V≤200 km/h	三等		精密	二等
		≤120 km/h	四等	三等	精密	二等
城际铁路	无砟	120 km/h<V≤200 km/h	二等			
		≤120 km/h	精密			二等
	有砟	120 km/h<V≤200 km/h	精密			二等
		≤120 km/h	三等		精密	二等

2. 洞内高程测量方法

水准测量适用于洞内各等级高程精度的测量；光电测距三角高程测量适用于洞内四等和五等精度的高程测量。洞内三等及以上的高程测量应采用水准测量；四、五等可采用水准测量或光电测距三角高程测量的方法。洞内水准点在布设时，应结合施工特点，每隔 200 ~ 500 m 设立一对高程控制点，不足一个水准点间距时，以支水准路线向前延伸，必须用往返测进行检核。采用光电测距三角高程测量时应进行对向观测，高程路线构成闭合环。

每建一个新的水准点最好从洞外水准点开始一直到新点为止进行往返测，或每新建几个水准点施测一次。已建水准点之间历次的高差取平均值，作为最后的高差。

3. 高程贯通误差的调整

隧道贯通以后，在贯通面附近设立一个水准点（或中线点），由两端洞口引进水准路线都联测到此点上，这样可以得到高程贯通误差。高程贯通误差的调整方法如下：由两端洞内的高程点分别引测到实际贯通点附近的高程贯通点，求得同一点的两个高程值 $H_进$ 和 $H_出$，其高差 $H_进 - H_出$ 为实际高程贯通误差。

4.3 应用案例

某铁路项目隧道全长 1 600 m，起讫里程 YK106+148 ~ DK107+748，施工进入洞内开挖阶段，已完成 750 m 的施工任务，进口处有两个高程控制点，为保证施工顺利进行，将高程控制点向掌子面延伸，用于指导施工。

1. 技术要求

本次洞内高程测量采用水准测量方式进行，按照测量规范二等精度要求测量，起闭于洞口两个已知高程控制点，测量遵循的主要技术指标见表 4-8。

2. 选点、埋石

采用高程控制点和平面控制点共用的方式进行埋石，埋石的规格严格按照隧道施工要求埋设，洞内控制点采用混凝土包铁芯桩，铁芯顶面应该高出桩面约 5 mm，桩顶面较导坑地面一般低 0.1 ~ 0.2 m，上面加钢板覆盖。

3. 外业观测

外业观测内容：隧道洞内高程控制网加密测量，按照闭合附和水准路线的形式进行测量，以洞外两个高程控制点为已知点，向掌子面延伸布设洞内高程控制点，在测量新布设控制点的同时，把洞内前期已经布设的控制点也作为未知点进行测量。

外业观测计划：本次洞内高程控制测量等级采用二等标准施测，计划 1 天完成本次高程控制网外业观测工作。

外业观测：外业观测人员 3 人。

仪器设备：仪器设备为美国天宝公司的 DINI03 电子水准仪 1 台、水准尺 1 对、3 kg 尺垫 2 个、木质三脚架 1 个、尺撑 1 对。

外业观测方法：观测过程采用水准测量方式进行往返观测，水准路线的形式为附合水准线路。

外业测量操作要点：

（1）观测过程中必须按照计划路线进行。

（2）观测过程中必须固定人员、固定仪器、固定路线。

（3）水准测量开始观测前应建立新的工程，新的工程以当天日期命名。

（4）观测结束后，将外业数据文件及时下载到电脑里，不得剔除或修改。文件以工程项目名作目录，里面分成若干个子目录，子目录以观测日期命名。

外业测量注意事项：

（1）在施测前，应及时排水与通风。

（2）观测过程应注意安全。

（3）洞内高程控制点向前延伸过程中并对前面的高程控制点进行附合，以防止测量错误，并以此检验前面的点位是否发生位移。

（4）各测站上安置水准仪的三脚架时，应使其中两脚与水准路线的方向平行，第三脚轮换置于路线方向的左侧与右侧。

（5）每一测段的往测和返测，测站数均应为偶数。由往测转向返测时，两支标尺应互换位置，并应重新整置仪器。

（6）除路线转弯处外，每一测站仪器与前后视标尺的位置，应接近一条直线。

（7）扶尺时应借助尺撑，使标尺上的气泡居中，标尺垂直。

4. 内业计算

外业数据采集完成后，导出原始观测文件，采用《中铁××院工程测量平差数据处理软件》进行数据处理平差计算。具体见表 4-24 ~ 4-27。

表 4-24　测段实测高差数据统计

序号	起点	终点	高差/m	距离/km	权
1	BM25	DS12	− 17.520 28	0.564 7	1.771
2	DS12	ZS22	− 1.764 49	0.378 9	2.639
3	ZS22	ZS15	− 1.199 55	0.141 0	7.093
4	ZS15	ZS08	1.261 58	0.140 3	7.128
5	ZS08	BM27	0.538 77	0.073 5	13.613

表 4-25　高程及其精度

序号	点号	高程	中误差
1	BM25	757.192 80	
2	BM27	738.504 90	
3	DS12	739.670 81	1.95
4	ZS22	737.905 18	1.75
5	ZS15	736.705 20	1.46
6	ZS08	737.966 35	0.91

表 4-26　高差平差值及其精度

序号	起点	终点	高差平差值/m	改正数/mm	中误差/mm
1	BM25	DS12	− 17.521 99	− 1.71	1.95
2	DS12	ZS22	− 1.765 64	− 1.15	1.79
3	ZS22	ZS15	− 1.199 98	− 0.43	1.22
4	ZS15	ZS08	1.261 15	− 0.42	1.22
5	ZS08	BM27	0.538 55	− 0.22	0.91

表 4-27　概略高程及高程控制网总体信息

概略高程			高程控制网总体信息
序号	点号	高程	
1	BM25	757.192 8	已知高程点：2 未知高程点：4 高差测段数：5 PVV：11.881 由度：1 验后单位权中误差：3.447
2	BM27	738.504 9	
3	DS12	739.672 5	
4	ZS22	737.908 0	
5	ZS15	736.708 5	
6	ZS08	737.966 1	

✎　**复习思考题**

1. 进行隧道洞内高程控制测量时，为什么要进行往返测？
2. 隧道洞内高程控制测量使用三角高程测量，有哪些注意事项？

项目四 任务5

任务 5
洞门及边坡测设

5.1　**工作任务**

通过隧道洞口测量、隧道开挖与衬砌测量方法的学习，掌握隧道洞门及边坡测设的常用方法、要求和注意事项，可完成隧道洞门及边坡的测设工作。

5.2 相关配套知识

隧道采用台阶式及端墙式洞门，施工前应做好洞口仰坡防护措施。隧道洞口土方用挖掘机挖装，采用自上而下分层分台阶进行开挖，台阶高度 2~4 m，台阶成型后，在其上搭建施钻平台进行超前支护施工。遇孤石难以人工开挖时，采用预裂爆破成块状，再由挖掘机装渣，自卸汽车运渣。严禁掏底取土或使用大爆破，施工应尽量减小对原地层的扰动。洞口开挖工序流程如下：边坡及仰坡放样→砌筑截水沟、排水沟→边坡仰坡清表→开挖最高级边坡、仰坡→检查坡度及稳定情况→搭设简易钻孔工作架、安装卷扬机→钻孔→安装系统锚杆→挂设钢筋网→喷射砼→开挖下一级边坡、仰坡（进入下一个循环）→测量放样定出洞的轮廓→钻孔→安装系统锚杆及锁口锚杆→喷射砼→锚喷支护成品验收→准备进洞。

1. 洞口测量

根据隧道洞口的设计结构和洞口地面高程，详细计算洞口边仰坡开挖边线的坐标和各桩中心坐标。利用附合导线与以上计算坐标的相对关系，使用全站仪在地面上放出洞口边仰坡开挖轮廓线，十米桩中心坐标点位，以放出的坐标点为中心放出开挖边线桩，控制洞口边仰坡的开挖。

（1）根据图纸设计，测设确定出边仰坡开挖线，按照开挖线将线性调整直顺。

（2）估算边坡点位置。

① 根据设计图纸和现场观察，估算所要测量的断面距中线距离、高程，假设边坡高度 h，按照设计坡度 $1:n$，计算出边坡在平面距离坡脚为 $B_1 = h/n$，距隧道中线距离是 $D = (B_1+B)$，高程是 Z_1。

② 根据设计图纸计算出该断面的设计中桩坐标 (X_o, Y_o)，设计高程 Z_o。

③ 推算边坡点的坐标：$X_1 = X_o+D\cos(a-90)$ $Y_1 = Y_o+D\sin(a-90)$。

④ 用全站仪放出坐标 (X_1, Y_1) 所在实地位置，并测出该点的实际高程 Z_2。

（3）比较 Z_2 与 Z_1。

① 如果 Z_2 与 Z_1 相等，说明实地放样的位置就是边坡点，坡度是 $1:n$。

② 如果 $Z_2 > Z_1$，说明假设宽度 B_1 小于实际值，实际宽度是 B_2，修正距离 D，重新计算坐标，然后实地放样。

③ 如果 $Z_2 < Z_1$ 说明假设宽度 B_1 大于实际值 B_2，减小距离 D，重新计算坐标。

④ 逐步测量出高程，推算距离 B_2，一直到高程 Z_2 和距离 B_2 满足设计 $1:n$。

⑤ 进行下一个断面的测量。

洞门放样前要先做好内业计算，常在 AutoCAD 中对洞口断面进行上下分割处理（从上至下每 1 m 做一条分割线），然后标注出每条分割线处的三维尺寸（左右偏距、高差）备用，计算出每条分割线在该里程处的设计高程，或者使用解析法计算出个位置处的高程，采用全站仪进行现场测设，进行洞门的标定。如图 4-6 所示。

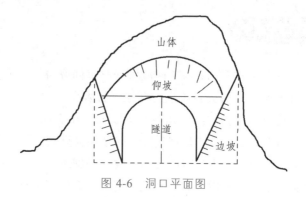

图 4-6 洞口平面图

　　洞口边坡测量一般分为两部分，洞口顶边坡测量和洞口两侧边坡测量。洞口顶边坡测量根据洞口顶设计给定的起始基线向上放样边坡即可，基线一般垂直于线路，也有不垂直于线路的，只要确定基线和基线高程，就可以根据边坡坡度按路基边坡方式放样（注意调桩）。洞口两侧的边坡测量按路基边桩施测。

　　洞口的形式虽然很多，除斜切式洞口之外，其他和一般构筑物的放样区别不大。隧道本体被斜切，在空间上形成一个削竹状。如何控制其形状？知道斜切的起止里程和高差，由高差计算斜切位置，不同的高差对应不同的斜切位置，在隧道断面图上表现为一条横线，横线与断面的交点即为控制点，将斜切段分为数个段落控制，就完成了斜切段的施工放样。

　　放样时采用全站仪测量，测量出坐标和高程，然后坐标反算出里程及偏距，与内业计算出的偏距和高程相比较，逐步调至设计位置。要求里程一致，偏距一致、高程一致。

　　洞门开挖前先做好洞顶截排水，然后根据设计图纸要求对洞门顶处边坡进行开口线放样。计算方法常以洞门里程处为基线，向洞内方向做偏距，偏距计算根据洞顶高程及坡比计算。

2. 隧道开挖与衬砌测量

　　根据洞内控制点设立临时中线点，用极坐标法放样，定出隧道中线点，并将高程定出以确定隧道圆心的位置。衬砌施工按衬砌台车长度在台车端部加密中线、左右端点，并测出各点高程，以控制台车就位调整。隧道洞身施工测量根据设计文件，精确计算出线路百米桩的坐标及结构的相关尺寸和标高，并按每 10 m 编制出本隧道高程表。测量人员利用洞内测量控制点，及时向开挖面传递中线和高程；用断面测量仪测设隧道开挖轮廓线、支护钢架架立前后和衬砌立模前后轮廓尺寸进行复核，确认准确后方可进行下道工序施工。

5.3 应用案例

　　某隧道设计为一座分离式双线小净距隧道（见图 4-7）。隧道左线起始桩号为 ZK2+180 ~ ZK2+810，长 630 m，洞门端墙为台阶式，洞门端墙及端墙顶帽采用 C25 钢筋混凝土，洞门端墙顶水沟采用 M10 浆砌片石。隧道洞口所在里程 ZK2+180，根据隧道洞口的设计结构，详细计算洞口及仰坡开挖边线的坐标，用于指导洞门开挖施工（见表 4-28、表 4-29）。

表 4-28　交点坐标表

交点序号	桩号	X	Y
JD$_{26}$		1 243.021	1 317.712
JD$_{27}$	ZK2+380	1 000.000	1 000.000
JD$_{28}$		718.570	715.751

表 4-29　JD27 线路参数

曲线半径/m	6 000	第一缓和曲线长	280
转向角（左）	7°18′5.9″	第二缓和曲线长	280

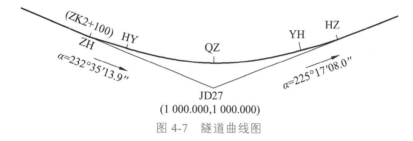

图 4-7　隧道曲线图

1. 洞门、边坡平面坐标计算（部分数据）

（1）计算曲线要素、常数及主点里程。计算结果见表 4-30。

表 4-30　曲线要素、常数、主点里程表

缓和曲线切线角	1°20′12.85″	切曲差/m	1.100
切垂距/m	139.997	直缓点里程	DK2+100
内移距/m	0.544	缓圆点里程	DK2+380
切线长/m	522.863	曲中点里程	DK2+622.313
曲线长/m	1 044.626	圆缓点里程	DK2+864.626
外矢距/m	12.746	缓直点里程	DK3+044.626

（2）计算方位角。

利用 JD$_{26}$、JD$_{27}$ 坐标可计算得：

$$\alpha_{\text{ZH}-\text{JD}_{27}} = 232°35′13.9″$$

$$\alpha_{\text{JD}_{27}-\text{ZH}} = 52°35′13.9″$$

（3）计算缓和曲线部分桥墩中心坐标（以左线 DK373+148.325 为例）。

① 计算 ZH 点坐标。

$$X_{\text{ZH}} = X_{\text{JD}_{27}} + T\cos\alpha_{\text{JD}_{27}-\text{ZH}} = 1\,000.00 + 522.863 \times \cos(52°35'13.9'') = 1\,317.667 \ \text{（m）}$$

$$X_{\text{ZH}} = X_{\text{JD}_{27}} + T\sin\alpha_{\text{JD}_{27}-\text{ZH}} = 1\,000.00 + 522.863 \times \cos(52°35'13.9'') = 1\,415.299 \ \text{（m）}$$

② 计算洞门中线点 DK2+180 坐标。

$$x_i = l_i - \frac{l_i^5}{40R^2l_0^2} = 80.000 \ \text{（m）}$$

$$y_i = \frac{l_i^3}{6Rl_0} = 0.051 \ \text{（m）}$$

$$\alpha_{Zi} = \alpha_{ZJ} - \arctan\left(\frac{y}{x}\right) = 232°35'13.9'' - \arctan\left(\frac{0.051}{80.000}\right) = 232°33'2.41''$$

$$D = \sqrt{x^2 + y^2} = \sqrt{80^2 + 0.051^2} = 80.000 \ \text{（m）}$$

$$X_i = X_{\text{ZH}} + D\cos\alpha_{Zi} = 1\,317.667 + 80 \times \cos(232°33'2.41'') = 1\,269.022 \ \text{（m）}$$

$$Y_i = X_{\text{ZH}} + D\sin\alpha_{Zi} = 1\,415.299 + 80 \times \sin(232°33'2.41'') = 1\,351.788 \ \text{（m）}$$

③ 计算法线方位角。

$$\beta = \frac{90l^2}{\pi R l_0} = 0°6'32.89''$$

$$\alpha_{左} = \alpha_{ZJ} - \beta - 90° = 232°35'13.9'' - 0°6'32.89'' + 90° = 142°28'41.01''$$

$$\alpha_{右} = \alpha_{ZJ} - \beta - 90° = 232°35'13.9'' - 0°6'32.89'' + 90° = 322°28'41.01''$$

④ 计算洞门两侧坐标。

$$X_{左} = X_i + E\cos\alpha_{左} = 1\,269.022 + 4.75 \times \cos(142°28'41.01'') = 1\,265.255 \ \text{（m）}$$

$$Y_{左} = Y_i + E\sin\alpha_{左} = 82\,458.269 + 4.75 \times \sin(142°28'41.01'') = 1\,354.68 \ \text{（m）}$$

$$X_{右} = Y_i + E\cos\alpha_{右} = 1\,269.022 + 3.75 \times \cos(322°28'41.01'') = 1\,271.996 \ \text{（m）}$$

$$Y_{右} = Y_i + E\sin\alpha_{右} = 82\,458.269 + 3.75 \times \sin(322°28'41.01'') = 1\,349.504 \ \text{（m）}$$

2. 洞门放样

（1）将计算的数据编辑为全站仪数据格式，导入全站仪。

（2）在洞门前的合适位置处安置全站仪，整平；在另两个已知控制点上安置后视棱镜。

（3）运用后方交会进行测站定向，并用第三个已知控制点进行测站定向检核。

进入全站仪放样界面，调取洞门处坐标，根据角度差和距离差移动棱镜，当在界面上显示的放样平距在限差范围之内时，棱镜所在位置即为待测设平面点。

✎ 复习思考题

1. 隧道洞门的放样数据都有哪些，该如何测设？
2. 如何结合线路数据确定洞门位置？

项目四 任务6

任务 6
隧道线路中线测量

6.1 工作任务

通过对隧道施工腰线的标定、线路中线计算、贯通误差及进洞关系计算、导坑延伸测量内容的学习，掌握隧道线路中线测量的常用方法、要求和注意事项，可完成隧道线路中线测量等工作。

6.2 相关配套知识

在隧道施工中，线路中线测量主要是指把设计图上的中线测设到实地上的工作，分腰线和中桩测设两步进行。隧道中线是指隧道水平前进方向；腰线的作用是指示隧道在竖直面内的掘进方向。

通过中线坐标数据将其位置在实地标定出来称为隧道放线，就是把纸上定线的各交点间的直线测设到地面上的工作，定出中线再根据隧道断面尺寸定出隧道轮廓线位置。

1. 隧道施工腰线标定

隧道腰线是指连接隧道两侧墙体交界处的一条弧线，通常处于隧道截面的上半部分，也叫作腰拱线。施工腰线标定就是按设计要求给定隧道竖直面内的方向，即给定隧道的坡度。

1）隧道施工腰线的标定方法

隧道施工腰线一般采用水准仪标定。腰线通常的位置在隧道的一侧或两侧上，高于隧道底板或轨面高程 1 ~ 1.5 m，同一工程系统内应采用统一数值。标定点的数目和方式与掘进人员的使用习惯有关，一般在隧道两帮成组设置，3个点为一组，两帮共设6个点或在施工面附近的两帮或一帮直接画出腰线。不论成组设置或直接画出腰线，都是为隧道开挖和格栅安装支护提供依据，其测设的原理一样。

由于矿山法施工进度相对比较慢，每天仅开挖 1～3 m，因此，也有施工单位再每架格栅支护时，测量人员用水准仪（或全站仪）在现场施工标定腰线，指导格栅安装支护再喷射混凝土完成隧道的初衬开挖。

2）隧道开切口标高控制线的标定

如图 4-8 标定开切口 A 点的标高控制线，即 1 m 线。设计文件规定 A 点里程对应位置的设计轨面高程为 H_A，则 A 点 1 m 线高程为 $H_{A+1} = H_A + 1$，已知 B、C、D 三点高程分别为 H_B，H_C、H_D，下面以 B 点为例说明标高控制线标定方法：

（1）首先计算 B 点与待标定点 A 点 1 m 线之间的高差，其值为：

$$h = H_A + 1 - H_B$$

（2）然后在联络通道安置水准仪，后视 B 点，后视读数为 b，则 A 点标尺尺面读数应为：$h_尺 = b - h$。在 A 点立水准尺或小钢尺并上下移动，使水准仪视线落在 h 读数的位置，则水准尺或小钢尺的零点即是 A 点 1 m 线的位置

（3）标定的标高控制线位置设置好后，可用 C、D 两点进行检核。

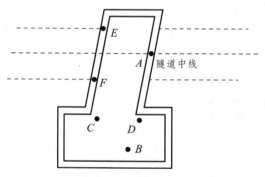

图 4-8　腰线标定图

2. 线路中线计算

1）偏角的计算

当隧道线路带有曲线时，通常是先确定两端洞口外的直线或切线方向，明确定测时在洞口标定切线上的控制点，如图 4-10 所示，A、B、C、D 为切线上的点，这四个点在布网时已纳入到隧道 GNSS 控制主网里。根据这些控制点平差后的坐标反算出切线的方位角，两相邻切线坐标方位角之差即为曲线的偏角 α（见图 4-9）。

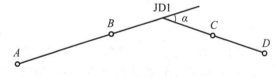

图 4-9　偏角示意图

偏角 α 的计算公式为：

$$\alpha = \alpha_{CD} - \alpha_{AB} = \arctan\left(\frac{Y_D - Y_C}{X_D - X_C}\right) - \arctan\left(\frac{Y_B - Y_A}{X_B - X_A}\right) \tag{4-1}$$

注意：沿线路前进方向右偏取正，左偏取负。如果有多个曲线，总偏角为各交点偏角的代数和。

2）曲线要素的计算

根据原线路设计的曲线要素，一般因控制测量后偏角 α 有微小的变化，交点位置、曲线半径 R、缓和曲线长 l_0 一般仍取原设计值，然后进行其他曲线要素的计算，具体计算方法见项目二。

3. 贯通误差及进洞关系计算

1）贯通误差

控制测量完成后，要根据实际控制点精度进行洞外贯通误差的计算，对洞内贯通误差进行估算，以确定洞内导线控制测量精度。隧道施工进度慢，往往成为控制工期的工程。为了加快施工进度，除了进、出口两个开挖面外，还常采用横洞、斜井、竖井、平行导坑等来增加开挖面。因此，不管是直线隧道还是曲线隧道，开挖总是沿线路中线不断向洞内延伸，洞内线路中线位置测设的误差，就逐步随着开挖的延伸而逐渐积累；另一方面，隧道施工时基本上都是采用边开挖、边衬砌的方法，等到隧道贯通时，未衬砌部分也所剩不多，故可进行中线调整的地段有限。于是，如何保证隧道在贯通时（包括横向、纵向、高程方向），两相向开挖施工中线的相对错位不超过规定的限值，是隧道施工测量的关键问题。但是，在纵向方面所产生的贯通误差，一般对隧道施工和隧道质量不产生影响，从我国隧道施工调查中得知，一般不超过 ±320 mm，即使达到这种情况，对施工质量也无影响，因此规定这项限差无实际意义；高程要求的精度，使用一般水准测量方法即可满足；而横向贯通误差（在平面上垂直于线路中线方向）的大小，则直接影响隧道的施工质量，严重者甚至会导致隧道报废。所以一般说贯通误差，主要是指隧道的横向贯通误差。

2）进洞关系计算

在洞外控制测量完成后，将中线上的控制点用新的坐标成果进行坐标反算，得出隧道线路直线或切线的方位角和距离，即对直线方向进行了标定，此方向与定测时可能会有微小的差别。

如图 4-10 所示，由于线路反算出的坐标方位角已标定好，为便于引测进洞而在洞口附近设置的洞口投点 B，同时也为控制线路中线上的转点，置镜在此点上，后视其他控制点，反算其后视坐标方位角，后视方位角与线路标定的方位角之差即进洞的拨角 β。如果洞口投点并不是在中线的转点，则置镜点不在中线点上，需要通过计算出洞口进洞某个里程中线点的坐标，然后对此点进行放样，再后视控制点进洞。对于曲线进洞关系计算，主要需要计算曲线上放样里程点的理论坐标，而斜井进洞关系计算，主要需要对斜井的交点里程、交角（里程方向夹角）、长度等按设计值去计算与中线的关系。

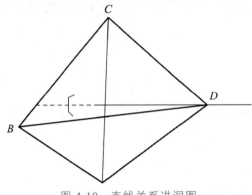

图 4-10　直线关系进洞图

4. 导坑延伸测量

当导坑从最前面一个临时中线点继续向前掘进时，在直线上延伸不超过 30 m，曲线上不超过 20 m 的范围内，可采用"串线法"延伸中线。用串线法延伸中线时，应在临时中线点前或后用仪器再设置两个中线点，如图 4-11 中的 1′号、2′号，其间距不小于 5 m。串线时可在这三点上挂上垂球线，先检验三点是否在同一直线上，如果正确无误，用肉眼瞄直，在工作面上给出中线位置，指导掘进方向。当串线延伸长度超过临时中线点的间距时（直线为 30 m、曲线为 20 m），则应使用经纬仪定正前端的临时中线点。

如果用激光导向仪，将其挂在中线洞顶来指示开挖方向，可以定出 100 m 以外的中线点。这种方法对直线隧道和全断面开挖的定向，即快捷又准确。在曲线中，导向行程一般在 20 m 至 80 m 之间，机械沿曲线前进，行程上各点的偏移量按弦线支距法（矢距）法计算，也可用长弦支距法计算。

图 4-11　导坑延伸示意图

6.3　应用案例

某铁路隧道全长 2 015 m，起讫里程 YK198+883 ~ YK200+898，施工进入洞内开挖阶段，在进行线路中线、开挖断面放样时，采用 APP 程序配合全站仪进行放样。

1. 线路曲线参数表（表4-31、表4-32）

表4-31 线路直曲表（部分数据）

交点号		交点桩号 及 交点坐标	计算方位角 (°′″)	转角 (°′″)	曲线要素 切线长度 T1／T2	半径 R1／R2／R3	缓和参数 A1／A3	曲线长度 Ls1／Lc／Ls2
JD$_{10}$	桩	YK198+321						
	N	29 284.260						
	E	8 270.784						
JD$_{11}$	桩	YK198+853.879	215°50′11″		351.349 7		383.406	150
	N	28 852.259		31°28′5.5″（Y）		980		388.238 9
	E	7 958.798			351.349 7		383.406	150
JD$_{12}$	桩	YK200+190.344	247°18′16.4″		516.035 9		476.655	160
	N	28 331.028		34°07′25.2″（Z）		1420		685.709 9
	E	6 712.477			516.035 9		476.655	160
JD$_{13}$	桩	YK201+174.974	213°10′51.2″					
	N	27 484.881						
	E	6 159.177						

表4-32 线路竖曲线表（部分数据）

序号	桩号	竖曲线 标高/m	凸曲线半径 R/m	凹曲线半径 R/m	纵坡/% ＋	纵坡/% －
0	YK198+081	664.624				
						1.2499
1	YK198+806	655.562		40 000		
						0.5
2	YK199+386	652.662		50 000		
						0.95
3	YK199+946	647.342	12 000			
					1.0	
4	YK200+366	651.542	25 000			
						－ 0.553
5	YK201+841	643.385				

2. APP 中编辑平曲线、竖曲线线路参数及计算过程、结果（以交点法为例）

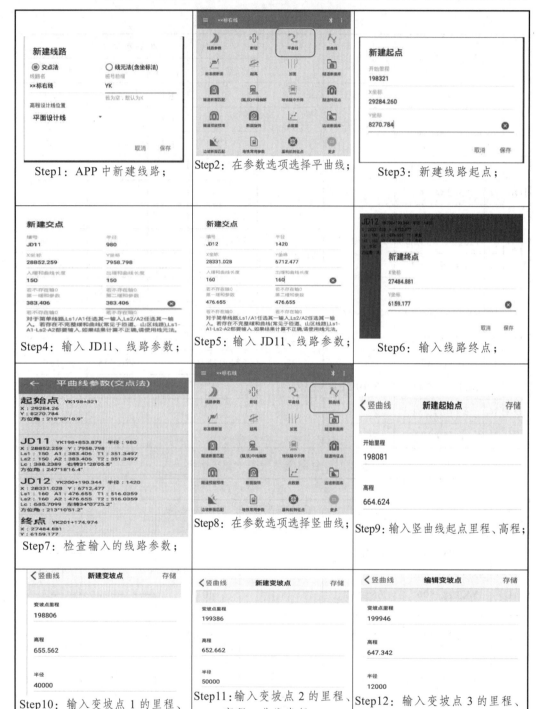

Step1： APP 中新建线路；

Step2： 在参数选项选择平曲线；

Step3： 新建线路起点；

Step4： 输入 JD11、线路参数；

Step5： 输入 JD11、线路参数；

Step6： 输入线路终点；

Step7： 检查输入的线路参数；

Step8： 在参数选项选择竖曲线；

Step9： 输入竖曲线起点里程、高程；

Step10： 输入变坡点 1 的里程、高程、曲线半径；

Step11： 输入变坡点 2 的里程、高程、曲线半径；

Step12： 输入变坡点 3 的里程、高程、曲线半径；

Step13：输入变坡点 4 的里程、高程、曲线半径；

Step14：输入终点的里程、高程；

Step15：检查输入竖曲线参数；

Step16：输入里程计算坐标、高程；

Step17：输入桩间距、左右边桩距离，批量输出；

Step18：批量输出结果

APP 输入线路参数注意事项：

（1）严格按照曲线参数表当中的数据进行编辑，为了防止出现错误，当输入完成一步后，仔细检查与参数表当中的数据是否吻合。

（2）线路中有断链时，编辑断链过程中，分清楚断链属于长链还是短链，看是否与软件当中的一致。

（3）竖曲线的输入一定要注意变坡点的半径 R、里程及高程。

（4）输完后检查软件计算出来的方位角、坡度等参数是否与曲线表中的一致（见表 4-33）。

表 4-33　计算结果表（部分数据）

任意里程	中桩坐标		左边桩坐标			右边桩坐标		
	X	Y	左长	X	Y	右长	X	Y
YK199000	28 797.380	7 807.386	7.5	28 790.850	7 811.075	6.5	28 803.03	7 804.188
YK199020	28 787.720	7 789.873	7.5	28 781.111	7 793.428	6.5	28 793.44	7 786.792
YK199040	28 778.420	7 772.167	7.5	28 771.740	7 775.587	6.5	28 784.2	7 769.204
YK199060	28 769.470	7 754.279	7.5	28 762.730	7 757.570	6.5	28 775.31	7 751.426
YK199080	28 760.850	7 736.234	7.5	28 754.060	7 739.414	6.5	28 766.74	7 733.478
YK199100	28 752.500	7 718.061	7.5	28 745.660	7 721.148	6.5	28 758.42	7 715.386
YK199120	28 744.370	7 699.787	7.5	28 737.500	7 702.798	6.5	28 750.32	7 697.177

任意里程	中桩坐标		左边桩坐标			右边桩坐标		
	X	Y	左长	X	Y	右长	X	Y
YK199140	28 736.420	7 681.434	7.5	28 729.530	7 684.389	6.5	28 742.400	7 678.874
YK199160	28 728.600	7 663.028	7.5	28 721.690	7 665.944	6.5	28 734.590	7 660.501
YK199180	28 720.850	7 644.589	7.5	28 713.930	7 647.485	6.5	28 726.85	7 642.079
YK199200	28 713.130	7 626.138	7.5	28 706.210	7 629.032	6.5	28 719.130	7 623.630
YK199220	28 705.421	7 607.687	7.5	28 698.500	7 610.581	6.5	28 711.411	7 605.179
YK199240	28 697.700	7 589.235	7.5	28 690.780	7 592.129	6.5	28 703.700	7 586.727
YK199260	28 689.980	7 570.784	7.5	28 683.060	7 573.678	6.5	28 695.980	7 568.276
YK199280	28 682.270	7 552.333	7.5	28 675.350	7 555.227	6.5	28 688.260	7 549.825
YK199300	28 674.550	7 533.881	7.5	28 667.630	7 536.775	6.5	28 680.550	7 531.373

3. 线路中线、开挖断面放样

（1）将 APP 计算的数据编辑为全站仪数据格式，导入全站仪。

（2）在已知控制点上安置全站仪，在另一个已知控制点上安置后视棱镜。

（3）输入测站点和后视点坐标，进行后视定向。

（4）进入全站仪放样界面，调取测设点坐标，根据角度差和距离差移动棱镜，当在界面上显示的放样平距在限差范围之内时，棱镜所在位置即为待测设点。

✐ 复习思考题

1. 隧道中线测量与线路中线测量的异同点有哪些？

2. 线路中线坐标计算主要步骤有哪些？

项目四 任务7

任务 7
断面及结构放样

7.1 工作任务

通过拱架放样、边墙及避人洞放样、模板台车放样、仰拱和铺底放样的学习，掌握隧道洞内断面测量的常用方法、要求和注意事项，可完成隧道洞内断面测量等工作。

7.2 相关配套知识

在隧道施工中、为了使开挖断面较好的符合设计，在掘进前，应在开挖断面上根据中线和轨顶高程，标出设计断面尺寸线。

分部开挖的隧道在拱部和马口开挖后以及全断面开挖的隧道在挖成形后，应采用断面自动测绘仪或断面支距法测绘断面，检查端面是否符合要求，并确定超挖和欠挖工程数量。测量时按中线和外拱顶高程，从上至下每 0.5 m 向左右量测支距。量支距时，应注意曲线隧道中心与线路中心的偏移值和施工预留宽度。

施工期间根据围岩等级确定隧道开挖施工方法，常见施工方法为单侧壁导坑法、双侧壁导法、台阶法、全断面法。断面放样与洞门放样相同，采用分割线法放样。

全断面开挖的隧道在开挖形成后，应采用断面自动测绘仪或断面支距法测绘断面，检查断面是否符合要求，并用来确定超欠挖工程数量。测量时按中线和外拱顶高程，从上至下每 0.5 m（拱部和曲墙）和 1 m（直墙）向左右量测支距。量支距时，应考虑到曲线隧道中心与线路中心的偏移值和施工预留宽度，如图 4-12 所示。

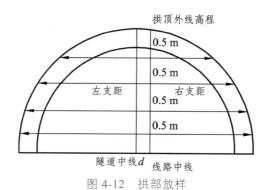

图 4-12 拱部放样

隧道结构物放样常见内容有拱架放样、模板台车放样。在施工放样之前，应对洞内的中线点和高程点加密。中线点加密的间隔视施工需要而定，一般为 5 ~ 10 m 一点，加密中线点可以铁路定测的精度测定。

1. 拱架放样

（1）按设计确定段落内每榀拱架里程，然后根据设计图纸在 CAD 中画出初支拱架图。

（2）每榀拱架由多个节点组成，在 CAD 图中标注出每个节点的三维尺寸（左右偏距、高差），并计算出每个节点的设计高程。

（3）放样时，先用全站仪测量出前一榀拱架各节点的设计位置测量出坐标和高程，然后坐标反算出里程及偏距，与内业计算出的偏距和高程相比较，逐步调至设计位置（超挖时常采用在拱架上焊一截钢筋，焊接长度为超挖长度，高度为设计高程；欠挖时常用红油漆标注，注明欠挖尺寸，告知技术员下一步如何做调整），要求前一榀放样位置的里程在同一里程。

（4）前一榀拱架节点位置放样完成后，然后在开挖掌子面上放样下一榀拱架或下三榀拱架节点位置，用水泥钉加喷漆标记。

（5）挂设细线绳，把前面放样的两个点连成一条直线，然后安排工人立拱架。

2. 边墙及避人洞放样

（1）由检查过的中线点、水准点，用仪器按施工断面各部位高程表测设出轨顶高、边墙基底和边墙顶高，并加以标志（先拱后墙施工则检查起拱线）。

（2）直墙地段，从校准的线路中线按规定尺寸放出支距，即可立模衬砌。

（3）曲线地段，通常先按 1：1 的大样预制曲墙模型板，然后从中线按设计好的支距安设曲面模型板。

（4）避人（车）洞的中心位置是按设计里程，在线路中线上放垂线（十字线）决定的。

3. 模板台车放样

（1）首先，放样出隧道结构物中线，一般两个点，然后用两点确定台车行走中线。

（2）其次，台车行走至设计里程后，用无棱镜激光测量模板台车拱顶中线位置，调节模板台车升降油顶确定拱顶标高。

（3）最后，用无棱镜测量模板台车两端最下沿模板，测量出坐标和高程，并反算里程和偏距，然后调节模板台车左右伸缩油顶至设计标高及偏距处，此过程可能为多次调整。

4. 仰拱和铺底放样

仰拱的挡板是预先按设计尺寸制作的，而且是在已成墙地段施工，放样时先检查轨顶高程的标志后，在轨顶高程上绷上麻线，从麻线往下量支距，将模板定位后加以固定即可。隧道底放样，也是以轨顶高程来控制的，分别在左右边墙上，从轨顶高程向下量出设计尺寸并弹出墨线标志，即可按此墨线掌握底高程。

根据洞内控制点设立临时中线点，用极坐标法放样，定出隧道中线点，并将高程定出以确定隧道圆心的位置。衬砌施工按衬砌台车长度在台车端部加密中线、左右端点，并测出各点高程，以控制台车就位调整。隧道洞身施工测量根据设计文件，精确计算出线路百米桩的坐标及结构的相关尺寸和标高，并按每 10 m 编制出本隧道标高表。测量人员利用洞内测量控制点，及时向开挖面传递中线和高程；用断面测量仪测设隧道开挖轮廓线、支护钢架架立前后和衬砌立模前后轮廓尺寸进行复核，确认准确后方可进行下道工序施工。

测量过程中，按测规的规定执行，换手复核。闭合检查，内业资料多人复核，现场记录确保计算资料准确无误。在洞内进行施工放样时随时配带气压标、温度计，随时根据实际情况对仪器进行气压、温度的修正。

复习思考题

1. 如何使用隧道断面测量的数据绘制隧道断面图？
2. 隧道在转弯处于超高或加宽地段，对于结构物高程变化的影响是什么？
3. 隧道结构物都包含有哪些？

任务 8
隧道竣工测量

8.1 工作任务

通过隧道中线测量、隧道净空测量的学习，掌握隧道竣工测量的常用方法、要求和注意事项，可完成隧道竣工测量相关工作。

8.2 相关配套知识

隧道工程竣工后，为了检查工程是否符合设计要求，并为设备安装和运营管理提供基础信息，需要进行竣工测量，绘制竣工图。该任务主要包括隧道中线测量、隧道净空测量两项工作。

1. 隧道中线测量

（1）隧道竣工以后，应在直线地段每 50 m，曲线地段每 20 m，或者需要加测断面处，以中线桩为准，测绘隧道的实际净空。测绘内容包括：拱顶高程、起拱线宽度、轨顶水平宽度、铺底或仰拱高程。

（2）隧道纵断面测量和横断面测量，纵断面应沿中线方向测定底板和拱顶高程，每隔 10～20 m 测一点，绘出竣工纵断面图，在图上与设计坡度线进行比较。直线隧道每隔 10 m、曲线隧道每隔 5 m 测一个横断面，横断面测量可用直角坐标法或极坐标法。图 4-13（a）为直角坐标法测量隧道竣工横断面，测量时，是以横断面的中垂线为纵轴，以起拱线为横轴，测出起拱线至拱顶的纵距 A_i' 和中垂线至各点的横距，还要量出起拱线至底板中心的高度 A_i'' 等，依此绘制竣工横断面图。图 4-13（b）为极坐标法测量竣工横断面，用一个有 0°～360°刻度的圆盘，将圆盘上 0°～180°刻度线的连线方向放在横断面中垂线位置上，圆盘中心的高程从底板中心高程量出，将皮尺零刻线固定于断面上某一点，量取至圆盘中心的长度，并在圆盘上读出角度，即可确定点位。在一个横断面上测定若干特征点，就能据此绘出竣工横断面图。

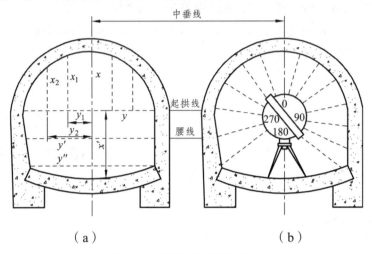

图 4-13　隧道断面图的绘制

（3）当隧道中线统一检测闭合后，直线上每 200～500 m 及曲线上的主点均应埋设永久中线桩；洞内每 1 km 应埋设一个水准点。无论中线点或水准点，均应在隧道边墙上画出标志，以便以后养护维修时使用。

（4）隧道施工进度慢，往往成为控制工期的工程。为了加快施工进度，除了进、出口两个开挖面外，还常采用横洞、斜井、竖井、平行导坑等来增加开挖面。因此，不管是直线隧道还是曲线隧道，开挖总是沿线路中线不断向洞内延伸，洞内线路中线位置测设的误差，就逐步随着开挖的延伸而逐渐积累；另一方面，隧道施工时基本上都是采用边开挖、边衬砌的方法，等到隧道贯通时，未衬砌部分也所剩不多，故可进行中线调整的地段有限。于是，如何保证隧道在贯通时（包括横向、纵向、高程方向），两相向开挖施工中线的相对错位不超过规定的限值，是隧道施工测量的关键问题；高程要求的精度，使用一般水准测量方法即可满足；而横向贯通误差（在平面上垂直于线路中线方向）的大小，则直接影响隧道的施工质量，严重者甚至会导致隧道报废，所以一般说贯通误差，主要是指隧道的横向贯通误差。

（5）贯通误差预估及调节。一般预留 200 m 二衬不做，然后对预留的 200 m 二衬进行从新制定结构中线，逐步调节。

2. 高程测量

中线全部检测闭合后进行高程测量。每 1 km 埋设 1 个水准点，短于 1 km 的隧道至少应埋设 1 个水准点，最好在洞门附近各布设 1 个水准点，符合在洞外水准点上，进行平差后确定各点高程。全线必须采用统一的高程基准，精度要与施工测量期间精度一致。

永久中线点、水准点经检测后，除了在边墙上加上标尺之外，需列出实测成果表，注明高程，并绘图作为竣工资料。

3．隧道断面测量

采用断面仪进行测量，测量前放样隧道结构物中线，并测量放样点高程，量取仪器高，数据采集后导入电脑，与设计尺寸比较。应在直线地段每 50 m、曲线地段每 20 m 或需要增加的位置处测绘断面实际净空，测量时要以线路中线为基准，测量拱顶高程、起拱线宽度、轨顶水平宽度、仰拱高程等数据。竣工测量后一般要求提供下列图表：隧道长度表、净空表、隧道回填断面图、水准点表、中桩表、断链表和坡度表。

案例 4　隧道超欠挖计算

 复习思考题

1. 隧道竣工测量的内容有哪些？
2. 隧道竣工测量后需提供的图表有哪些？

项目五

地铁施工测量

 项目描述

近年来，为缓解城市交通日益拥堵的现状，各大、中城市纷纷加大了地铁建设的投入。北京、上海、广州、深圳等一线城市及长三角、珠三角地区都大力发展城市轨道交通、城际快速轨道交通的建设也正在兴起，未来 10 年新建各类型的轨道交通将达 1 000 km 左右，全国投资总规模将达几千亿元，我国城市轨道交通建设进入快速发展时期。

地铁工程为线形工程，为确保线路圆顺，施工中各环节工艺间施工容许偏差要求严，相邻点相对精度要求高，加上作业环境条件差等因素增加了施工测量的难度。在地铁施工阶段的测量分为土建结构施工测量、轨道及设备安装测量。土建施工阶段的测量工作主要包括：地面控制测量、地下控制测量、联系测量、定线测量、施工放样及监控量测。轨道及设备安装测量主要包括：铺轨基标测量、轨道控制网测量、线路标志物测量、长轨精调测量及监控量测。

思政亮点

（1）从地铁施工测量的先进设施和不断更新迭代的技术工法中，了解创新是引领发展的第一动力，激发学生的自主钻研和创新精神。

（2）在典型案例的学习中，理解掌握测量过程中的大局意识，从全局进行把握，注重细节，步步校核，精益求精，培养严谨细致的职业素养。

学习目标

1. **知识目标**

（1）了解地铁及轻轨等隧道工程的结构特点；

（2）掌握地铁控制测量的方法；

（3）掌握一井定向测量的方法；

（4）掌握二井定向测量的方法；

（5）掌握地铁高程联系测量的方法；

（6）掌握地铁施工放样的方法；

（7）掌握地铁轨道控制网测量的方法；

（8）掌握地铁轨道精调的方法。

2. **能力目标**

（1）能进行地铁平面控制测量；

（2）能进行地铁高程控制测量；

（3）能进行一井定向测量；

（4）能进行二井定向测量；

（5）能进行地铁工程的施工放样；

（6）能进行地铁工程的轨道控制测量；

（7）能进行地铁工程的轨道精调测量。

3. 素质目标

（1）具备查阅相关规范、资料并进行自学的能力；

（2）具备良好的质量意识、规范意识；

（3）培养团队协作的精神。

项目五 任务 1

任务 1
平面控制测量

1.1　工作任务

平面控制测量是地铁施工测量的基础，本任务主要是通过卫星定位网、精密导线网的布设、观测和数据处理的理论学习，应用仪器进行平面控制测量。

1.2　相关配套知识

地铁平面控制测量是地铁土建施工测量、轨道铺设、监控量测及竣工测量的基础和依据，在城市一、二等控制网的基础上建立。控制网应根据拟建线路情况、施工工艺、工程建设要求等因素综合考虑分等级布设。地面平面控制网应分为三个等级。一等网为全市轨道交通控制网，应采用卫星定位测量方法，一次全面布设，按规范要求一等网采用的高程投影面应与城市平面坐标系统采用的投影面一致；二等网为线路控制网，三等网为线路加密控制网，应分别采用卫星定位测量精密导线方法，分期布设。当按长度变形值大于 15 mm/km 时，应采用抵偿高程面作为投影面也可采用高斯-克吕格任意带平面直角坐标系统。

平面控制网测量主要包括收集资料、现场踏勘、选点、埋石、外业观测及数据处理等工作步骤。

1.2.1 卫星定位控制测量网

1. GNSS 控制网点位的选择

控制点应选在利于长久保存、施测方便的地方，离开线路中心线或车站等构筑物外缘的距离不宜小于 50 m。控制点上应视野开阔，避开多路径效应影响，周围无高大建筑物，保证被测卫星的地平高度角应大于 15°。控制点应远离无线电发射装置和高压输电线，其间距分别不小于 200 m 和 50 m。当控制点位于建筑物上时，应选在便于联测的楼顶承重墙上面。GNSS 点应尽量与相邻二等精密导线点通视，且尽量选在车站或施工竖井附近，以便于每个 GNSS 点至少有两个通视方向，相邻 GNSS 点间距离不低于500 m。

2. GNSS 控制点的标志与埋设

GNSS 标石分为基本标石、岩石标石和楼顶标石三种。楼顶标石可采用现场浇筑，标石下层钢筋插入楼顶平面混凝土中，标石应固结在楼顶板平台上。标石规格和形式如图 5-1。在埋设 GNSS 控制点时大可埋设强制对中标志的观测墩。控制点埋于地下，可以采用如图 5-2 所示的标石样式。

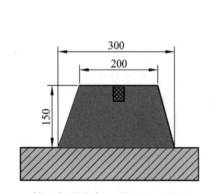

图 5-1　楼顶控制点标石埋设图（单位：cm）

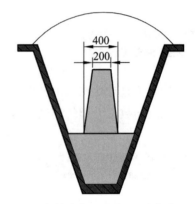

图 5-2　土中基本标石埋设图（单位：cm）

3. GNSS 控制网布设方案及优化

1）GNSS 控制网的布设原则

GNSS 控制网内应重合 3~5 个原有城市二等控制点或在城区范围内的国家一、二等控制点，并尽量保证分布均匀。同时考虑到城市轨道交通总体规划建设，多线路分期建设情况，在城市轨道交通线路交会处和前后期衔接处，应布设 2 个以上的重合点。

在隧道口、竖井、车站和车辆段附近，应布设 1~2 个控制点，相邻控制点应有 2个以上方向通视，其他位置的控制点间应至少有 1 个方向通视。

控制网中应有一定数量的 GNSS 点与水准点重合，同时应考虑在少量相邻点间进行电磁波测距用以检查 GNSS 测量成果。

GNSS 控制网必须由非同步独立观测构成闭合环或附合路线，每个闭合环或附合路线中的边数应符合规范规定。

2）GNSS 控制网的优化设计

为了确保 GNSS 控制网的精度满足规范要求，在 GNSS 控制网布设时，有必要进行优化设计。主要内容为以下几种：

（1）零类设计，即控制网的基准设计。

（2）一类设计，即控制网的图形设计。

（3）二类设计，即观测方案的最佳选择。

4. GNSS 控制网观测

GNSS 控制网观测主要包括制订观测计划、接收机的检验以及外业观测等。

1）制订观测计划

在外业观测前，依据布网方案、投入 GNSS 接收机数量及交通情况选择最佳的观测时段、进行合理调度。其中包括 GNSS 卫星的可见性预报，根据测区的概略坐标、观测日期，查看当日的 GNSS 卫星数以及相应的 PDOP 值的变化情况，确保任何地区全天任何时间均能至少观测到 5 颗卫星，但最佳观测时段还是选择在 PDOP 小于 6 的时间范围内。

2）接收设备的检验

在 GNSS 外业观测前，需根据《全球定位系统（GPS）测量型接收机检定规程》CH 8016—1995 的规定进行检定，同时检验基座圆水准器和光学对中器，合格后方可使用。

3）外业观测

外业观测时，在控制点上对中、整平，每时段观测前、后量取天线高各一次，两次互差小于 3 mm 时，应取两次平均值作为最后结果，同时详细记录天线高的量取方式。天线架设完成后，按作业计划开关机作业，同时填写外业观测手簿。

5. GNSS 控制网数据处理

1）基线向量解算

基线解算一般采用广播星历。对于小于 8 km 的短基线必须采用双差相位观测值和双差固定解；而对于 8~30 km 长基线可在双差固定解和双差浮点解中选择最优结果。

2）观测数据检核

对外业观测数据即基线进行检核是确保 GNSS 成果的重要环节，通常进行同步环闭合差、异步环闭合差、复测基线较差三种检核。

（1）同步环闭合差检核。

假设 W_x、W_y、W_z 分别为同步环坐标分量的闭合差，则同步环各坐标分量及全长闭合差应按规定满足以下公式要求：

$$W_x \leqslant \frac{\sqrt{N}}{5}\sigma \qquad\qquad (5\text{-}1)$$

$$W_y \leqslant \frac{\sqrt{N}}{5}\sigma \qquad\qquad (5\text{-}2)$$

$$W_z \leqslant \frac{\sqrt{N}}{5}\sigma \qquad\qquad (5\text{-}3)$$

$$W = \sqrt{W_x^{\ 2} + W_y^{\ 2} + W_z^{\ 2}} \qquad\qquad (5\text{-}4)$$

$$W \leqslant \frac{\sqrt{3N}}{5}\sigma \qquad\qquad (5\text{-}5)$$

$$\sigma = \sqrt{a^2 + (bd)^2} \qquad\qquad (5\text{-}6)$$

式中　　N——同步环中基线边的个数；

$\quad\quad\ \ W$——环闭合差（mm）；

$\quad\quad\ \ \sigma$——标准差，即基线向量的弦长中误差（mm）；

$\quad\quad\ \ a$——固定误差（m）；

$\quad\quad\ \ b$——比例误差系数（1×10^{-6}）；

$\quad\quad\ \ d$——GNSS 控制网中相邻点间的平均距离（km）。

进行各项限差检查计算 σ 时，取 $a = 10$ 和 $b = 2$。

（2）异步环闭合差检核。

异步环闭合差反映的是整个 GNSS 网的外业观测质量。相对于同步环闭合差，异步环闭合差对成果质量评价更为重要。独立基线构成的独立环各坐标分量及全长闭合差应满足下列各式要求：

$$\left.\begin{array}{l} W_x \leqslant 2\sqrt{n}\sigma \\[4pt] W_y \leqslant 2\sqrt{n}\sigma \\[4pt] W_z \leqslant 2\sqrt{n}\sigma \\[4pt] W \leqslant 2\sqrt{3n}\sigma \end{array}\right\} \qquad\qquad (5\text{-}7)$$

式中　　n——独立环中基线边的个数。

（3）复测基线较差检核。

一条基线，若观测多个时段，则有多个向量结果。复测基线长度较差应满足下式的要求：

$$d_s \leqslant 2\sqrt{n}\sigma \qquad\qquad (5\text{-}8)$$

式中　　n——同一边复测的次数，通常等于 2。

6. GNSS 控制网平差

1）三维无约束平差

三维无约束平差包含粗差探测，可以发现观测数据中的粗差并消除其影响，同对对网的内符合精度进行估计。

（1）平差基准。

无约束平差基准一般采用已知二等点的 WGS-84 坐标或网中某点的 WGS-84 坐标。

（2）平差采用的观测量。

在进行同步基线解算时采用的独立基线向量及其全协方差矩阵作为观测量，独立基线的选取由程序自动完成。

（3）平差结果精度分析。

平差后基线向量改正数的绝对值应满足下列各式的要求：

$$\left.\begin{array}{l} V_{\Delta x} \leqslant 3\sigma \\ V_{\Delta y} \leqslant 3\sigma \\ V_{\Delta z} \leqslant 3\sigma \end{array}\right\} \tag{5-9}$$

2）二维约束平差

二维约束平差是指 GNSS 基线向量网与地面控制网的整体平差。城市轨道交通首级 GNSS 网应在 CGCS2000 国家大地坐标系或城市坐标系中进行约束平差及精度评定，并应输出相应坐标系中的坐标，基线向量改正数，基线边长、方位角以及坐标、边长、方位、点位的中误差、相对点位中误差的精度信息、转换参数及其精度信息等。

（1）起算控制点兼容性分析。

根据《城市轨道交通工程测量规范》（GB 50308—2017）规定，在约束平差时不同基线向量的改正数与同名基线无约束平差相应改正数的较差应满足下列各式要求：

$$dV_{\Delta x} \leqslant 2\sigma \tag{5-10}$$

$$dV_{\Delta y} \leqslant 2\sigma \tag{5-11}$$

$$dV_{\Delta z} \leqslant 2\sigma \tag{5-12}$$

式中　σ——相应等级 GNSS 网的边长精度。

（2）起算控制点的选取。

若 GNSS 点与城市原有控制点的重合点的坐标较差在 ±5 cm 以内，即可把该次成果作为约束平差成果。

（3）约束平差成果。

平差后应根据《城市轨道交通工程测量规范》（GB 50308 - 2017）规定，衡量城市轨道交通首级 GNSS 控制网的实际精度是否满足规范要求，以便采取相应措施。

1.2.2 精密导线网

1. 精度要求和布设方案

城市轨道交通地面平面控制测量可以采用三等导线测量，其主要技术要求遵循《城市轨道交通工程测量规范》（GB/T 50308—2017），见表5-1。

表 5-1 精密导线测量的主要技术要求

闭合环或符合导线总长度/km	平均边长/m	每边测距中误差/mm	测角中误差/（"）	方位角闭合差/（"）	全长相对闭合差	相邻点的相对点位中误差/mm	测距相对中误差	测回数	
								I 级全站仪	II 级全站仪
3	350	±3	±2.5	±$5\sqrt{n}$	1/35 000	±8	1/80 000	4	6

注：1. n 为导线的角度个数。

2. 高架线路地段平均边长宜为 400 m。

3. 全站仪的分级按《城市轨道交通工程测量规范》（GB 50308—2017）附录中有关规定执行。

2. 导线点的选择与埋设

城市轨道交通测量采用的导线点，要选择易于观测、便于施工测量时使用、易于保存而且稳定。一般而言，在车站、洞口附近，宜多布设导线点，且保证能够至少两个方向通视。相邻导线边长不宜相差过大，导线点可选在楼顶，也可埋于地面。相邻导线点间应考虑旁折光的影响。导线点的规格、形式和埋设如图5-3所示。

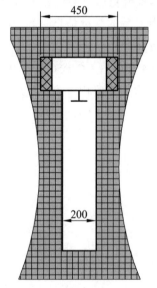

图 5-3 二等精密导线标石埋设图（单位：cm）

3. 精密导线观测

导线测量分为水平角测量和边长测量。

1）水平角观测

当观测仅有两个方向时，导线点上水平角观测，按左、右角观测，左右角平均值之和与360°的较差应小于4″。当水平角遇到长短边需要调焦时，应采用盘左长边（短边）调，盘右长边（短边）不调焦，盘右短边（长边）调焦，盘左短边（长边）不调焦的观测顺序进行观测。技术要求见表5-2。

表 5-2　水平角观测技术要求　　　　　　　　　　　　单位：(″)

全站仪等级	半测回归零差	一测回内 2C 较差	同一方向值各测回较差
I 级	6	9	6
II 级	8	13	9

2）边长观测

每条导线边均进行往返测量，测距时应读取温度和气压，其技术要求见表5-3。

表 5-3　导线边往返测技术要求

全站仪等级	一测回中读数间较差	单程各测回间较差	往返测或不同时段结果较差
I 级	3	4	$2(a+bD)$
II 级	4	6	

注：1. 一测回指照准目标一次读数 4 次。

　　2. $a+bD$ 为测距仪器标称精度。

4. 导线线网平差

（1）边长改正，包括斜距加常数、乘常数及气象改正。斜距改为平距须加地球曲率、大气折光改正。

（2）测距边水平距离的高程归化和投影改化。

① 归化到城市轨道交通工程线路测区投影高程面上的测距边长度，按下式计算：

$$D = D_0'\left(1 + \frac{H_P - H_m}{R_a}\right)$$　　　　　　　　（5-13）

式中　D_0'——测距两端点的平均高程面的水平距离（m）；

　　　　H_P——测区的平均高程（m）；

　　　　H_m——测距边两端点的平均高程（m）；

　　　　R_a——参考椭球体在测距边方向法截弧的曲率半径（m）。

② 测距边在高斯投影面上的长度，按下式计算：

$$D_z = D\left(1 + \frac{Y_m}{2R_m^2} + \frac{\Delta Y^2}{24R_m^2}\right)$$　　　　　　　　（5-14）

式中　Y_m——测距边两端点横坐标平均值（m）；

　　　R_m——测距边中点的平均曲率半径（m）；

　　　ΔY——测距边两端点近似横坐标的增量（m）。

导线网平差使用的软件必须经相关部门鉴定,平差后成果包括导线点坐标和精度评定报告。

项目五　任务2

任务 2
高程控制测量

2.1　工作任务

城市轨道交通高程控制测量分为地面高程测量和地下高程测量,本任务主要是通过地面高程控制的测量方法、精度要求及数据处理的理论学习,应用电子水准仪、精密光学水准仪进行高程控制测量。

2.2　相关配套知识

2.2.1　城市轨道交通地面高程控制网布设原则

轨道交通水准控制网分为一等网和二等网。一等水准网是基础网,一般按照工程线路布设成附合、闭合路线或者结点网。水准网起算点一般不少于 3 个,且应是城市一等水准点。二等水准网起算于一等水准点,一般每个车站、竖井及车辆段附近应布设水准点,点数不少于 2 个。

2.2.2　城市轨道交通水准标石类型与埋设

水准标石是长期保存测量成果的固定标志,可分为混凝土水准标石、墙脚水准标石、基岩水准标石和深柱水准标石四种。各种水准标石的类型和规格,如图 5-4～图 5-7 所示。混凝土水准标石要埋设在冻土线以下 30 cm,埋设时需特别注意埋设地点地质条件,了解地下水位的深度,地下有无空洞和流沙等。要确保标石埋设在土质坚实稳定的地层。墙角水准标石,应选择在永久性或半永久性坚固的建筑物或构筑物基础上埋设。考虑到水准尺的长度,埋设时注意远离建筑物的外檐和外部窗台等影响水准尺竖立的障碍物。

埋设基岩水准标石时，应注意埋在真正的基岩上，不允许埋在较大的孤石上。深柱水准标石埋设时应注意收集地质资料作为依据，深柱应埋设在稳定的持力层内。

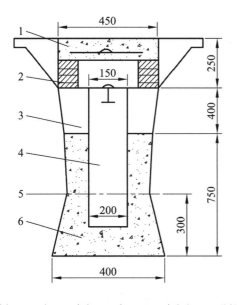

1—盖板；2—砖；3—素土；4—标石；5—冻土线；6—混凝土。

图 5-4 混凝土普通一、二等水准基点埋石埋设示意图
（尺寸单位：mm）

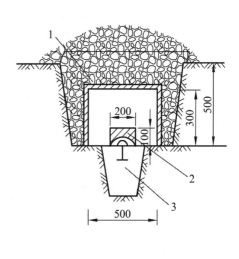

1—混凝土盖板；2—混凝土盖板；3—混凝土。

图 5-5 基岩水准基点标石埋设示意图
（尺寸单位：mm）

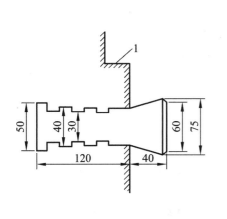

1—墙面。

图 5-6 墙脚水准基点标石埋设示意图
（尺寸单位：mm）

1—混凝土桩；2—混凝土桩座。

图 5-7 深柱水准基点标志埋设示意图
（尺寸单位：mm）

2.2.3 地面高程控制测量

地面高程控制测量的技术要求遵循《城市轨道交通工程测量规范》（GB/T 50308—2017），见表5-4。

表 5-4　水准测量的主要技术要求

等级	每千米高差中误差 /mm		环线或附合线路最大长度/km	水准仪的等级	水准尺	观测次数		往返较差、附合或环线闭合差 /mm
	偶然中误差 M_Δ	全中误差 M_w				与已知点联测	附合或环线	
一等	±1	±2	400	DS₁	铟瓦尺或条码尺	往返测各一次	往返测各一次	$\pm 4\sqrt{L}$
二等	±2	±4	40	DS₁	铟瓦尺或条码尺	往返测各一次	往返测各一次	$\pm 8\sqrt{L}$

注：1. L 为往返测段、附合或环线的路线长（km）。
　　2. 采用数字水准仪测量的技术要求与同等级的光学水准仪测量技术要求相同。

1. 一般要求

水准观测应待埋设的水准标石稳定后再进行。水准测量所使用的仪器和标尺由检定单位进行全面检验，检定周期为1年。水准仪视准轴与水准管轴的夹角称为 i 角，外业开始的第一周内应每天测定1次 i 角，稳定后可隔半月测定1次。城市轨道交通一、二等水准测量作业中水准仪的 i 角应小于 $15''$。

2. 观测方法

使用光学水准仪观测时，一、二等水准测量的观测方法应符合下列规定。

往测奇数站上：后—前—前—后。

偶数站上：前—后—后—前。

返测奇数站上：前—后—后—前。

偶数站上：后—前—前—后。

使用电子水准仪观测时，往返测奇数站观测标尺顺序应为"后—前—前—后"，往返测偶数站观测标尺顺序应为"前—后—后—前"。

若使用数字水准仪与条码尺，应将有关参数、限差预先输入，并按顺序操作。一、二等水准每一测段的往测和返测，宜分别在上午、下午进行，也可在夜间观测。

由往测转向返测时，两根标尺必须互换位置，并应重新整置仪器。

3. 观测质量控制

水准测量观测的视线长度、视距差、视线高度和水准测量测站观测限差应符合表5-5、表5-6的规定。

表 5-5　电子水准仪视线长度、视距差、视线高度　　　　　单位：m

等级	视线长度	前后视距差	前后视距累计差	视线高度
一等	DS$_1$　≤50	≤1.5	≤6.0	≥0.55 且≤2.8
二等	DS$_1$　≤60	≤2.0	≤6.0	≥0.55 且≤2.8

表 5-6　水准测量测站观测限差　　　　　单位：mm

等级	上下丝读数平均值与中丝读数之差	基、辅分划读数之差	基、辅分划所测高差之差	检测间歇点高差之差
一等	3.0	0.4	0.6	1.0
二等	3.0	0.5	0.7	2.0

注：使用数字水准仪观测时，同一测站两次测量高差较差应满足基、辅分划所测高差较差的要求。

4. 水准测量的记录和检验

1）记录项目

每测站应记录上、下丝在前、后标尺的读数和中丝在前、后标尺基辅分划面的读数。使用数字水准仪，只记录前、后视线长度和在前、后标尺上的视线高度。

在每测段的始、末，应记录水准点编号、观测日期、时间、大气温度、天气、云量、太阳方向成像情况、风向和风力。

2）记录方法

水准测量数据量大，验算项目较多，一般宜采用电子记录的方法。

3）测站检验

每测站按照规范的要求，应计算前后视距差和视距差的累计值、视线长度和高度、上下丝读数和中丝读数的差、同一标尺两次读数差、两次所测前后标尺高差之差、检测间歇点高差之差。

4）测段检验

每测段完成后，计算往返测高差不符值，检验是否满足要求。若不符值超限，应分析观测时人员操作、仪器状况和外界环境对测量成果的影响，先对可靠程度较小的往测或返测进行全测段重测。

5）成果的取舍

按照规范要求，对于一等水准，当两次异向观测的高差不符值在限差内时，取两次异向观测的平均值作为最终值，否则应进行重测。对于二等水准，若重测高差与原测任一方向高差的不符值未超出限差，则取两次观测高差的平均值作为最终值。

5. 外业操作的注意事项

（1）仪器的检查。

每天工作开始前要对水准标尺圆水准器的正确性进行检查和校正，防止因运输或其他原因致使圆水准器的正确位置发生偏离，从而使测量结果产生误差。

作业开始的第一周内每天对 i 角的检查，最好在不同的气温下进行，查看变化规律。

（2）保持前后视等距。

（3）严格按照奇偶站观测顺序观测。

（4）保证每个测段的测站数为偶数。

为了消除两根标尺的零点高度不等差，每个测段的测站数为偶数。往测转返测时，两根标尺要互换位置，同时前后视的读数顺序也作相应改变。

（5）预先安置尺柱或尺台。

用于作为转点尺承的尺柱或尺台，要求在观测前预先安置好。为防止往返测的高差中数产生偏差，每测段的往测与返测应使用同一类型的转点尺承和安置方法。

6. 水准测量的内业计算

水准测量的外业观测工作结束后，须将手簿中记录的各项资料测段距离和高差数据编制成高差和概略高程表，并计算观测高差改正数、环线闭合差、偶然中误差、全中误差等。

1）观测高差改正数的计算

由于城市轨道交通工程的线路长度一般为几十千米，因此观测高差改正数只加水准标尺长度改正一项。

水准标尺长度改正数的计算依据计量检定机构提供的有效期内的标尺改正系数 f 计算。一测段高差改正数 δ 按式（5-15）计算：

$$\delta = fh \tag{5-15}$$

式中　f——标尺改正系数（mm/m）；

　　　h——观测高差（m）。

往测和返测高差分别施加改正，改正数取代数和。往返测改正数相同，则高差不符值不变。

2）高差偶然中误差的计算

按照我国的现行规范作业，水准测量的往返测是在外界环境差异较大的条件下独立完成的，高差不符值表示误差的抵消程度，主要包含偶然误差。因此，用往返不符值计算水准准测量的偶然中误差来衡量作业质量的重要指标。

每千米水准测量的高差偶然中误差按式（5-16）计算：

$$m_\Delta = \sqrt{\frac{1}{4n}\left[\frac{\Delta\Delta}{L}\right]} \qquad\qquad (5\text{-}16)$$

式中　m_Δ ——高差偶然中误差（mm）；

　　　L ——水准测量的测段长或环线长（km）；

　　　Δ ——水准路线测段往返高差不符值（mm）；

　　　n ——往返测的水准路线测段数。

3）高差全中误差的计算

环线闭合差是由往返测平均高差形成的闭合差，具有真误差性质。它反映着高差平均值的偶然误差，也反映着系统误差，包含这两种误差的综合影响。因此，可以用环线闭合差计算水准测量的全中误差。

当用附合线路的闭合差计算水准测量的全中误差时，一定要保证线路起闭的两已知高程点高程的准确性和现势性。

每千米水准测量的全中误差 m_W 按式（5-17）计算：

$$m_W = \pm\sqrt{\frac{1}{N}\left[\frac{WW}{L}\right]} \qquad\qquad (5\text{-}17)$$

式中　m_W ——高差全中误差（mm）；

　　　W ——附合路线或环线闭合差（mm）；

　　　L ——计算 W 时的相应路线长度（km）；

　　　N ——往返路线和闭合路线的个数。

7. 水准网数据处理

数据的平差处理按照分级处理的原则进行。城市轨道交通工程的水准网的数据处理采用严密平差的方法，在城市等水准点的控制下分别进行一、二等水准网平差。

8. 水准网检测与处理

轨道交通工程的施工期间为了保证高程控制的统一性、连续性和稳定性，对所布设和使用的一、二等水准网进行周期检测。

1）水准网检测周期

对一、二等水准网应按各等级技术要求进行 100% 的检查测量。在地面沉降不明显的地区，一般在全线贯通后或线路调整之前必须进行全线的水准网检测。在地面沉降严重的地区，应收集有关地面沉降资料，根据当地的年沉降速率确定全线水准网的检测周期。在城市轨道交通工程的施工期间可以根据实际情况进行局部区域的高程控制检测。

2）水准网检测原则及数据处理

水准网检测一般采用与原测相同的精度、相同的路线和相同的测量方法。在水准网监测中，拟定的检测方案中至少应包括 3 个以上的已知高级水准点，尽量由闭合环、点，附合路线构成水准网。对原测水准点标石的完好性、稳定性必须进行实地考察。对位于工程变形区内不稳定的或遭到破坏的水准点应重新选点并补埋标石。

按照分级处理的原则进行水准网数据的平差处理，方法与首期水准网数据处理相同。

9. 水准网检测结果精度分析与评价

1）两期水准点间高差较差的限差

设两相邻水准点间的原测与检测高差分别为 h_1 和 h_2，测量精度相同，即 $m_1 = m_2 = m_h$，因为 $\Delta h = h_2 - h_1$，根据误差传播定律可得：

$$m_{\Delta h} = \pm\sqrt{m_{h_1}^2 + m_{h_2}^2} \tag{5-18}$$

则有

$$m_{\Delta h} = \pm\sqrt{2}m_h \tag{5-19}$$

$$m_{\Delta h} = \pm m_W\sqrt{K} \tag{5-20}$$

故

$$m_{\Delta h} = \pm\sqrt{2}m_W\sqrt{K} \tag{5-21}$$

则

$$\Delta h_{限} \leqslant 2\sqrt{2}m_W\sqrt{K} \tag{5-22}$$

式中　K——水准点间水准路线长度（km）；

　　　m_W——水准测量每千米高差中数的全中误差（一等水准 2 mm，二等水准 4 mm）。

2）两期水准点高程较差的限差

由于水准网是沿城市轨道交通工程线路布设并附合在城市一、二等水准点上的。按照城市二等水准点平均间距 4 km 推算，则水准点的最弱点位于中间 2 km 处，该点一次测量的高程中误差可表示为

$$m_{H_i} = \pm\sqrt{m_{H_0}^2 + m_h^2} \tag{5-23}$$

而

$$m_h = \pm m_W\sqrt{L} \tag{5-24}$$

式中　　m_{H_0}——距检测水准点最近的已知高程点的高程中误差（mm）；

　　　　m_h——最近已知点至所测水准点间高差中误差（mm）；

　　　　m_W——水准测量每千米高差中数的全中误差（mm）；

　　　　L——最近已知点至所测水准点间水准路线长度（km）。

两期水准测量精度相同时，检测与原测水准点高程较差的中误差为：

$$m_{\Delta H} \leqslant \pm\sqrt{2m_{H_i}} \qquad\qquad (5\text{-}25)$$

两期水准点高程较差的限差为：

$$\Delta H_{限} \leqslant 2\sqrt{2}m_{H_i} \qquad\qquad (5\text{-}26)$$

根据城市轨道交通工程高程控制布设的实际情况，取 $L = 2$ km ，$m_{H_0} = \pm 0.5$ mm ，$m_W = 2$ mm 代入式（5-24）、式（5-25）和式（5-26），得 $m_{H_i} = \pm 2.87$ mm 和 $\Delta H_{限} \leqslant 8.12$ mm 。

一般对原测成果可按以下原则处理：检测与原测高程较差的中误差小于 4 mm 的可以使用原成果；大于 4 mm 的应进行复测，如发现水准点有下沉现象，要使用新成果。当然还要根据当地的地面沉降情况，对沉降因素进行综合全面分析后，确定检测点点的最终高程。

2.3　应用案例

1. 工程概况

某地铁 1 号线总长度为 26.188 km。其中既有线长 7.4 km，既有线以北新建路段长 7.5 km，以南新建路段长 11.4 km。全线共设 22 座车站，其中高架站有 8 座，地下站有 13 座，地面车站有 1 座。

2. 地铁 1 号线水准网概况

地铁 1 号线水准点沿 1 号线线路布设，依据现场特点，高程控制网布设成城市轨道交通一等水准附合路线，水准网示意图见图 5-8。2012 年 1 月首次施测，采用城市高程系 2010 年高程。

地铁 1 号线贯穿整个市区，处于沉降区内，因此对 1 号线的水准网进行定期测，以便为地铁施工提供可靠的高程控制是非常必要的。根据沉降情况，确定地铁 1 号线水准网检测频率为每半年检测 1 次。

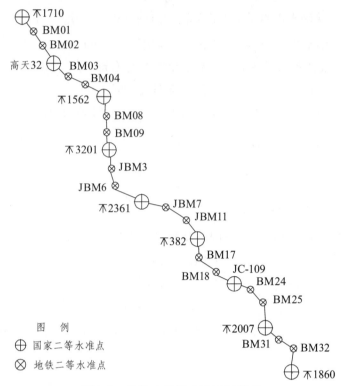

图 5-8 地铁 1 号线水准网示意图

3. 地铁 1 号线水准网检测方法

1）检测原则

地铁 1 号线水准网的检测以采用同等精度仪器、同等方法施测为原则，采用城市轨道交通一等水准测量的观测方法及限差要求，附合路线闭合差限差采用 $4\sqrt{L}$ mm（L 为路线长度，单位为 km）。

2）外业观测

外业观测严格按照城市轨道交通一等水准测量的方法及测站限差执行。在开始观测前及结束观测时测定水准仪 i 角误差，同时观测严格按照城市轨道交通一等水准测量对作业时间、视线高度、视距差、视距累计差及测站限差的要求执行。

3）内业数据处理

首先对外业观测数据进行 100%复核，并统计记各段线路闭合差。由于某市地面沉降比较严重，作为起算点的国家二等水准点也在沉降，因此在计算线路闭合差时控制点的高程值应采用与观测时间最接近的年代的数值。

在确认外业观测数据无误后，利用软件进行严密平差计算。平差计算时已知点的高程统一采用设计单位提供的数值，进行强制附合平差。由于某市地面沉降比较严重，所以最终高程较差可能不能满足规范要求，因此，综合考虑沉降因素比较测段高差的较差，根据高差较差的情况确定水准准点的稳定情况。

4. 地铁 1 号线水准网第三期检测概况

地铁 1 号线全线水准网的第三次外业检测工作于 2013 年 7 月完成。检测采用 NAK2 水准仪 1 台及配套铟瓦钢尺 1 副，仪器标称精度为：0.3 mm/km。外业观测严格按照城市轨道交通一等水准测量的方法及测站限差执行，所有外业检测资料均经 100%内业检查，往返测等各项限差均满足要求。

1）外业观测数据可靠性及已知点相对稳定性分析

地铁 1 号线的水准起算点不同年的已知高程值见表 5-7。表中已知水准点 2012 年高程值为 2012 年 11 月地面沉降监测整体平差结果。从表 5-7 中可以看出，BM2007 与 BM1860 两水准点间不均匀沉降值最大为 24 mm。

表 5-7　地铁 1 号线水准网起算点 2010 年、2012 年高程值比较

序号	点名	2010 年高程值/m	2012 年高程值/m	2010—2012 年沉降值/mm
1	BM1710	*.812	*.778 5	33.5
2	BM 32	*.27	*.243 8	26.2
3	BM 1562	*.296	*.280 6	15.4
4	BM 320A	*.698	*.669	29
5	BM 2361	*.803	*.774 7	28.3
6	BM 382	*.774	*.760 7	13.3
7	JC-109	*.928	*.895 6	32.4
8	BM 2007	*.774	*.755 7	18.3
9	BM 1860	*.651	*.608 6	42.3

2）数据处理

平差计算采用威远图公司 WELTOP 软件进行解算。

首先采用 2012 年高程进行整体平差计算，平差计算结果表明：成果精度满足规范要求，外业观测成果正确可靠。

然后再采用 2010 年高程进行强制约束整体平差计算，其中各项精度指标为：每千米高差中误差为 ±0.472 mm；平差后最弱点高程中误差为 ±9.92 mm；相邻点的相对高差中误差为 ±7.33 mm。

3）检测结果分析

通过与最近一次检测（2013 年 1 月第二次检测）的测段高差进行比较，对检测点定性进行分析，两期检测测段高差的较差见表 5-8。

表 5-8　某市地铁 1 号线水准网两期检测高差比较

起点	终点	2013 年 1 月检测高差/m	2013 年 7 月检测高差/m	较差/mm
BM1710	BM01	0.917 1	0.918 8	− 1.7
BM01	BM02	0.016 2	0.005 9	10.3
BM02	BM32	− 1.698 3	− 1.685 9	− 12.4
BM32	BM03	1.183 1	1.182 7	0.4
BM03	BM04	0.221 6	0.223 1	− 1.5
BM04	BM1562	− 0.141 6	− 0.139 9	− 1.7
BM1562	BM08	0.250 4	0.248 0	2.4
BM08	BM09	− 0.479 4	− 0.479 0	− 0.4
BM09	BM320A	− 1.067 8	− 1.064 9	− 2.9
BM320A	JBM3	0.664 2	0.666 5	− 2.3
JBM3	JBM6	− 2.167 4	− 2.166 0	− 1.4
JBM6	BM2361	0.565 1	0.564 9	0.2
BM2361	JBM7	− 0.783 2	0.785 4	2.2
JBM7	JBM11	0.804 5	0.801 0	3.5
JBM11	BM382	− 1.523 0	− 1.520 9	− 2.1
BM382	BM17	− 1.459 5	− 1.460 2	0.7
BM17	BM18	0.247 2	0.246 6	0.6
BM18	JC-109	− 0.186 4	− 0.184 8	− 1.6
JC-109	BM24	1.202 4	1.201 8	0.6
BM24	BM25	− 0.525 4	− 0.528 9	3.5
BM25	BM2007	0.035 0	0.034 8	0.2
BM2007	BM31	− 0.080 1	− 0.078 4	− 1.7
BM31	BM32	0.436 8	0.434 1	2.7
BM32	BM860	− 0.320 2	− 0.321 5	1.3

　　从表 5-8 中可以看出，由于水准点 BM01 与 BM02 之间两期观测高差的较差为 10.3 mm，出现异常，水准点 BM02 与已知点高天 32 之间两期观测高差的较差为 12.4 mm，出现异常，可以推断出水准点 BM02 发生了沉降异常。

4）检测结论

从两期检测结果的比较分析中可以得出水准点 BM02 发生了沉降异常,其他水准点相对沉降正常,因此建议在施工过程中 BM02 水准点的高程应采用检测结果。

项目五 任务 3

任务 3
平面联系测量

3.1 工作任务

平面联系测量是将地面的平面坐标通过竖井传递到地下,实现地面、地下的坐标系统一致。本任务通过联系三角形测量、两井定向测量、陀螺全站仪测量及导线直接传递等平面联系测量的理论和方法的学习,可完成平面联系测量的施测工作。

3.2 相关配套知识

联系测量和控制测量是地铁施工过程中最重要的两个环节,联系测量将地面坐标系转入地下,通过控制测量将地面坐标系延伸至各导洞内,联系测量的数据是否准确,直接关系到地铁主体结构的尺寸是否准确。所以如何做好联系测量是地铁暗挖工程施工测量工作成败的关键。将地面平面坐标系统和高程系统传递到地下的测量工作,称为联系测量。

联系测量主要是通过竖井、平峒及斜井等将地面和地下控制网联系在统一坐标系统中的测量工作。把地面上控制点的坐标、方位角和高程传递到地下导洞中去,作为地下导线的起算坐标和起始方位角,指导地下工程的施工,并保证正确贯通。联系测量主要包括地面近井导线测量、近井水准测量、通过竖井(斜井、平峒、钻孔等)的定向测量、传递高程测量及地下近井导线测量和近井水准测量。

将地面的平面坐标系统传递到地下的测量工作,称为平面联系测量,又称为定向。在竖井联系测量中,从竖井定向误差对地下近井点测量的影响来看,确定地下导线起算边的方位角是很重要的环节,因为地下导线起算边的坐标方位角误差将使地下导线各个边的方位角偏转同一个误差值,由此引起的导线各点的点误差将随着导线的延伸不断增大。设导线终点为 P,起算边的坐标方位角误差为 m_α,则 P 点的位置中误差为:

$$m_P = \frac{m_\alpha''}{\rho''} \times L \qquad\qquad (5\text{-}27)$$

式中　L——导线终点到起算点的直线距离（m）；

　　　ρ''——206 265″。

按照上式计算，若 $m_\alpha = \pm 5''$，$L = 1\,000$ m，则可计算得到：$m_P = \pm 24$ mm。

由此可以得出，沿着隧道（巷道）布设的近似直伸形的导线，由竖井定向计算的导线起算边方位角误差对导线位置的终点误差影响是比较大的。对于地铁隧道的贯通而言，为了保证在贯通面能正确贯通，竖井定向的精度要求是很高的。竖井定向的坐标传递误差对各导线点的误差影响是一个常数，它只使导线点位置发生平移，其影响不随导线的延长而积累，相对于导线坐标方位角误差的影响就很小了。因此竖井联系测量确定地下导线起算边方位角比确定起算点坐标更重要，精度要求更高。

目前，在城市轨道交通工程中定向测量的方法主要有以下几种：

（1）陀螺全站仪、铅垂仪（钢丝）组合法；

（2）联系三角形法；

（3）两井定向法；

（4）投点传递法；

（5）导线直接传递法。

1. 陀螺全站仪定向测量

陀螺全站仪是一种测定真北方向的仪器，具有全天候、不依赖其他条件的特点，在军事、航天、矿山、测绘等行业有着广泛的应用。近年来随着城市轨道交通行业的快速发展，陀螺全站仪在城市轨道交通建设项目上的应用也越来越多。

在地下工程中使用陀螺仪进行定向的一般步骤如下：在地面已知边上测定测前仪器常数；在待定边上测定该边的陀螺方位角；在地面已知边上测定测后仪器常数；计算待定边坐标方位角；进行精度评定。

悬挂式陀螺仪的灵敏部是由悬挂带悬挂起来的。悬挂带是一个有弹性的金属带，由合金制成，当悬带发生扭曲时，就会产生扭力，所以陀螺仪的灵敏部就像一个扭摆，陀螺转子不运行时，灵敏部也会摆动。当灵敏部的摆动处于平衡位置时，悬挂带的扭力为零，这个位置称为无扭位置，此时光标在分划板上的读数称为悬带零位。

在定向时，如果悬带零位不在子午线方向，那么陀螺在指向子午线方向时，悬挂带就会产生扭曲，这就会使测得的陀螺北方向带有误差值。为了消除这个误差，在定向前，应该尽量使悬带零位接近北方向。在定向作业前后，都应该测量悬带零位，如果悬带零位值比较大，应该进行零位改正。

2. 联系三角形定向测量

联系三角形定向测量也称为一井定向，它的使用范围较广，具体是指在一个竖井中悬挂两根钢丝，地面近井点与钢丝组成三角形，测定近井点与钢丝的角度和距离，以求得两钢丝的坐标及它们的方位角。井下的近井点与两根钢丝也组成三角形，同样观测近井点与钢丝的角度和距离，因为两根钢丝处于自由悬挂状态，可以认为钢丝的坐标方位角与地面钢丝的方位角一致，通过计算就可以得到井下导线起算边的坐标和方位角，这样就把地面和地下的导线联系到一起了。

1）地下近井点路线及计算方法

由一井定向示意图可以解出三角形相关角度和长度，以及地下近井点的坐标和方位角，其过程是先根据$\triangle AO_1O_2$解出β，在$\triangle BO_1O_2$中解出β'。

$$\sin \beta = \sin \alpha \cdot \frac{b}{a} \qquad\qquad (5\text{-}28)$$

$$\sin \beta' = \sin \alpha' \cdot \frac{b'}{a} \qquad\qquad (5\text{-}29)$$

然后按$T\text{-}A\text{-}O_2\text{-}O_1\text{-}B\text{-}M$路线推算各边和各点的方位角和坐标。

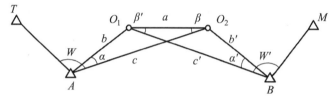

图 5-9　联系三角形示意图

2）联系三角形的有利图形

在竖井定向测量中，高精度传递方位角是定向测量工作的关键。结合图 5-9 分析，在进行方位角传递时，要保证联系测量的方位角传递精度应该做到以下 4 点：

（1）连接三角形最有利的形状为锐角α、α'不大于 1°的直伸三角形。

（2）计算角β（或β'）的误差，随α角误差的增大而增大，随比值 b/a（或 b'/a）的减小而减小，所以在进行联系测量时，应尽量使连接点 A 和 B 靠近最近的钢丝线，精确地测量角度α。

（3）两根钢丝之间的距离越大，计算角的误差就越小。

（4）在直伸三角形中，量边误差对定向精度的影响较小。

3）双联系三角形定向测量

双联系三角形定向测量是指在同一个竖井中悬吊 3 根钢丝，组成 2 个联系三角形进行联系测量，分别测量地面和地下近井点到 3 根钢丝以及钢丝之间的距离，近井点至钢丝的角度，然后根据观测数据，利用平差软件计算出地下近井点的坐标和方位角。

由于要满足延伸三角形条件，可以通过移动仪器进行两次观测，或者在强制对中墩上设置两个对中中心以达到目的。该方法操作方便，精度高，不仅节省吊垂球线的时间，而且对井筒和垂线设备要求不高。

4）联系三角形定向测量技术要求

联系三角形的边长可以采用光电测距或经过检定的钢尺丈量，每次应独立测量 3 个测回，每测回 3 个读数，各测回较差应小于 1 mm，地上和地下丈量的钢丝较差应小于

1 mm。钢尺丈量时，应施加钢尺检定时的拉力，进行倾斜、温度、尺长改正。

角度观测应采用不低于 I 级全站仪，用方向观测法观测 6 测回，测角中误差在 ± 1″以内。

宜选用 ϕ0.3 mm 钢丝，悬挂 10 kg 重锤，重锤应浸没在阻尼液中。

3. 两井定向测量

当竖井井口小，井中两根钢丝的间距小于 5 m 时，为提高精度，可以利用车站两端的施工竖井（或在长隧道中部钻孔）进行两井定向。

1）布设形式

两井定向是在两个施工竖井（或钻孔）中，分别悬挂一根钢丝，形成联系三角形，进行方位角的传递。与一井定向相比，两井定向由于两根钢丝之间的距离增大了，所以就减小了两根钢丝之间的投点引起的方向误差，而且两井定向还具有测量简单、占用竖井时间短等优点。

两井定向时，利用地面近井点或者地面控制点采用导线测量或其他方法，测定两根钢丝的坐标值，然后将地下的近井点与钢丝进行导线测量，以实现将地面导线点的坐标和方向传递到地下，再进行地下控制测量。

2）注意事项

（1）采用铅垂仪代替钢丝时，每次应在基座旋转 120°的 3 个位置，对铅垂仪的平面坐标各测一测回。

（2）地下两投测点之间应沿连通的最短路径布设精密导线。

4. 投点传递测量

在城市轨道交通工程联系测量中，除采用传统的两井定向测量方法外，还可以使用投点传递测量的方法进行定向。投点传递测量是根据同一铅垂线上的平面坐标相同原理而产生的定向方法。具体是指在现场利用互相通视的地铁车站两端的施工竖井，或者在长隧道中部互相通视的钻孔，在竖井或钻孔底部埋设控制点，在地面利用垂准仪分别对中底部的控制点进行测量。由于铅垂仪的对中线为铅垂线，所以地面铅垂仪的坐标，就是地下控制点的坐标，以此作为下控制测量的基础。

1）利用地铁车站进行投点测量

一般地铁车站施工的竖井位于车站两端，在进行投点测量时，应先以附合导线的形式布设近井导线，然后在两个井上搭设观测平台，在平台上安置垂准仪，并以底部的控制点为中心进行对中整平，以进行垂准投点。再由地面的近井点联测垂准仪，此时应采用双极坐标的方法测量垂准仪坐标并进行检核，以提高测量精度。

2）利用钻孔进行投点测量

当贯通隧道长度大于 1 500 m 时，为了提高定向测量的精度，可以在隧道中间进行钻孔以进行投点测量。作业时，应先根据现场情况，布设近井导线，并设置钻孔点位置，钻孔间距以 150 m 为宜。利用钻孔机在钻孔位置，钻出 20~40 cm 钻孔。然后采用与车站竖井投点相同的办法，在钻孔上安置垂准仪，并测量垂准仪坐标，作为地下测量的起算数据。

投点测量是一种适合于浅埋工程的联系测量方法，具有作业时间短、精度高、简单直观等特点，有条件时，应该优先考虑用此法进行联系测量。投点测量常用的垂准仪一般有光学垂准仪、激光铅垂仪等。

采用钢丝或垂准仪进行竖井或钻孔投点传递测量时，投测的两点应互相通视，其间距应大于 60 m。

5. 导线直接传递测量

当井筒直径比较大，且竖井中部有站厅平台等空间较大的工作平面时，可以采用全站仪直接从地面经过竖井中的工作平面，到地下布设导线进行坐标和方向的传递测量。这种方法比较简单，受施工干扰比较小，缺点是精度随竖井深度的增加而降低。

导线测量主要是沿竖井的竖直方向布设导线点，通过测定相邻点之间的水平角和导线边，再根据地面已知点坐标和已知边方位角，推算地下待定边的坐标和方位角，再以此进行地下控制测量。

在竖井联系测量中，采用竖直导线测量的方法，是一种比较简便的方法。在测量的过程中，需要注意仪器气泡居中和觇标偏心问题，以便获得高精度的方位角传递结果。

3.3 应用案例

某区间隧道某站左、右线均为单线隧道，隧道大多在半径 $R = 460$ m 及 $R = 500$ m 的曲线上，基本在某路段下方穿行。由于地铁施工工期较短，为加快施工进度，决定在 DK9+524.86 设立施工竖井及施工横通道，竖井深约 24 m，竖井内净空 5.0 m × 5.4 m。井上井下平面控制点传递采用"一井定向"的方法，投点采用单重稳定投点的方法。

地面连接测量采用附近控制点 A、T，其坐标数据如表 5-9 所示。

表 5-9 已知点坐标

点名	X/m	Y/m
A	304.500	525.720
T	342.990	814.290

井上井下分别在 A、B 点安置全站仪，按 5″级导线测量要求进行测量，导线布设如图 5-10 所示。

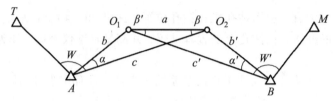

图 5-10　导线布设示意图

近井点同钢丝的连接测量，使用 2″级全站仪测水平角，按 6 个测回施测，其测角中误差控制在 ±2″以内；边长测量采用直接在两钢丝上贴反射片，用盘左盘右观测 3 测回，各项限差均满足要求，取平均值作为该边长的结果。

井上井下钢丝间距采用检定合格的钢尺，测量时对钢尺施以比长时的拉力，记录测量时的温度，在钢丝温度的情况下，以钢丝不同的起点丈量 6 次，测量时估读至 0.5 mm。同一边长各次观测值的互差≤2 mm，取平均值作为该钢丝间距。

上述各观测值所取平均值见表 5-10。

表 5-10　各观测平均值

W	217°01′06″	a	4.643 2 m
B	3.928 7 m	b'	1.633 8 m
C	8.571 5 m	c'	6.277 3 m
α	0°00′15″	α'	0°13′17″
W'	137°49′17″	D_{BM}	6.991 6 m

1. 计算 β、β'

运用正弦定理，分别由 $\triangle AO_1O_2$、$\triangle BO_1O_2$ 解算出 β、β'。

$$\sin\beta = \sin\alpha \times \frac{b}{a} = \sin 0°00′15″ \times \frac{3.928\ 7}{4.643\ 2} = 0.000\ 06$$

$$\beta = \arcsin 0.000\ 06 = 0°00′12.7″$$

$$\sin\beta' = \sin\alpha' \times \frac{b'}{a} = \sin 0°13′17″ \times \frac{1.633\ 8}{4.643\ 2} = 0.001\ 36$$

$$\beta' = \arcsin 0.001\ 36 = 0°04′40.4″$$

2. 计算方位角

（1）计算已知边坐标方位角 α_{TA}。

$$\Delta X_{TA} = X_A - X_T = -38.490 \text{ m} < 0$$

$$\Delta Y_{TA} = Y_A - Y_T = -288.570 \text{ m} < 0$$

该直线方位角在第三象限。

$$\alpha_{TA} = 180° + \arctan \left| \frac{-288.570}{-38.490} \right| = 262°24'09''$$

（2）将井上、井下连接图形视为一条导线，如 $T \to A \to O_2 \to O_1 \to B \to M$，按照导线的计算方法求出各边坐标方位角。

$$\alpha_{AO_2} = \alpha_{TA} + \omega - 180° = 262°24'09'' + 217°01'06'' - 180°$$
$$= 299°25'15''$$

$$\alpha_{O_2O_1} = \alpha_{AO_2} + \beta - 180° = 299°25'15'' + 0°00'12.7'' - 180°$$
$$= 119°25'27.7''$$

$$\alpha_{O_1B} = \alpha_{O_2O_2} + \beta' - 180° = 119°25'27.7'' + 0°04'40.4'' - 180°$$
$$= -60°12'37.6'' + 360° = 299°30'08.1''$$

$$\alpha_{BM} = \alpha_{O_1B} + \omega' - 180° = 299°30'08.1'' + 137°49'17'' - 180°$$
$$= 257°19'25.1''$$

3. 计算井下近井点坐标

按照坐标正算的方法依次求出上述导线顺序中各待定点坐标，从而推算出井下起始点 B、M 两点的坐标。

$$X_{O_2} = X_A + D_{AO_2} \cos \alpha_{AO_2} = 304.500 + 8.571\,5 \times \cos 299°25'15'' = 308.710\,5 \text{（m）}$$

$$Y_{O_2} = Y_A + D_{AO_2} \sin \alpha_{AO_2} = 525.720 + 8.571\,5 \times \sin 299°25'15'' = 518.253\,9 \text{（m）}$$

$$X_{O_1} = X_{O_2} + D_{O_2O_1} \cos \alpha_{O_2O_1} = 308.710\,5 + 4.643\,2 \times \cos 119°25'27.7'' = 306.429\,4 \text{（m）}$$

$$Y_{O_1} = Y_{O_2} + D_{O_2O_1} \sin \alpha_{O_2O_1} = 518.253\,9 + 4.643\,2 \times \sin 119°25'27.7'' = 522.298\,2 \text{（m）}$$

$$X_B = X_{O_1} + D_{O_1B} \cos \alpha_{O_1B} = 306.429\,4 + 6.277\,3 \times \cos 299°30'08.1'' = 309.520\,7 \text{（m）}$$

$$Y_B = Y_{O_1} + D_{O_1B} \sin \alpha_{O_1B} = 522.298\,2 + 6.277\,3 \times \sin 299°30'08.1'' = 516.834\,8 \text{（m）}$$

$$X_M = X_B + D_{BM} \cos \alpha_{BM} = 309.520\,7 + 6.991\,6 \times \cos 257°19'25.1'' = 307.986\,4 \text{（m）}$$

$$Y_M = Y_B + D_{BM} \sin \alpha_{BM} = 516.834\,8 + 6.991\,6 \times \sin 257°19'25.1'' = 510.013\,6 \text{（m）}$$

✎ 知识拓展

　　某地铁线路一期工程采用盾构法（TBM）施工，贯通距离约为 2.4 km，线路中曲线较多，竖井深 38 m，宽仅有 25.4 m，此项目开展过程中带有中长隧道开挖的联系测量以及复杂井下条件的高精度导线测量、贯通测量等难点。测量时按照双三角联系测量的方法进行了多次独立测量。

如图 5-11，在竖井中采用吊 3 根钢丝 O_1、O_2、O_3，先通过两个三角形把地面平面坐标和方向传递到 O_1、O_2、O_3 上，再通过 3 根钢丝对应井下的位置传递到井下起始边上，用精密测量方法进行角度和边长测量。

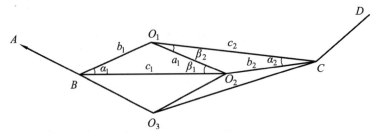

图 5-11 双联系三角形定向测量示意图

该双三角联系测量方法的传递路线分别为 $A{\rightarrow}B{\rightarrow}O_2{\rightarrow}O_1{\rightarrow}C{\rightarrow}D$ 方向和 $A{\rightarrow}B{\rightarrow}O_2{\rightarrow}O_3{\rightarrow}C{\rightarrow}D$ 方向，所测数据如表 5-11。

表 5-11 双联系三角形定向测量观测数据

编号	井上		井下	
	$B{\rightarrow}O_2{\rightarrow}O_1$	$B{\rightarrow}O_2{\rightarrow}O_3$	$O_2{\rightarrow}O_1{\rightarrow}C$	$O_2{\rightarrow}O_3{\rightarrow}C$
α	0°40′21.34″	0°39′38.00″	0°47′18.55″	0°27′17.23″
a/m	8.132 36	8.157 71	8.133 04	8.157 71
b/m	2.437 64	2.437 64	3.200 39	3.200 39
c/m	10.571 34	10.596 68	11.332 02	11.358 19

1. 两垂球间距离校核

$$a_{\text{计}}^2 = b^2 + c^2 - 2bc \cdot \cos\alpha \tag{5-30}$$

$$d = a_{\text{测}} - a_{\text{计}} \tag{5-31}$$

注：$d \leqslant 2\,\mathrm{mm}$ 时，符合限差要求。

2. 计算改正后边长

$$v = -\frac{d}{3} \tag{5-32}$$

$$a' = a_{\text{测}} + v = a_{\text{测}} - \frac{d}{3} \tag{5-33}$$

3. 计算连接角 β

根据改正后的边长值，由式（5-34）计算 β：

$$\sin \beta = \sin \alpha \times \frac{b}{a} \tag{5-34}$$

根据公式（5-30）~（5-34），改正后边长、连接角等计算结果见表 5-12。

表 5-12 改正后边长、连接角等计算结果

编号	井上		井下	
	$B \rightarrow O_2 \rightarrow O_1$	$B \rightarrow O_2 \rightarrow O_3$	$O_2 \rightarrow O_1 \rightarrow C$	$O_2 \rightarrow O_3 \rightarrow C$
$a_{计}$	8.133 92	8.159 25	8.132 05	8.157 94
d/m	− 0.001 56	− 0.001 54	0.000 99	− 0.000 24
a'/m	8.132 88	8.158 22	8.132 71	8.157 79
b'/m	2.438 16	2.438 15	3.200 06	3.200 47
c'/m	10.570 82	10.596 17	11.332 35	11.358 11
β	0°12′05.88″	0°11′50.67″	0°18′36.88″	0°10′42.31″

4. 推算方位角

根据已知边方位角及连接角推算井下起始边的方位角，方位角推算结果见表 5-13。

表 5-13 方位角推算结果

传递路线	起点	终点	方位角	备注
$B \rightarrow A$	B	A	240°15′41.00″	
$A \rightarrow O_2$	A	O_2	88° 55′15.33″	
$O_2 \rightarrow O_1$	O_2	O_1	269°07′21.21″	
$O_1 \rightarrow C$	O_1	C	88°48′44.33″	
$C \rightarrow D$	C	D	271°30′03.43″	
$B \rightarrow A$	B	A	240°15′41.00″	BA 为已知边，坐标方位角已知；$\angle ABO_2$ 的观测值为 208°39′34.33″
$A \rightarrow O_2$	A	O_2	88° 55′15.33″	
$O_2 \rightarrow O_3$	O_2	O_3	268°43′24.66″	
$O_3 \rightarrow C$	O_3	C	88°54′06.97″	
$C \rightarrow D$	C	D	271°30′04.25″	

两个三角形传递到井下起始边 CD 的方位角之差可以起到相互检核的作用。最后取两个方位角的平均值作为井下起始边的方位角 α_{CD}。

$$\alpha_{CD} = （271°30'03.43''+271°30'04.25''）÷2 = 271°30'03.84''$$

项目五 任务 4

任务 4
高程联系测量

4.1　工作任务

高程联系测量是通过竖井将地面的高程传递到地下。本任务学生通过对高程传递、三角高程测量的理论学习，可用悬挂钢尺或三角高程测量方法完成高程联系测量的工作。

4.2　相关配套知识

高程联系测量是指在地铁、轻轨及其他隧道施工中，将地面点的高程传递到地下的测量工作。为了便于进行地面和地下的高程传递，一般会在竖井（斜井、平峒等位置）附近地表设置近井点和高程基点，近井点和联测导线点也可作为水准基点。由于地面的高程控制点距竖井、明挖车站有一定的距离，在进行高程联系测量前，还要进行近井点高程测量，将近井点与附近的一、二等水准点进行联测，形成闭合或附合水准路线。作业时应按要求对已知点的稳定情况进行检核，确保使用的已知点稳定。对于一些挖深较浅的车站、站台、平峒、斜井等结构物，可以采用水准测量或三角高程测量的方法，进行高程测量。

高程控制网联系测量应采用二等水准观测方法，并应起算于地上近井水准点。《城市轨道交通工程测量规范》（GB 50308—2017）二等水准测量测站观测限差要求见表5-14。

表5-14　二等水准测量测站观测限差要求

上下丝读数平均值与中丝读数之差/mm	基辅分划读数差/mm	基辅分划所测高差之差/mm	检测间歇点高差之差/mm
3.0	0.5	0.7	2.0

下面介绍几种主要的竖井高程传递方法。

1. 悬挂钢尺法

利用悬挂的钢尺向地下传递高程是工程施工中常用的测量方法，能够满足城市二等水准测量的精度要求。其过程是：测量时，首先在地面搭建钢尺的挂尺架，在挂尺架上悬挂检定合格的钢尺，注意钢尺的零刻线向下，在下端要悬挂一个与钢尺检定时拉力相同的重锤；然后在地面和地下各安置一台精密光学水准仪，当钢尺稳定后，读取钢尺读数及地上后视点精密水准尺读数，根据地面点的高程计算出地下控制点的高程。

用钢尺导入标高如图 5-12，由地面向井下自由悬挂一根钢尺。在钢尺下端挂上重锤，重锤重量等于钢尺检验时的拉力。然后，在井上、下各安置一架水准仪，在 A、B 水准尺上读数分别为 a、b，然后照准钢尺，井上、井下同时读数为 m 和 n。

由于钢卷尺在尺长、温度、拉力以及自身重力作用下存在变形，因此必须对观测值进行改正。

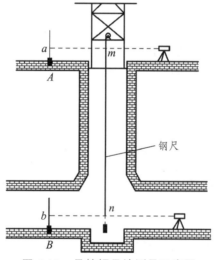

图 5-12　悬挂钢尺法测量示意图

1）温度误差改正

前提：尺带在检定温度下无误差。

$$\Delta H_a = \alpha \times L(t - t_0) \qquad (5\text{-}35)$$

式中　α——钢尺热膨胀系数，热膨胀系数为 $\alpha = 1.15 \times 10^{-5}$；

　　　L——实测距离（mm）；

　　　t_0——钢尺检定时的温度（℃）；

　　　t——钢尺使用时的温度（℃）。

2）尺带张力误差改正

前提：尺带在标准张力情况下不需要张力改正。当尺带超过或低于标准张力时，会产生伸缩现象。

$$\Delta H_b = (N - N_0) \times L \div (E \times S) \tag{5-36}$$

式中　N ——实际测定张力；

　　　N_0——钢尺检定时的标准张力；

　　　E ——钢的弹性模量，为 205 800 kg/cm^2；

　　　S——尺带的截面面积（cm^2）。

3）尺带重力误差改正

当尺带吊于半空进行测量时，因尺带重力而引起的误差改正：

$$\Delta H_c = (n \times L)^2 \times L \div (24 \times N^2) \tag{5-37}$$

式中　n ——钢尺单位重力，为 0.000 194 N/mm。

注：因尺带重力引起的误差改正值有时非常小，可忽略不计。

由上述分析可知，钢尺的各项改正之和：

$$\sum \Delta H = \Delta L + \Delta H_a + \Delta H_b + \Delta H_c \tag{5-38}$$

式中　ΔL ——钢尺尺长改正数。

加入各项改正后，图 5-12 中井深为：

$$l = m - n + \sum \Delta H \tag{5-39}$$

为了校核和提高精度，导入标高度进行两次，两次之差不得大于 $l/8\,000$（l 为钢尺或钢丝上下标志之间的长度，即井筒深度）。

两个近井点 A、B 的高差为：

$$h_{AB} = a - l - b \tag{5-40}$$

待测点 B 的高程为：

$$H_B = H_A + h_{AB} = H_A + a - (m - n + \sum \Delta H) - b \tag{5-41}$$

高程传递测量时应注意以下事项：

（1）近井点稳定可靠。

（2）悬挂钢尺导入标高每次独立进行 3 次，每次变化仪器高大于 100 mm，各测回间地上地下水准点高差较差 ≤ ±2 mm，取两次平均值为地下水准测量基点标高。

（3）应尽可能保证前后视距相等，读数精确到 0.1 mm。

（4）测定近井水准点高程的地面近井水准路线，应附合在地面二等水准点上。

2. 全站仪三角高程测量法

当竖井平面联系测量采用导线直接传递法将方位角传递到地下时，可以同时采用全站仪三角高程测量法将地面控制点的高程传递到地下。应用全站仪三角高程测量进行高程传递测量，可以避免由测量仪器高带来的误差。其原理如图 5-13 所示，为求地下点 B 点的高程，可先在 O 点安置仪器，后视地面点 A。假设 A 点的目标高为 l，当目标采用反射片时，$l = 0$，测得 O 到 A 的距离为 S_1，竖直角为 α_1，从而可以计算出 O 点全站仪中心的高程为：

$$H_O = H_A + l - \Delta h_1 = H_A - \Delta h_1 \tag{5-42}$$

然后测得 O 到 B 的距离为 S_2，竖直角为 α_2，结合上面的公式，则 B 点的高程：

$$H_B = H_O + \Delta h_2 \tag{5-43}$$

结合公式（5-42）、（5-43）：

$$H_B = H_A - \Delta h_1 + \Delta h_2 \tag{5-44}$$

由上述推导过程可知，此方法不需要测定仪器高，不存在测量仪器高和觇标高带来的误差，因而具有较高的精度。

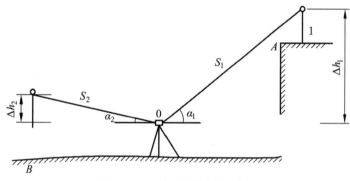

图 5-13　三角高程测量示意图

3. 全站仪天顶距法

在地铁隧道施工中，车站施工的竖井或定向测量的投点孔都为光电测距提供了一条垂直的通道，为使用全站仪天顶距法进行高程传递测量提供了便利条件，其具体流程如下（见图 5-14）：

（1）在竖井或钻孔的正下方安置配有弯管目镜的全站仪，并将望远镜水平放置，即竖盘天顶距读数为 90°，此时，读取井下待测点上安置的水准尺读数，量取仪器高。

（2）在地面投点孔上安置中间带孔的钢板，在钢板上安置反射棱镜。

（3）将望远镜指向天顶，使仪器显示天顶距读数为 0，瞄准反射棱镜，测量垂直距离，此时仪器高加上垂直距离就是仪器到地面钢板的高差。

（4）在地面上用水准仪，根据地面控制点高程，测得钻孔上方钢板的高程，根据仪器高、仪器到钢板的高差及井下待测点的读数，就可以计算出井下控制点的高程。

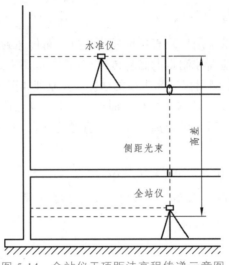

图 5-14   全站仪天顶距法高程传递示意图

4.3   应用案例

　　某城市轨道交通 1 号线一期工程共有 14 个地下车站，全长 18.296 km；在进行该线路第三方竣工贯通测量时，共在 8 个车站进行了高程联系测量，均采用悬挂钢尺法进行。作业时，为提高高程联系测量精度，将地面近井点及地下近井点埋设在竖井附近，保证一次性将高程传递到井下。

　　如图 5-15，在 A、B 两个水准尺上分别读取读数 a、b，然后将水准仪照准钢尺，井上、井下同时读取读数 N_1、N_2，最后再在 A、B 水准尺上读数，以检查仪器高度是否发生变化。

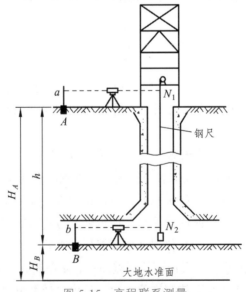

图 5-15   高程联系测量

测得钢尺在温度 t_0 时实际长度与名义长度之差 $\delta l = 0.2$ mm，钢尺使用时的温度 $t = 26$ °C，实测距离 $L = 20.2829$ m，钢尺下重锤质量为 10 kg，实际测定张力为钢尺检定时的标准张力，尺带的截面面积为 2.52 cm^2。

高程联系测量原始观测数据见表 5-15。

表 5-15　高程联系测量原始观测数据

组号	后视点高程 （ H_A ）	井上后视 （钢瓦尺） （ a ）	井上前视 （钢尺） （ N_1 ）	井下后视 （钢尺） （ N_2 ）	井下前视 （钢瓦尺） （ b ）
第一组	20.591 14	0.939 38	23.174 2	2.891 3	1.205 66
第二组	20.591 14	0.953 48	23.187 2	2.864 7	1.178 8
第三组	20.591 14	0.948 75	23.182 5	2.859 3	1.173 4

1. 计算钢尺各项改正数

1）计算温度引起误差的改正

$$\Delta H_a = \alpha \times L(t - t_0) = 1.15 \times 10^{-5} \times 20\,282.9 \times （26 - 21） = 1.17 （mm）$$

2）计算尺带张力引起的误差改正

由于实际测定张力为钢尺检定时的标准张力，尺带张力引起误差的改正值：

$$\Delta H_b = (N - N_0) \times L \div (E \times S) = 0 （mm）$$

因尺带重力引起的误差改正值有时非常小，这里忽略不计。

钢尺总改正数：

$$\sum \Delta H = \Delta L + \Delta H_a + \Delta H_b + \Delta H_c = 0.2 + 1.17 = 1.37 （mm）$$

2. 计算待定点高程

根据公式（5-36），分别计算各组的待定点高程。

第一组：$H_{B1} = 20.591\,14 + 0.939\,38 - （23.174\,2 + 0.001\,37 - 2.891\,3） - 1.205\,66$
$\qquad\qquad = 0.043\,3 （m）$

第二组：$H_{B2} = 20.591\,14 + 0.953\,48 - （23.187\,2 + 0.001\,37 - 2.864\,7） - 1.178\,8$
$\qquad\qquad = 0.044\,7 （m）$

第三组：$H_{B3} = 20.591\,14 + 0.948\,75 - （23.182\,5 + 0.001\,37 - 2.859\,3） - 1.173\,4$
$\qquad\qquad = 0.044\,7 （m）$

取三组计算数据平均值，可得到 B 点高程：

$$H_B = \frac{H_{B1} + H_{B2} + H_{B3}}{3} = 0.044\,2 （m）$$

在隧道施工中，常用竖井在隧道中间增加掘进工作面，从多面同时掘进，可以缩短贯通段的长度，提高施工进度。为了保证相向开挖面能够正确的贯通，就必须将地面控制网的坐标、方向及高程，经过竖井传递到地下去，这些传递工作称为联系测量。

竖井的联系测量可以通过一个井筒，也可以通过两个井筒进行，这种联系测量是利用地上、地下控制点之间的几何关系将坐标、方向和高程引入地下的，所以称为几何定向。

平峒和斜井的联系测量因为结构物的高差变化不大，可以通过导线的方式，实现地面与地下控制点的坐标、方向传递。

绕一个支点高速转动的刚体称为陀螺。通常所说的陀螺是特指对称陀螺，它是一个质量均匀分布的、具有轴对称形状的刚体，其几何对称轴就是它的自转轴。在一定的初始条件和一定的外在力矩作用下，陀螺会在不停自转的同时，环绕着另一个固定的转轴不停地旋转，这就是陀螺的旋进，又称为回转效应。

人们利用陀螺的力学性质所制成的各种功能的陀螺装置称为陀螺仪，它在科学、技术、军事等各个领域有着广泛的应用。比如：回转罗盘、定向指示仪、炮弹的翻转、陀螺的章动等。

陀螺仪的种类很多，按用途来分，它可以分为传感陀螺仪和指示陀螺仪。传感陀螺仪用于飞行体运动的自动控制系统中，作为水平、垂直、俯仰、航向和角速度传感器。指示陀螺仪主要用于飞行状态的指示，作为驾驶和领航仪表使用。

将地面上的高程传递到地下的时候，随着施工布置的不同，而采用不同的方法。这些方法按照路径的不同可大致分为：由横洞传递高程，由斜井传递高程，由竖井传递高程。通过洞口或者横洞传递高程时，可由地面向隧道中设置水准路线，用常规的水准测量的方法进行。当地上与地下的高程采用斜井进行传递时，可按照斜井的坡度和长度的大小，采用水准测量或者三角高程测量的办法。

任务 5

明挖车站施工测量

5.1 工作任务

通过本任务的学习，完成明挖车站连续墙、人工挖孔桩、钻孔灌注桩、支护开挖及主体测量放样的学习目标。

5.2 相关配套知识

明挖法是指修建地铁时，从地表向下开挖，形成露天的基坑，然后在基坑中修筑隧道衬砌，最后回填土石并恢复地面的施工方法。明挖法施工中的基坑可以分为敞口放坡基坑和有围护结构的基坑两大类。

地面定线及明挖施工开工之前，测量人员应根据业主提供的测量控制点，结合工程的结构形式和施工需要进行加密控制测量。加密控制测量的方式有多种，导线测量相对其他方法，具有点位布设灵活、使用方便的特点，因此明挖区间或车站一般选用导线测量方式进行控制点加密测量。

1. 对起算控制点的复测

加密控制测量应起算于一等卫星定位控制点或二等精密导线点，由于这些点位于或临近施工影响变形区域，很可能会发生变形，因此进行加密控制测量之前必须对起算控制点进行复核测量，以保证起算成果可靠。加密控制测量的起算控制点一般不少于 3 个。复核测量时采用同等精度进行控制点复测，复测结果满足要求后方可作为起算控制点。

2. 加密控制导线测量

加密控制点选点，应根据工程平面布置图和现场实际情况进行，点位应在开挖、变形区外比较稳固的地点，既要便于施工使用、保护，又要具有通视条件。每个车站或区间施工段附近必须建立 3 个以上平面加密控制点。

加密控制点一般应布设成附合导线，困难情况下可布设支导线。由于支导线缺乏检核条件，必须采取措施加强检核，如进行重复测量、往返测量、布设双导线等。

3. 加密高程控制测量

同样，加密高程控制测量同加密控制导线测量一样，必须进行起算控制点的复测，以保证起算成果可靠。

加密高程控制测量采用水准测量方法，并布设成附合水准路线或结点网。

4. 控制点的保护和恢复

由于城市轨道交通工程土建施工工期长，为了使测量控制点在整个施工过程满足使用要求，必须对控制点进行必要的保护。保护的方法是在控制点周围砌筑围挡，二是引测必要的护桩，以备控制点被破坏时进行控制点恢复。

护桩可以采用十字交叉法，在工程开挖范围以外埋设护桩点，并测出控制桩与护桩之间的距离，做好测量记录。被破坏的控制桩恢复后要与原导线网进行联测检查，经确定控制点与原相连点之间的距离和角度较差满足限差要求方可使用。

全国各个城市的地质条件差别很大，基坑围护结构形式多样，一般有连续墙、钻孔桩、人工挖孔桩、SMW 工法桩、工字钢桩和钢板桩围堰等形式。不同围护结构施工测量基本方法相同，放样精度要求也一样。但是考虑到不同围护结构的施工工法，测量放样要求也有差异。例如，连续墙或钻孔桩都是采用机械施工，要求定位时必须准确，一旦施工时出现偏差，难于发现和纠偏。而人工挖孔桩在成孔后还可以检查桩位的正确性或进行修正。

明挖车站连续墙、人工挖孔桩和钻孔桩的施工测量方法和技术要求如下。

1. 连续墙施工测量

地下连续墙的施工工艺是利用特制的成槽机械在泥浆护壁的情况下，进行一定槽段长度沟槽的开挖后，再将在地面上制作好的钢筋笼放入槽段内，采用导管法进行水下混凝土浇筑，完成一个单元的墙段施工，各墙段之间以特定的接头方式相互连接，形成一道连续的地下钢筋混凝土墙。该结构适合于饱和砂层、饱和淤泥土层等饱和软弱地层，既可控制土压力，又可有效地阻隔地下水，同时还可以作为车站结构的灌注桩部分。

地下连续墙的施工大体上有 6 个环节：导墙、成槽、放接头管、吊放钢筋笼、浇灌混凝土及拔接头管成墙等。地下连续墙施工测量的控制要点主要是导墙平面位置的测设及成槽垂直度的控制两方面。

1）连续墙施工放样

连续墙施工前，应在施工场地内布设和施测施工控制导线点。施工控制导线点边长应不低于 150 m，有条件的地方最好要将车站中心线作为控制点，施工控制导线应进行严密平差，平差后的精度不低于城市一级导线的精度。

连续墙放样实际上是对其导墙进行放样。放样时，先按照设计图纸的坐标，计算出连续墙两侧导墙与施工控制导线点的距离和方位角，然后按照连续墙的每幅长度（一般每幅长度为 6~8 m），每 2~3 幅放 1 个点。此外，在导墙的起点及终点约 5 m 外各测定 2 个导墙控制点，以便在施工过程中对机械移位位置进行检查。导墙放样可采用双极坐标的方法。

2）连续墙放样检核

连续墙导墙放样点位放样完成后,还需检核点位之间的相互关系,以确保放样无误。导墙施工偏差要求如下：

内墙面与地下连续墙纵轴线平行度为 ±10 mm；

内外导墙间距为 ±10 mm；

导墙内墙面垂直度为 5‰；

导墙内墙面平整度为 3 mm；

导墙顶面平整度为 5 mm。

3）连续墙施工过程检核

连续墙槽施工一般采用间隔式开挖,槽段挖至设计高程后,为避免导墙底部侵入结构限界,应及时进行槽位、槽深、槽宽和垂直度检查测量。垂直度偏差测量可使用全站仪测量导墙顶边和对应底脚处的三维坐标,利用三维坐标计算垂直度偏差。地下连续墙墙体结构允许偏差如表 5-16。

表 5-16　结构施工测量地下连续墙墙体结构允许偏差值

项目	临时支护墙体允许偏差	单一或复合墙体允许偏差	备注
平面位置	±50 mm	±30 mm	相对于地铁线路中线
垂直度	5‰	3‰	

2. 人工挖孔桩和钻孔灌注桩施工测量

人工挖孔桩和钻孔灌注桩两种施工方法均是采用排桩桩墙来挡土和防水,实现基坑的围护。其中人工挖孔桩适合于地下水位较深或无水的地层,要求地层承载力较高,其断面形式不受施工机具的限制,可以做成圆形和方形,而且其施工质量和承载力要高于普通的钻孔桩,但是,钻孔灌注桩具有较广的适用范围,二者不能相互替代。

人工挖孔桩的施工大体上有 5 个环节：开挖桩孔、护壁和支撑、排水、吊放钢筋笼及灌注桩身混凝土等。

钻孔灌注桩的施工大体上有 4 个环节：成孔、清孔、吊放钢筋笼及灌注桩身混凝土等。人工挖孔桩和钻孔灌注桩施工测量的控制要点主要是桩位平面位置的测设及桩身垂直度的控制两方面。

1）人工挖孔桩和钻孔灌注桩测设

人工挖孔桩和钻孔灌注桩测设与地下连续墙施工测量类似,测量人员应根据现场实际情况,设计好放样点位和测设路线。放样时以施工加密控制点为基准,首先在钻孔桩中线的延长线上测设 2 个控制点,控制点经过检查满足精度要求以后,在控制点上架设仪器,按照 10 根或者 20 根桩的间隔测定 1 个点,然后在两点之间拉一根直线,用钢尺进行放样,并将每个钻孔桩的中心位置标定出来。

2）人工挖孔桩和钻孔灌注桩检核测量

桩位放样后，还需检核桩点位之间的相互关系，以确保放样无误。桩成孔后可采用测斜仪等测量钻孔垂直偏差，人工挖孔桩和钻孔灌注桩桩体允许偏差见表 5-17。

表 5-17　人工挖孔桩和钻孔灌注桩桩体允许偏差值

项目	桩体允许偏差	备注
纵向	±100 mm	
平面位置	±50 mm，0 mm	相对于地铁线路中线
垂直度	3‰	

3. 土方开挖和主体结构施工测量

明挖隧道土方开挖按坑壁结构可分为放坡开挖、内支撑支护开挖、拉锚支护开挖和无支撑支护开挖。下面分别对放坡开挖和支护开挖土方施工测量予以介绍。

1）放坡开挖土方施工测量

在放坡开挖地段，应根据不同的地质条件，岩土滑动角、含水率等不同参数，设计开挖的顺序、深度和宽度。

土方开挖前，测量人员应认真阅读设计图纸，按设计要素计算出基坑轮廓点的坐标，根据施工现场已有的线路中线点或导线点，以极坐标法测设这些基坑轮廓点以确定开挖范围。放样点位横向误差为 ±3 cm。

施工过程按照设定的坡度放坡，一般第一次开挖不要求一次到位，预留 200 mm 左右厚度的土方在最后修整边坡时才准确到位，避免施工超挖造成边坡失稳引起塌方或其他危险，接近基底标高时，要求把高程引测至基坑底，以便控制开挖的标高。

2）支护开挖土方测量

有支护基坑的土方开挖，主要是控制每层开挖的深度，以便及时对基坑围护结构进行支撑体系的架设。

开挖前，以附合水准测量的方法，从高程控制点引测至施工场地条件较好的位置，设立 2～3 个临时高程点。土方开挖时可以在基坑周边设立一些临时高程点，采用悬挂钢尺直接把高程引测至基坑内。当基坑开挖深度接近基坑底板深度时，应使用水准仪准确的引测高程点至基坑内，并在稳定的地方设定高程控制点。

4. 主体结构施工测量

1）基坑底部地下线路中线点或导线点测量

明挖隧道施工中，开挖至垫层标高，应及时从地面控制点采用导线测量和水准测量方法将平面坐标及高程引至基坑底部，并测设地下线路中线点或导线点。测量的精度要求同加密控制测量。

2）主体结构的放样及精度要求

明挖隧道的施工，因安全、工期等原因，一般是分段施工，即开挖一段，主体结构也跟着做一段。地铁隧道讲究线路的平顺连接、结构相对关系要求高，这就给施工测量提出了比一般建筑物更高的精度要求。

垫层浇筑完成后，以地下线路中线点或导线点为依据，在垫层上测设线路中线点，车站还需测设主要控制轴线，测设方法同线路测量。测设完成后还需检核点位的相互关系。

地铁主体结构，特别是车站，一般均有大量的预留洞、预埋管及预埋件等，结构非常复杂。测量前测量人员要认真阅读图纸，找出各个预留洞、预埋管及预埋件等与线路中线、轴线的关系，并根据这些关系，以地铁线路中线为基准，将其测设在实地。

进行结构混凝土浇筑时，以地铁线路中线为基准，测设模板位置，距离近的可用钢尺量设，距离远的一般用极坐标方法测设。结构允许偏差值见表 5-18。

表 5-18　隧道结构各部位允许偏差值　　　　　　　　　　单位：mm

项目	允许偏差											
	垫层	先贴防水保护层	后贴防水保护层	底板	顶板		墙		柱子	变形缝	预留洞	预埋件
					下表面	上表面	内墙	外墙				
平面位置	±30						±10	±15	纵向±20 横向±10	±10	±20	±20
垂直度							3‰	3‰	3‰	3‰		
平整度	5	5	10	15	5	10	5	10	5			
高程	+5 −10	0 −10	+20 −10	±20	+30 0	+30 0						
厚度	±10			±15	±10		±15					

项目五 任务6

任务 6
盾构掘进施工测量

6.1　工作任务

盾构掘进施工测量是指导盾构掘进和管片拼装的测量工作。本任务通过盾构机厂内测量、盾构始发测量、盾构掘进导向系统及管片测量的理论学习，应用相关仪器及软件完成盾构掘进测量的相关工作。

盾构施工测量主要是控制盾构机的位置和推进方向，目的是确保盾构按照设计轴线推进，管片拼装成型后满足设计轴线精度要求。利用洞内导线点测定盾构机的位置，通过推进油缸施以不同的推力，以及伸长量，调整盾构的位置和推进方向，使盾构机的掘进按照设计的线路方向推进。盾构推进只是盾构施工技术的一部分，在整个施工过程中，盾构施工测量还包括盾构始发测量、导向系统安装调试以及地下施工测量。

目前，国内大部分盾构机都装备有自动控制测量系统，即盾构机导向系统。通过全站仪测量标靶坐标，然后根据标靶与盾构机的相对空间关系反算出盾构机中心坐标来确定盾构机实际位置，确保盾构机按照设计线路精确地向前推进。下面以 RMS-D 导向系统为例介绍导向系统安装使用。

1. 盾构厂内测量

1）概　述

盾构始发井建成之后，首先通过联系测量将坐标及高程传递到井下近点上，通过导线测量的方法或者后方交会测量的方法测量出始发吊篮固定托盘中心点的坐标。始发吊篮分为两个，一个是测站吊篮，另一个是后视吊篮。在盾构机下井之后，根据盾构机预留测量通道的位置，选择合适的位置安装，吊篮应该选择在稳固、通视条件良好的位置。测站吊篮一般是安装在盾构机第一节台车右侧油管上方，在盾构机往前推进的情况下不会与台车的任何部件相碰撞的基础上尽量与激光靶高度一致，并尽可能地延长测量距离。后视吊篮安装在台车后部，能与测站吊篮和车站控制点通视即可。

2）测量盾构机外壳

（1）根据后方交会原理，将三个带磁性基座的棱镜安装在盾构机厂内，确保稳固不受碰撞，且全站仪设站点和盾构机第一节台车上的三个后视点通视。如图 5-16 所示。

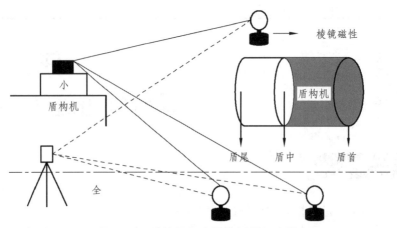

图 5-16　盾构机厂内零位测量示意图

（2）安装棱镜后，架设全站仪，确保全站仪与三个棱镜通视及所测盾构机盾首、盾中及盾尾一侧的断面。

（3）将全站仪照准其中一个棱镜，设置方位角为0，完成定向之后，依次测量三个棱镜的坐标并记录。

（4）将球棱镜沿着盾首同一断面摆放，相邻两个待测点的距离控制在40 cm左右，用全站仪依次测量这些球棱镜坐标并记录。按同样的顺序再测量盾中和盾尾的断面坐标。

（5）将全站仪架在另一侧，后方交会设站定向，依次测量另一侧盾首、盾中及盾尾同一断面球棱镜的坐标并记录。

3）测量盾构机特征点

（1）盾构机的特征点一般焊接在盾构机支撑环面上，焊接时确保小座上的全站仪与特征点通视。如图 5-17 所示。

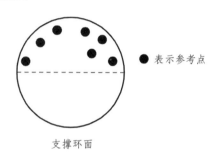

● 表示参考点

支撑环面

图 5-17　盾构机特征点布置图

（2）在支座上架好全站仪，后方交会定向，测量每个特征点的坐标。

（3）把测量的盾首、盾中及盾尾数据编辑成软件要求的格式，导入软件计算特征点坐标及残差。

（4）数据处理完成后，编写厂内零位报告。

2. 盾构始发测量

始发时盾构机主机摆放在托架上，要测量出盾构机与设计轴线的相对位置关系。始发测量非常重要，始发测量的好坏直接关系到隧道能否顺利和精准的贯通，因此在导向系统安装调试时通过人工方法对导向系统姿态进行检核。

常见的方法有：人工盾壳分中法、侧边法、特征点法（测量焊接在盾构机支撑环上的特征点）。

1）分中法

如图 5-18 所示，分别找到盾首、盾中和盾尾外壳的中点 c，然后测量出 c 点的坐标，减掉半径，就是盾首、盾中、盾尾的中心坐标，再与计划线对比得出盾构机的姿态。

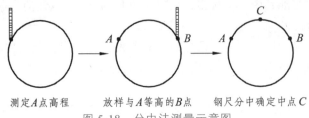

图 5-18　分中法测量示意图

2）侧边法

如图 5-19 所示，分别测量盾首、盾中和盾尾细绳上的反射片，得出盾构机侧边的坐标，再测量盾体顶部高程反算出中心坐标，最后计算出盾构机姿态。

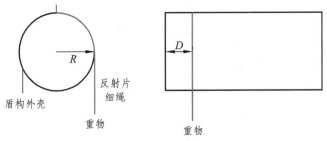

图 5-19　侧边法示意图

3）特征点法

利用焊接在盾构机支撑环面上的 10 个特征点，在出厂前这些特征点与盾体的相对关系已经被确定，盾构机在工地组装完成后可以测量这些特征点通过专业的坐标系转换软件将盾构机的位置关系计算出来（见图 5-20）。

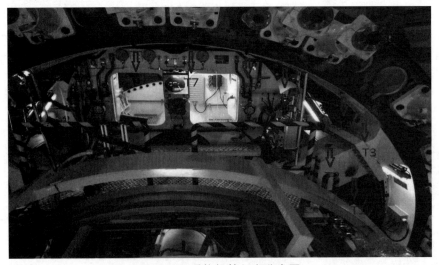

图 5-20　盾构机特征点分布图

一般要用两种方法测量盾构机姿态，相互检核，也起到检核作用。特征点法是必选方法，因为盾构机进洞之后无法测量盾构机外部轮廓，通过测量特征点与盾构机的相对位置关系能够精确的计算出盾构机真实姿态。

3. 导向系统使用及维护

下面以上海力信的 RMS-D 导向系统为例简要介绍导向系统的组成及功能。该系统的硬件通过有线和无线的方式将获取的数据传输至软件，软件再将数据进行计算处理并将结果显示在操作室内工控机屏幕上。如图 5-21、5-22 所示。

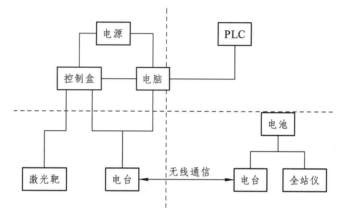

图 5-21　RMS-D 导向系统系统组成

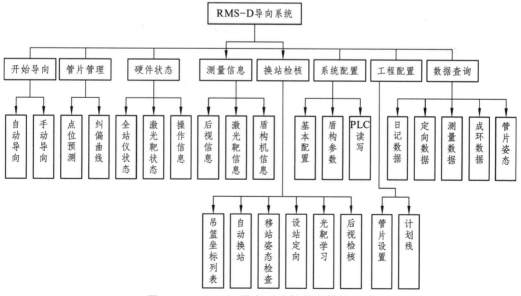

图 5-22　RMS-D 导向系统软件各模块组成

1）硬件组成

全站仪：测距和方位传递；

后视棱镜组：后视定向；

工业计算机：RMS-D 软件的运行、数据处理和备份；

激光靶控制盒：激光靶和无线电台的供电及数据传输；

激光靶：确定盾构机位置，输出滚动角、俯仰角、方位角；

通信线缆：激光靶数据传输、PLC 数据传输、地面监控系统数据传输；

供电设备：控制盒、全站仪供电、备用电池；

工业以太网桥：信号转换；

安装地板、螺丝：激光靶、控制箱等的安装。

2）工作原理

盾构机的位置是由两个已知大地坐标（X，Y，Z）的点来确定的，全站仪安置于吊篮上，并且要保证与前视激光靶和后视棱镜的通视。通过照准后视点来设站定向。全站仪测量出测站至激光靶平面的方位角以及激光靶的坐标值。通过换算激光靶与盾构机初始的相对位置关系，计算出盾构机的坐标，再与当前设计轴线（DTA）方位角对比得出实时姿态。如图 5-23 所示。

滚动角和仰俯角则是由安装在激光靶里的双轴数字倾斜仪直接测量出来的。这些数据按大约每秒五次的频率传输至计算机。

综合以上这些测量数据，通过盾构机轴线上的首、中、尾坐标计算出盾构机准确的位置。在 RMS-D 自动导向系统中全站仪总是用正镜测量，不用倒镜。

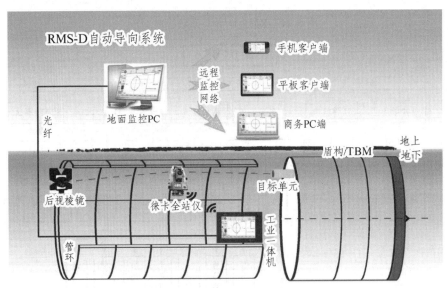

图 5-23　RMS-D 导向系统工作原理示意图

3）系统操作

（1）公司 Logo，为主界面返回键，当进入子界面中，单击公司 Logo，可直接返回到主界面。如图 5-24 所示。

（2）切口、盾中、盾尾水平和垂直姿态偏差。

（3）TBM 滚动角和俯仰角，单击单位处可变换滚动角和俯仰角显示单位。

（4）环号、切口里程、隧道掘进长度、隧道掘进进度条。

（5）TBM 姿态正视图，以纸飞机的形式显示切口和盾中的姿态。

（6）TBM 水平趋向，绿色虚线为隧道设计中线，蓝色实线显示是盾构机实时姿态图，铰接前面为前部，铰接后面为后部，箭头表示线路与盾构机前进方向。水平趋向显示为盾构机前部的趋势。

（7）TBM 垂直趋向，反映的为盾构机前部的纠偏趋势。在掘进过程中单击换面按钮可查看切口姿态实时变化的曲线和 TBM 趋向实时变化的曲线。如图 5-25 所示。

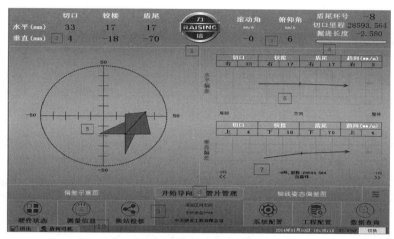

图 5-24　RMS-D 导向系统主界面

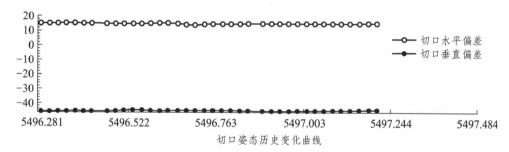

切口姿态历史变化曲线

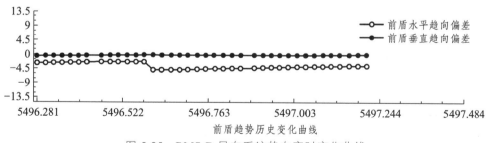

前盾趋势历史变化曲线

图 5-25　RMS-D 导向系统趋向实时变化曲线

（8）开始导向和管片管理，导向测量状态分为手动测量和自动测量两种：手动测量时，点击一次测量一次，测量完后本次导向结束；自动测量时，系统要连接盾构机 PLC，与掘进状态联动，盾构机掘进时导向系统进行测量，未掘进时导向系统不工作。

（9）操作菜单栏。

（10）工程信息栏。

4）硬件状态

单击主界面上的"硬件状态"按钮，进入"硬件状态"界面。在硬件界面中，包含全站仪状态信息、激光靶状态信息、操作信息和间隙仪、主推油缸、铰接油缸图例信息。当硬件状态中有连接断开时，会红灰闪动提示，以便检查提醒。如图5-26所示。

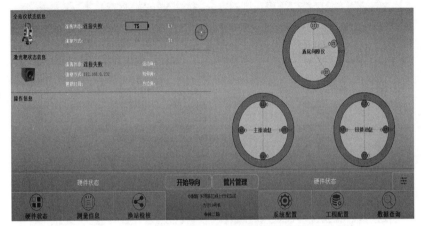

图 5-26　RMS-D 导向系统硬件系统提示界面

5）创建工程

RMS-D 激光靶自动导向系统和大部分软件一样，始发前都需要对每一个项目新建一个工程。单击主界面"工程配置"按钮。如图5-27所示。

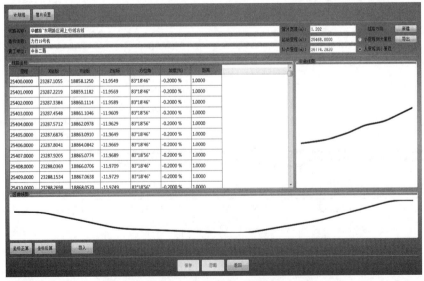

图 5-27　RMS-D 导向系统线型导入界面

单击右上角"新建":输入"线路名称""盾构信息""施工单位"等项目信息之后,单击"确认"按钮,RMS-D自动导向软件会自动生成一系列*.db工程文件,存放在Raising系统文件夹的 DATA 目录下,新建工程完成。

6)计划线录入

新建工程完成后,单击"导入"按钮,进入导入线形对话框,选择事先准备好的隧道中线坐标文件(CSV 格式)导入到软件中,RMS-D 能够识别的 DAT 文件格式为 csv格式,可将 excel 文件另存为 csv 格式文件,excel 文件的起始行为空行。

csv 格式文件保存之后,先点击"导入线型",再点击"里程坐标文件"后弹出的对话框中打开 csv 格式文件即可,读入线型后保存,即完成导入线路数据。

7)换站测量及设站定向

RMS-D 中有两种换站测量的方法,点击主界面上的"换站检核"。

（1）手动搬站:

①人工测量搬站站点坐标。

②将全站仪搬到新站点。

③在吊篮坐标列表中添加测量的吊篮坐标。

④全站仪对准后视,选择对应的测量和后视点号,输入仪器高和目标高后,单击定向测量,完成测站定向。

（2）自动搬站测量:

① 在原站点完成设站定向。

② 在新站点安放棱镜（新站点与激光靶夹角不能过大）。

③ 单击换站检核菜单中的"测量",输入对应点号及目标高,点击"测量"（此过程需要遮住激光靶）,完成新站点的正倒镜测量。

④ 将全站仪搬到新站点,照准后视点。

⑤ 在"换站检核"的"设站定向"菜单中,测站和后视选择对应的吊篮坐标。

（3）后视检核:

后视检核是为了检核后视是否超限。RMS-D 在首次开始导向时,自动进行后视检核,并保存每次的信息。当需要人工后视检核时,单击主界面上的换站检核按钮可控制全站仪重新进行后视检核,检核结果将存入数据库,并在数据框内显示偏差。

（4）光靶定位:

光靶定位操作是为了让全站仪记忆激光靶位置,以便导向测量时全站仪能自动旋转到相应位置测量激光靶。在导向系统始发时或全站仪无法找到目标时,可进行学习操作,在导向系统运行过程中,其数据一直在更新。

具体操作为:在设站定向完成后,将全站仪精确对准激光靶,点击 "光靶定位"按钮,即可完成光靶学习操作。如图 5-28 所示。

光靶学习操作		2016-10-26 18:19:30	光靶定位
光靶定位	X	Y	Z
激光靶(m)	23644.8795	20184.8636	-6.3722
姿态角度	滚动角	俯仰角	方位角
激光靶(°)	0.9348	-0.0899	-67.1886

图 5-28　激光靶定位学习

（5）设站定向：

以测量工程师或者测量主管用户权限登录后，可对全站仪进行设站定向操作，具体过程是，将全站仪对准后视棱镜，选择测站点和后视点，输入仪器高，若仪器高为 0 时，则输入 0，点击定向测量，当定向测量成功后会显示本次定向测量的平面误差和高程误差，为提高定向精度，可每天对其进行 1 至 2 次的设站定向。

（6）零位配置：

零位配置主要是配置出刚体坐标系下激光靶和盾构机的空间几何关系，主推油缸和铰接油缸根据盾构厂家所提供的传感器安装角度和半径配置好，无论是主推油缸还是铰接油缸必须分别启用 3 个以上才能进行导向。如图 5-29 所示。

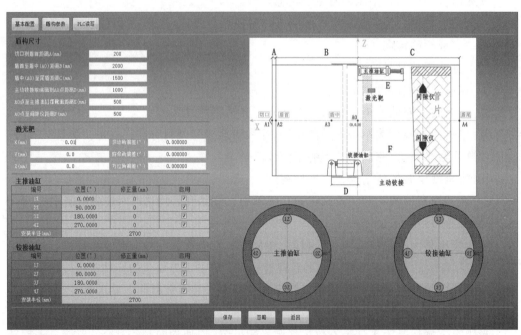

图 5-29　盾构机参数配置

盾构机尺寸：在配置零位时，需要从图纸上得到所需要的尺寸数据。

① 切口到盾首前断面距离 A。

② 盾首到 A0 距离 B。

③ A0 至盾尾距离 C。

④ 主动铰接前端面到 A0 点距离 D。

⑤ A0 至主推进油缸撑靴面的距离 E。

⑥ A0 至间隙仪的距离 F，若是自己装间隙仪需要实测，如无输入 0。

激光靶：为始发时，激光靶零位数据，通过设站定向，光靶定位，得到激光靶坐标和三个角度；通过分中获得盾首、A0、盾中坐标。

主推油缸：对盾构机主推油缸进行配置，配置主推油缸的安装角度和安装半径。

铰接油缸：对盾构机主推油缸进行配置，配置铰接油缸的安装角度和安装半径。

通过软件内置的 SPM 软件，计算出以 A0 为零点坐标的坐标系中激光靶的坐标数据和角度数据；盾构机初始滚动角输入在左侧滚动角中，若不输默认为 0。盾构机俯仰角和方位角不用输入，但计算完后会有显示。将零位计算得到的标靶零位坐标输入到盾构机参数中，注意零位计算出来的坐标单位为 m，软件中输入的 mm，角度参数都为度。

4. 管片测量

管片安装后,应及时对管片位置进行检测,检测是对导向系统显示姿态的一个复核,内容主要包括管片的横向和高程变化。监测间隔为每掘进 5 环一次。当管片的姿态与导向系统显示的姿态有较大出入时，应人工复测全站仪和后视棱镜的坐标，人工复测盾构机姿态，找出偏差的原因，避免隧道轴线与设计轴线产生大的偏差。管片的总位移量大于 20 mm 时，应提高监测频率，每掘进 2 环监测一次。管片的监测到每天的变形量不大于 1 mm 时为止。如图 5-30 所示。

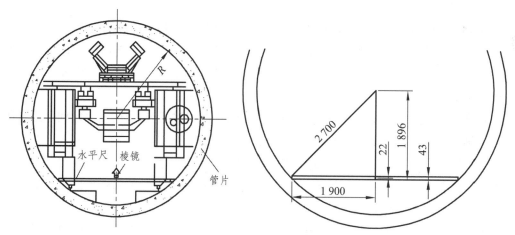

图 5-30　管片测量示意图

盾构机正常掘进后，施工测量相对简单，其主要测量工作如下所述。

1）测量搬站

盾构机在推进时，全站仪距离激光靶越来越远，测量的距离也越来越长。由于全站仪吊篮并不稳定，在适当的时候要测量搬站，避免测站吊篮误差过大，影响导向系统姿态。

2）盾构机人工姿态

盾构机人工姿态测量主要通过测量特征点来确定盾构机轴线与线路设计轴线（DTA）之间的相对位置关系，与导向系统显示的姿态进行对比，检核导向系统姿态，包括盾首、盾中、盾尾的姿态偏差，盾构机滚动角、俯仰角。

任务 7
轨道平面控制测量

7.1 工作任务

轨道平面控制测量是地铁轨道铺设的基准和依据，本任务通过轨道基标点布设及测量，自由设站轨道控制点的布设、测量及数据处理的理论和方法学习，可完成轨道平面控制测量的工作。

7.2 相关配套知识

要成功地建设无砟轨道，就必须有一套完整、高效且非常精确的测量系统。近年来，我国迅速发展的地铁、轻轨等城市轨道交通，对列车安全行驶和乘客旅途舒适性的要求越来越高。由于城市轨道交通的轨道结构采用现浇混凝土整体道床或预制板式道床等无砟轨道，轨道工程一次定位，几乎不能再调整。

轨道控制测量包括平面控制测量和高程控制测量，控制网以"两站一区间"为测量单元。铺轨平面起算于地面卫星定位点、精密导线点。

地下隧道和车站线路测设轨道控制网前，应利用地面卫星定位点和精密导线点，在车站或区间竖井位置重新进行地面近井导线测量，并采用定向测量和高程传递测量将坐标、方位到地下，并以该成果作为建筑限界检测和轨道控制网的起算数据。

需要注意的是，地下车站及隧道主体结构施工时，土建施工单位已按照测量规范要求建立地下控制网，土建主体结构完工并贯通后，土建施工单位会按规范要求对既有的地下控制网或地面加密控制网进行恢复测量。铺轨控制测量对起算数据和测量方法的要求与地下控制测量或地面加密控制测量完全一致，同时规范规定：恢复后的地下控制网或地面加密控制网应作为后续各项测量工作的基准点；故经业主方测量中心或第三方测量中心复测、验收合格后的地下控制网或地面加密控制网可作为铺轨控制网直接使用，但使用前须对其复测。

经业主方测量中心或第三方测量中心复测、验收合格后的地下控制点或地面加密控制点应在监理工程师的主持下、各参与方共同进行交接，现场控制点交接时应注意点位标识是否清晰、点位是否牢固，并应与移交资料相符。控制点移交后，应对点位进行复核联测；复测前根据相邻控制点的坐标和高程计算点间转折角、边长及高差等理论数据，在现场与复测数据相比较，当误差较大时应查明原因。

城市轨道交通平面控制网分为三个等级，一等网为城市轨道交通控制网，二等网为线路控制网，三等网为线路加密控制网。铺轨平面控制网属于线路加密控制网，复测采用精密导线网的测量方法。

7.2.1 铺轨基标测量

铺轨基标是高标准轨道整体道床的轨道铺设控制点，它是具有精确平面坐标和高程的测量标志；铺轨基标埋设位置有两种，是沿线路方向以一定的间距设置在线路中线上或中线的一侧。铺轨基标的标志类型，宜按规范要求设计。利用直角道尺（精度 0.5 mm）通过沿线布设的铺轨基标精确确定一股钢轨的位置和标高。如图 5-31 所示。

图 5-31 基标测量示意图

由于以"两站一区间"为测量单元的铺轨线路将埋设大量的铺轨基标，测设铺轨基标时必须采用分段控制，中间加密的方法，即先测设控制基标，然后在控制基标间测设加密基标；因此铺轨基标分为两级测设，按精度等级，一级为控制基标，二级为加密基标。控制基标应设置成等高等距的永久标志，加密基标宜设置成等距不等高的临时标志。

道岔基标应依据道岔铺轨设计图，利用控制基标单独测设。道岔基标应设置在道岔直股和曲股的外侧，分为道岔控制基标和道岔加密基标，同样应先测设道岔控制基标，然后利用其再测设道岔加密基标。

铺轨基标应根据铺轨综合设计图或调线调坡图中提供的坐标、方位角、平竖曲线要素和里程等设计元素计算其坐标和高程，然后首先利用复测后的铺轨控制点测设控制基标，再利用控制基标测设加密基标。

1. 矩形或直墙拱铺轨基标标志图（图 5-32）

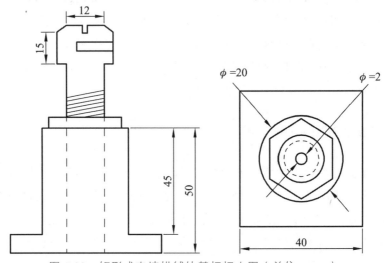

图 5-32　矩形或直墙拱铺轨基标标志图（单位：mm）

2. 马蹄形或圆形隧道铺轨基标标志图（图 5-33）

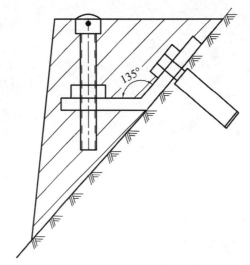

图 5-33　马蹄形或圆形隧道铺轨基标标志图

7.2.2　控制基标测量

1. 技术要求

（1）控制基标在直线段宜每 120 m 设置 1 个，曲线段除在曲线要素点上设置控制基标外，曲线要素点间距较大时还宜每 60 m 设置 1 个，当曲线较短时可设置部分曲线要素点。

（2）控制基标宜利用铺轨控制点采用极坐标法和水准测量方法测设。

（3）应采用初测、定测步骤测设控制基标。初测时，将基标标志测设到实地并调整到设计的坐标和高程位置，并初步固定；定测时，对初步固定后的控制基标的平面坐标和高程进行检测和调整。

（4）结构底板上控制基标的埋设位置应进行凿毛、植筋等处理，并采用添加速凝剂的混凝土固定基标。

（5）控制基标埋设完成后，应对其进行检测，检测内容、方法与各项限差应满足下列要求：检测控制基标间夹角时，其左、右角各测两测回，左右角平均值之和与 360° 较差应小于 6″。距离往返观测各两测回，测回较差及往返较差应小于 5 mm；直线段控制基标间的夹角与 180° 较差应小于 8″，实测距离与设计距离较差应小于 10 mm；曲线段控制基标间夹角与设计值较差计算出的线路横向偏差应小于 2 mm，弦长测量值与设计值较差应小于 5 mm；控制基标高程测量应起算于施工高程控制点，按二等水准测量技术要求施测。控制基标高程实测值与设计值较差应小于 2 mm，相邻控制基标间高差与设计值的高差较差应小于 2 mm；各项限差满足要求后，应进行永久固定。对不满足要求的，应采用归化测量方法对其进行平面位置和高程调整，调整后按本条 1～3 款进行检查，直至满足限差要求为止。

2. 测量方法

由于城市轨道交通工程主要以地下区间为主，铺轨控制网的起算点一般是在车站位置从地面通过联系测量直接投测到地下，其精度要求较高；加之车站线路一般为直线，线路与站台间距限差要求较严格，不宜在车站进行线路调整。因此在控制基标测设时宜坚持"车站基标不动，调整区间基标"的原则，以"两站一区间"为测量单元，进行控制基标测设。铺轨控制基标的测设包括 3 个步骤：

初步测设：根据铺轨基标坐标和高程资料，利用铺轨控制点采用极坐标法和水准测量方法测设至地面，并初步固定。

串线测量：控制基标初步固定后，应对"测量单元"的控制基标进行串线测量，主要检测相邻控制基标间的角度、边长、高差等几何关系是否满足规范要求。当控制基标间几何关系超限，并与线路存在较大偏差时应进行归化改正。

归化改正：先计算相邻控制基标间夹角的实测值与理论值较差 $\Delta\alpha$，根据 $\Delta\alpha$ 和相邻控制基标间距计算出控制基标在垂直于线路方向的改正值 Δs，然后在现场对 Δs 较差超限的控制基标进行归化改正。归化改正时要顾及相邻控制基标改正值的相互影响，往往仅改正一个点就可使相邻点几何关系满足要求。高程改正则利用铺轨高程控制点测定。控制基标测量的关键技术是归化改正，往往需反复进行多次归化改正才能满足规范要求。

7.2.3 任意设站平面控制网测量

1. 主要技术要求

点位在直线段按 60 m 左右间距成对布设轨道基础控制点。因地铁隧道净空及曲线半径均较小，为了测量时能够保证自由设站控制网强度，需对曲线半径较小的地段缩短轨道控制点布设间距，具体布设间距原则如表 5-19 所示。

表 5-19　控制点间距表

编号	曲线半径 R	轨道基础控制点间距/m
1	$R \geqslant 3\ 000$	60
2	$3\ 000 > R \geqslant 2\ 000$	50
3	$2\ 000 > R \geqslant 1\ 200$	45
4	$1\ 200 > R \geqslant 700$	36
5	$R < 700$	30

2. 地下隧道区间段控制点布设

在地下隧道区间段，控制点应埋设在隧道侧墙上。控制点布设时应根据限界图中应急平台、消防水管、电缆支架的设计位置进行综合比选，选择结构稳定、高度合适、便于控制网测量的位置进行布点。

（1）在地下岛式或侧式车站，站台一侧控制点应埋设在站台廊檐侧面，且应避开屏蔽门及塞拉门位置，点位埋设位置距离站台顶面不宜小于 10 cm，确保后续橡胶条安装不破坏轨道控制网点，另一侧轨道控制点应对应埋设在隧道侧墙上且高于电缆支架 5 cm 左右且须低于广告牌的位置。

（2）在地下隧道区间段，轨道基础控制网点应埋设在隧道侧墙上。控制点布设时应根据限界图中应急平台、消防水管、电缆支架的设计位置进行综合比选，选择结构稳定、高度合适、便于控制网测量的位置进行布点。控制点成对布设在隧道侧墙上，疏散平台侧高于轨道面 1.2 ~ 1.3 m，非疏散平台侧高于轨道面 1.2 m，布设时应注意避开消防水管、信号机等设备且应高于消防水管。

3. 控制点的埋设

控制点测量组件采用精加工元器件。控制点标志重复安置精度和互换安装精度 X、Y、H 三方向分别小于 0.4 mm、0.4 mm、0.2 mm。控制点测量组件由预埋件、专用平面测量棱镜、高程测量杆三部分组成。

（1）预埋件：预埋件在控制网测量前进行埋设，用于连接专用平面测量棱镜或高程测量杆，进行后续平面或高程测量工作，如图 5-34 所示。

图 5-34　预埋件

（2）平面测量杆与测量棱镜：平面测量时采用平面测量杆安装在预埋件中。测量棱镜采用反射面大、精度高的原装精密棱镜，如图 5-35 所示。

图 5-35　平面测量棱镜

控制点应设置在稳固、可靠、不易破坏和便于测量的地方，并应防冻、防沉降、防震动和抗移动。预埋件埋设时，首先在选定位置大致水平钻孔，采用 30 mm 左右直径钻头，钻深 70 mm。埋设时应注意清孔干净、保证预埋件应尽量水平，采用速凝水泥或锚固剂填充孔位，然后安放预埋件。速凝水泥或锚固剂凝固后进行检查，预埋件须稳固，标志内及标志顶面无异物，并检查保护盖是否正常。

在车站段埋设预埋件时，其外边缘应与车站廊檐侧面齐平，以免影响限界，严禁侵入限界。使用锚固剂应满足《建筑结构加固工程施工质量验收规范》（GB 50550—2010）要求，锚固措施必须使得预埋件牢固，以确保长期稳固。

预埋件埋设完成及不使用时，应加设保护盖，以防止异物进入预埋件内影响预埋件正常使用及安装精度。

4. 控制点编号规则

控制点按照千米数递增进行编号，其编号反映里程数。位于线路里程增大方向左侧的控制点编号为奇数，位于线路里程增大方向右侧的控制点编号为偶数（在有长短链地段应注意编号不能重复）。控制点编号统一为 6 位数，具体规则为：×（上下行标识 S 或 X）+××（里程整千米数）+3（表示控制点）+××（该千米段序号）。例如 X26301，其中"X"代表下行，"26"代表里程数，"3"代表控制点，"01"代表 1 号点。

5. 控制点点号标注

控制点编号应明显、清晰地标在桥梁上冀缘内侧、隧道侧壁或车站廊檐上，同一路段点号标志高度应统一。点号标志字号应采用统一规格字模，字高 6 cm 正楷字体刻绘，并用白色油漆抹底，红色油漆喷写点号。点号铭牌白色抹底规格为 40 cm×30 cm，红色油漆应注明工程线名简称、控制点编号、"严禁破坏"，每行居中排列，严禁采用手写标识。如图 5-36 所示。

图 5-36　控制点编号标注示意图（单位：mm）

6. 控制点测量组件使用注意事项

（1）平面测量时，在将棱镜安装在预埋件上后，应旋转棱镜头正对全站仪。

（2）测量完成后，应及时用保护盖将预埋件盖上。

（3）测量组件在搬运、运输过程中应用纸包裹，防止相互碰撞、磨损。

（4）每 3 个月检查一次预埋件和塞子是否损坏，用小毛刷刷除预埋件内灰尘。竖立的预埋件如果灰尘积太厚，则用高压气枪吹净。

7. 测量仪器设备及软件

测量使用的全站仪及棱镜。

（1）控制网平面测量使用的全站仪标称精度必须满足以下要求：

角度测量精度：$\leqslant \pm 1''$

距离测量精度：$\leqslant \pm 1\text{ mm} +2\times 10^{-6}D$

（2）全站仪应使用具有自动目标搜索、自动照准（ATR）、自动观测、自动记录功能的智能型全站仪。

（3）观测前需按要求对全站仪及其棱镜进行检校，作业期间仪器须在有效检定期内。

（4）每台全站仪应配 6 个棱镜，使用前应对棱镜进行必要的重复性和互换性检核。

8. 外业测量使用的软件

为保证控制网的测量精度和成果质量，数据采集和数据处理软件全线统一，采用的软件为通过相关部门评审和检定数据采集软件和数据处理与平差系统软件。

9. 测量方法

1）主要技术要求

控制网平面测量主要技术要求如表 5-20 所示。

表 5-20　控制网平面测量的主要技术要求

控制网	测量方法	方向观测中误差	距离观测中误差
控制网平面测量	自由测站边角交会测量	±3″	±2 mm

2）外业测量方法

控制网采用自由测站边角交会的方法测量，每个自由测站观测 4 对控制点，每隔 1 对控制点搬站 1 次，这样可以保证每个控制点被 4 个自由测站观测，具体测量方法如图 5-37 所示。

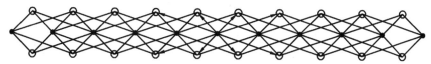

图 5-37　控制网平面测量示意图

自由测站编号统一为 6 位，沿线路里程增加方向编号。具体规则为：X（上下行标识 S 或 X）+××（里程整千米数）+3（右线为 4）+××（该千米段序号）。

平面测量水平方向应采用全圆方向观测法进行观测，水平方向观测应满足表 5-21 的规定。

表 5-21　平面测量水平方向观测技术要求

控制网	仪器等级	测回数	半测回归零差	不同测回同一方向 2C 互差	同一方向归零后 方向值较差
控制网	0.5″	2	6″	9″	6″
	1″	3	6″	9″	6″

平面测量距离观测采用多测回距离观测法，应满足表 5-22 的规定。边长观测应及时地在全站仪中输入温度和气压进行气象元素改正，温度读数精确至 0.2 ℃，气压读数精确至 0.5 hPa。

表 5-22　平面测量距离观测技术要求

控制网	测回数	半测回间距离较差	测回间距离较差
控制网	≥2	±1 mm	±1 mm

平面测量应在气象条件相对比较稳定的天气（温差变化较小，湿度较小）下进行，尽量选择无风的阴天或夜晚无风的时段施测。应完全避开日出、日落、日中天的前后 1 个小时的时段观测。夜间观测应注意避开强光源对观测的影响。

平面测量可根据施工需要分段测量，分段测量的区段长度不宜小于一个区间，区段间重复观测不应少于 4 对控制点。

3）与平面起算点的联测

控制网平面测量时应以既有的调线调坡导线控制点为平面起算点，应至少通过 3 个或 3 个以上自由测站进行联测，如图 5-38 所示。

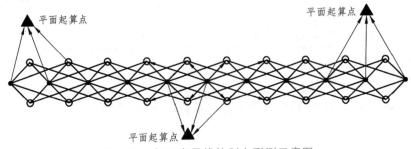

图 5-38　与既有导线控制点联测示意图

平面起算点联测时，需对平面起算点进行稳定性分析和精度检核，剔除带有粗差的起算点，当稳定的平面及高程皆起算点不少于 2 个时，以稳定的起算点进行约束平差计算。当确认既有导线控制点的稳定性欠佳或精度不符合规定要求时，应由相关施测单位对既有导线控制点的成果进行复核改正。

4）外业记录

每次测量开始应填写自由测站记录表，记录每个测站的温度、气压以及测量点等。

5）内业数据处理

（1）数据计算与平差。

平面测量后先采用独立自由网平差，再采用合格的平面起算点进行固定约束平差。

平面测量自由网平差时，应按表 5-23 的要求对各项技术指标进行统计分析，检核控制网自由网平差的精度。

表 5-23　平面测量自由网平差后的主要技术要求

控制网名称	方向改正数	距离改正数
控制网平面测量	±3″	±2 mm

（2）自由网平差满足要求后，应进行平面约束平差，并按表 5-24 的规定对各项技术指标进行统计分析，检核控制网约束平差的精度。为保证控制网成果质量，约束平差前应对采用的平面起算点进行精度检核，采用检核合格的起算点进行约束平差计算。

表 5-24　平面测量约束网平差后的主要技术要求

控制网	与起算点联测		控制点联测		方向观测中误差	距离观测中误差	点位中误差	相邻点相对点位中误差
	方向改正数	距离改正数	方向改正数	距离改正数				
控制网平面测量	±4.0″	±4 mm	±3.0″	±2 mm	±1.8″	±1 mm	±3 mm	±1 mm

（3）内业人员需有相关测量内业和外业经验，并能熟练掌握计算平差软件，内业计算必须由第二人进行复核，确保数据精确、无误。

（4）控制网平面测量的平差计算取位，应按表 5-25 的规定执行。

表 5-25　平面测量平差计算取位

控制网	水平方向观测值/(″)	水平距离观测值/mm	方向改正数/(″)	距离改正数/mm	点位中误差/mm	点位坐标/mm
控制网平面测量	0.1	0.1	0.01	0.01	0.01	0.1

6）区段间衔接处理

区段之间衔接时，前后区段独立平差重叠点坐标差值应 ≤ ±3 mm。满足该条件后，采用余弦平滑方法进行区段接边处理。

7.3　应用案例

1. 工程概况

某城市轨道工程轨道平面控制网采用任意设站后方交会测量，测量控制点点位 262 个，平均间距为 60 m 左右，困难地段略有缩短。测量仪器为徕卡公司生产的 TS30，该全站仪具有自动搜索、自动照准、自动观测、自动记录等功能。仪器标称精度：方向观测中误差 ±0.5″，测距中误差 ±（0.6 mm+1×$10^{-6}D$），所用仪器均经测绘仪器计量定点单位检定合格，并在有效期内。平面测量使用原装进口 Sining 精密小棱镜。该棱镜与 Ts30 全站仪配套使用时其棱镜常数为 0.5 mm，全站仪棱镜设置为自定义其棱镜常数为 0.5 mm。

2. 控制点埋设

控制点应设置在稳固、可靠、不易破坏和便于测量的地方，并应防冻、防沉降、防震动和抗移动。控制点标志横向埋设时，在选定点位处水平或略为上倾钻孔；竖向埋设时，在选定点位处竖直钻孔。之后插入标志预埋件，并用化学凝固剂固定。控制点编号全线统一采用大小为 6 cm 的正楷字体标绘于点位下部，用白色油漆抹底，红色油漆填写编号。

3. 外业测量

每站测量前认真记录环境温度、气压，并对仪器进行了正确的参数设置。测量时全站仪共观测 8 个轨道控制点，采用全圆观测法，外业观测采用手簿连接仪器自动观测，自动记录。外业观测前，应将上各项技术指标输入外业数据采集程序，并检查全站仪中棱镜常数设置是否正确，然后方可进行数据采集，若测站观测数据超限，则应立即现场重测；搬站前，检查表格中是否已正确填写。见表 5-26 所示。

表 5-26 任意设站—测站观测记录表

测回	目标点	盘位	水平盘读数 (°′″)	2C (″)	归零方向值 (°′″)	偏差 (″)	竖盘读数 (°′″)	i (″)	天顶角 (°′″)	偏差 (″)	斜距 m	平距 m	偏差 mm	觇标高 m	备注
1	177301	I	211.450597	2.26	0.000000	0.00	90.204855	-0.22	90.204876	-0.32	94.78745	94.78562	0.13	0.00000	
		II	31.450370				269.391103				94.78725				
	177303	I	218.241219	0.21	6.390727	0.13	90.311849	-2.26	90.312074	-0.48	30.21006	30.20880	-0.05	0.00000	
		II	38.241199				269.283701				30.21006				
	177305	I	25.045004	0.09	173.194519	0.11	90.104903	-3.23	90.105226	0.31	25.69037	25.69020	0.00	0.00000	
		II	205.044996				269.490451				25.69027				
	177307	I	31.371227	3.73	179.520559	0.09	89.523130	-1.59	89.523289	0.53	88.30683	88.30657	0.03	0.00000	
		II	211.370853				270.072552				88.30673				
	177308	I	38.275496	0.78	186.424976	-0.21	89.491248	-2.74	89.491521	-0.05	88.18473	88.18435	-0.03	0.00000	
		II	218.275418				270.104206				88.18483				
	177306	I	48.001844	2.82	196.151222	0.43	90.125700	-2.79	90.125978	0.03	26.42419	26.42400	0.05	0.00000	
		II	228.001563				269.465744				26.42419				
	177304	I	195.531042	3.44	344.080388	0.59	90.330413	-4.17	90.330830	0.01	30.84657	30.84504	0.05	0.00000	
		II	15.530697				269.264754				30.84637				
	177302	I	204.300116	-0.28	352.445648	-0.09	90.184731	-1.82	90.184913	-0.11	93.98304	93.98158	0.10	0.00000	
		II	24.300144				269.410905				93.98294				
	177301	I	211.450597	2.26	0.000000	0.00	90.204855	-0.22	90.204876	-0.32	94.78745	94.78562	0.13	0.00000	
		II	31.450370				269.391103				94.78725				
2	177301	I	211.450581	0.92	0.000000	0.00	90.204757	-1.86	90.204942	0.34	94.78745	94.78537	-0.13	0.00000	
		II	31.450489				269.390873				94.78725				
	177303	I	218.241296	1.24	6.390700	-0.12	90.311854	-3.20	90.312173	0.50	30.21026	30.20890	0.05	0.00000	
		II	38.241173				269.283507				30.21006				
	177305	I	25.044994	-0.71	173.194497	-0.09	90.104857	-3.09	90.105164	-0.30	25.69047	25.69020	0.00	0.00000	
		II	205.045066				269.490528				25.69017				

212

测回	目标点	盘位	水平盘读数 (° ' ")	2C (")	归零方向值 (° ' ")	偏差 (")	竖盘读数 (° ' ")	i (")	天顶角 (° ' ")	偏差 (")	斜距 (m)	平距 (m)	偏差 (mm)	现标高 (m)	备注
2	177307	I	31.371233	3.14	179.520542	−0.07	89.522953	−2.31	89.523183	−0.52	88.30683	88.30652	−0.03	0.00000	
		II	211.370919				270.072587				88.30663				
	177308	I	38.275484	−1.42	186.425021	0.22	89.491153	−3.80	89.491531	0.06	88.18493	88.18440	0.03	0.00000	
		II	218.275626				270.104089				88.18473				
	177306	I	48.001627	−0.83	196.151134	−0.42	90.125704	−2.71	90.125973	−0.01	26.42409	26.42390	−0.05	0.00000	
		II	228.001710				269.465757				26.42409				
	177304	I	195.530885	1.63	344.080270	−0.57	90.330469	−3.61	90.330828	0.00	30.84637	30.84494	−0.05	0.00000	
		II	15.530721				269.264812				30.84637				
	177302	I	204.300299	1.92	352.445669	0.10	90.184782	−1.53	90.184935	0.11	93.98294	93.98138	−0.10	0.00000	
		II	24.300106				269.410912				93.98264				
	177301	I	211.450581	0.92	0.000000	0.00	90.204757	−1.86	90.204942	0.34	94.78725	94.78537	−0.13	0.00000	
		II	31.450489				269.390873				94.78695				

测回统计结果

序号	目标点	水平方向均值 (° ' ")	归零方向均值 (° ' ")	天顶角均值 (° ' ")	斜距 (m)	平距 (m)	现标高 (m)	高差 (m)	备注
1	177301	211.450507	0.000000	90.204909	94.78722	94.78549	0.00000	−0.57339	
2	177303	218.241220	6.390712	90.312123	30.21011	30.20885	0.00000	−0.27546	
3	177305	25.045014	173.194507	90.105194	25.69032	25.69020	0.00000	−0.08115	
4	177307	31.371056	179.520549	89.523235	88.30676	88.30655	0.00000	0.19218	
5	177308	38.275504	186.424997	89.491525	88.18481	88.18437	0.00000	0.27618	
6	177306	48.001684	196.151177	90.125975	26.42414	26.42395	0.00000	−0.09984	
7	177304	195.530835	344.080328	90.330828	30.84642	30.84499	0.00000	−0.29727	
8	177302	204.300164	352.445657	90.184923	93.98288	93.98148	0.00000	−0.51393	

4. 内业数据处理

数据处理采用中铁二院工程集团有限责任公司开发的 Survey Adjust 工程测量平差处理软件。平差计算以前，通过数据处理软件对外业观测数据限差重新进行检核，满足要求之后，先通过整网的三角高程计算出整网的测站高程，再进行数据预处理软件对观测数据进行检查、处理，距离经过了两化改正，平差成果均使用 Helmert 方差分量估计的方法通过逐次平差确定边、角观测量的权阵进行计算。

平面控制网采用独立自由网平差，并根据复测结论采用复测合格的高等级控制点成果进行固定约束平差。分段平差时，前后区段独立平差重合点坐标差值应 ≤ ±5 mm。满足该条件后，后一区段控制网平差，应采用后一区段的高等级控制点及前一区段重叠的控制点进行固定约束平差。平面控制网的平差计算取位，应按规范执行。

5. 成果输出

经平差满足精度要求后，软件自动可生成坐标成果报告及精度评定表（见表 5-27、表 5-28）。

表 5-27　轨道控制网平面坐标成果

序号	点名	坐标		点位里程	备注
		X/m	Y/m		
1	174325	742.938 2	8 066.727 5	174 747	
2	174326	735.624 7	8 061.390 7	174 747	
3	174327	726.164 7	8 089.154 1	174 778	
4	174328	718.792 8	8 084.018 9	174 778	
5	174329	688.957 5	8 138.809 7	174 842	
6	174330	681.771 7	8 133.406 8	174 842	
7	......	......	......	......	
8	......	......	......	......	
9	......	......	......	......	
10	......	......	......	......	
11	......	......	......	......	
12	......	......	......	......	

表 5-28　坐标平差值及其精度成果表

序 号	点 名	坐 标/m		点位误差/mm		
		X	Y	M_x	M_y	M_p
1	0174333	623.317 3	8 226.739 0	0.83	0.77	1.13
2	0175301	588.064 9	8 275.252 0	0.76	0.87	1.16
3	0175302	579.422 1	8 269.225 9	0.85	0.79	1.16
4	0174334	616.048 4	8 221.481 8	0.73	0.87	1.13
5	0174C04	604.517 4	8 244.416 4	0.68	0.67	0.96
6	0175303	546.194 4	8 331.360 1	0.83	0.76	1.12
7	……	……	……	……	……	……
8	……	……	……	……	……	……
9	……	……	……	……	……	……
10	……	……	……	……	……	……
11	……	……	……	……	……	……

任务 8
轨道高程控制测量

8.1　工作任务

轨道高程控制测量，主要是通过精密水准测量或者精密三角高程测量的方法，精确测量轨道控制点的高程进而为地铁轨道铺设提供基准。本任务通过二等水准矩形环、自由测站三角高程测量的理论学习，应用精密水准仪完成轨道高程控制测量的工作。

8.2　相关配套知识

轨道高程控制测量以"两站一区间"为测量单元，采用的起算数据起算于城市二等水准点。在地下隧道和车站线路测设轨道控制网前，利用近井水准测量点，采用高程传递测量或三角高程测量将高程传递到地下。

城市轨道交通高程控制网分两个等级布设，一等网是城市轨道交通高程控制网，二等网为线路高程控制网。铺轨高程控制网属于线路高程控制网，复测按国家二等水准测量标准施测，测量方法根据工程类型分别采用二等水准矩形环或自由测站三角高程测量。

1. 测量仪器设备及软件

（1）控制网高程测量使用的水准仪不低于 DS1 级，一般使用天宝 DINI03 和徕卡 DNA03 系列电子水准仪及其配套钢瓦尺。

（2）控制点测量组件采用精加工元器件。高程测量连接杆与预埋件配套使用，其安置精度和互换安装精度小于 0.2 mm。如图 5-39 所示。

图 5-39　高程测量杆

（3）当采用自由设站三角高程测量时，测量仪器和平面控制测量要求一致。

（4）数据处理采用的软件必须通过相关部门评审和检定的数据处理与平差系统软件。

2. 高程控制网测量

1）主要技术要求

（1）控制网高程测量在高架段和敞开段，应采用二等水准测量技术要求按矩形环单程水准网进行观测，环闭合差应小于 1 mm。在地下隧道段，宜采用自由测站三角高程测量方法，与平面测量同时进行，但在现阶段的地铁工程测量实践中，无论是高架段、敞开段还是地下隧道段二等水准测量的方法是比较通用的方法。

（2）控制网高程测量利用平面测量的边角观测值，当采用自由测站三角高程测量方法与平面测量合并进行时，具体技术要求如表 5-29、5-30 所示。相邻点需有 3 个高差值，且互差小于 3 mm。

表 5-29　自由测站三角高程外业观测的主要技术要求

全站仪标称精度	测回数	测回间距离较差	测回间竖盘指标差互差	测回间竖直角互差
$\leq 1''$，$1 \text{ mm} + 1 \times 10^{-6} D$	≥ 3	$\leq 1 \text{ mm}$	$\leq 10''$	$\leq 6''$

表 5-30　三角高程网平差后的精度指标

高差改正数	高差观测值的中误差	高程中误差	平差后相邻点高差中误差
≤1 mm	≤1 mm	≤2 mm	±1 mm

2）外业测量方法

（1）控制网高程测量应附合于既有的线路水准控制点、调线调坡高程控制点或地下高程控制点上，宜每1 km左右联测一个高程控制点，水准路线闭合长度不宜大于2 km。

（2）控制网测量时应联测每个车站布设的地下高程起算点。

（3）采用水准测量方法进行高程测量时，外业观测采用矩形法水准路线形式进行，每相邻的两对控制点之间都构成一个闭合环。如图5-40所示。

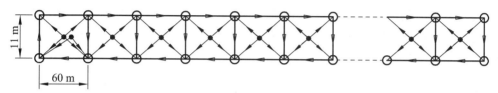

图 5-40　矩形环高程测量原理示意图

（4）采用自由测站三角高程测量方法进行高程测量时，应采用不同测站所测得的相邻点的高差，按图5-41进行构网。

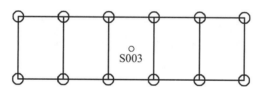

图 5-41　单个测站自由测站三角高程网示意图

（5）与既有线路水准控制点、调线调坡高程控制点或地下高程起算点的联测采用独立往返水准测量的方法进行。

（6）高程测量可根据需要分段测量，分段测量的区段长度不应小于 2 km，区段间重复观测不应少于2对控制点。

3）高程数据处理

观测数据均合格之后，进行数据存储。控制网高程测量以联测的高程控制点为起算数据进行约束平差。平差后高程中误差不大于±2 mm，相邻点高差中误差不大于±1 mm。

区段之间衔接时，前后区段独立平差重叠点高程差值应≤±3 mm，满足该条件后，采用余弦平滑方法进行区段接边处理。

任务 9
铺轨施工测量

9.1 工作任务

为了确保轨道的平顺性满足快速、平稳和安全行车的要求，目前的通用方法是建立铺轨控制基标或任意设站控制网，通过铺轨加密基标配合轨道尺或轨道几何状态检测仪来保证轨道的设计位置和线路参数，其施工精度要求达到毫米级。通过本任务的学习，完成地铁轨道安装、道岔安装测量及轨道精调测量的基本方法、特点的学习目标。

9.2 相关配套知识

1. 轨道安装测量

轨道安装测量的基本原则：先轨向，后轨距，先高低，后水平。先调整基准轨轨向，后调整非基准轨轨距；先调整基准轨高低，后调整非基准轨水平。反复调整直至满足规范要求。

1）初调定位

轨排利用钢轨支撑架架设摆放就位后，以铺轨基标为基准，借助于直角道尺，通过钢轨支撑架的调节件对轨道基准轨的平面和高程位置进行初调；同时借助于万能道尺控制轨距和水平对轨道非基准轨的几何状态进行初调。初调后的两股轨道目视直顺或圆顺；基准轨与基标高差允许偏差 1 mm，基准轨与非基准轨水平允许偏差 1 mm；基准轨与基标间距允许偏差 2 mm，轨距允许偏差 2 mm；直角道尺和万能道尺在使用前应校正，精度允许偏差为 0.5 mm。

2）线性精调

10 m、20 m 弦线是检测线路的前后高低和方向的主要量具。其中检测直线高低和方向用 10 m 弦线，检测曲线正矢通常用 20 m 弦线。

直线段，在基准轨内侧踏面下 16 mm 处放置标准块，将 10 m 弦绳拉紧后两端紧贴在标准块上，测量弦绳至钢轨作用边的最大矢度值，用以检测直线方向；同理，在钢轨顶面放置标准块，将 10 m 弦绳拉紧后两端紧贴在标准块上，测量弦绳至钢轨顶面的最大矢度值，用以检测直线高低。直线段钢轨方向矢度值允许偏差 1 mm，高低矢度值允许偏差 1 mm。通过钢轨支撑架的调节件对轨道进行线性精调，使其方向与高低矢度值满足要求。

曲线段的圆度通常是用半径来表达，如果一处曲线，其圆曲线部分各点半径完全相等，而缓和曲线部分从起点开始按照同一规律从无限大逐渐减少，到终点时和圆曲线半径相等，那就说明这处曲线是圆顺的。但是铁路曲线半径都是很大的。现场无法用实测半径的方法来检查曲线圆度，通常以曲线半径、弦长、正矢的几何关系来检验。以弦线测量正矢的方法，即用绳正法来检查曲线的圆度，用调整正矢的方法，使曲线达到圆顺。测量现场正矢时，应用 20 m 弦绳，在钢轨踏面下 16 mm 处测量正矢。通过钢轨支撑架的调节件对轨道进行线性精调，使其正矢满足要求。曲线轨道正矢允许偏差应符合表 5-31 规定。

表 5-31　曲线轨道正矢允许偏差要求

曲线半径 R/m	缓和曲线正矢与计算正矢差/mm	圆曲线正矢连续差/mm	圆曲线正矢最大最小值差/mm
250<R≤350	3	5	7
350<R≤450	2	4	5
450<R≤650	2	3	4
650<R	1	2	3

2. 道岔安装测量

（1）根据道岔基标，应确定并调整岔头、岔尾的位置，并应保证岔头两股钢轨的横截面与钢轨垂直。

（2）根据外直股外侧基标，应使用丁字尺从岔头到岔尾依次根据限差要求调整道岔外直股的方向和高程。

（3）在保持道岔外直股不动的前提下，应通过调节钢轨支撑架上位于内直股处轨卡的水平螺栓及立柱，依次根据限差要求调整道岔内直股的轨距、水平。

（4）进行曲上股轨距、水平调整时，应按照设计图纸，把道尺放在规定的支距点上，在保持外直股不动的前提下，通过依次调节钢轨支撑架上位于曲上股处轨卡的水平螺栓，使曲上股各点支距达到偏差要求。

（5）进行曲下股轨距调整时，应在保持曲上股位置不变的前提下，通过调节钢轨支撑架上位于曲下股处的轨卡水平螺栓，调整曲下股各点轨距。

（6）道岔调整时，应按道岔铺设图、整体道床布置图及铺设基标对道岔各部的几何状态进行调整。施工过程中随时检查道岔和混凝土轨枕的位置，道岔各部的几何状态不满足偏差要求时，应立即调整。

3. 任意设站控制网轨道安装测量

1）全站仪数据准备

（1）作业建立：作业即全站仪记录当前操作的文件，为便于数据管理和错误的查找，建议以每日数据采集为一个操作段进行作业文件的建立。作业文件的命名要规范、有规律可循，如日期+线型：20101215-ZX。

（2）控制点导入：全站仪控制点的导入是将精度满足要求的控制点文件导入当前作业中，控制点文件需提前拷贝到全站仪的 CF 卡中数据文件夹，以便现场作业时对控制点的调用。

2）轨检小车数据准备

（1）测量项目的建立：测量项目是针对连续的一段线路所建立的设计线型，在数据采集时也是在某一测量项目下进行的数据采集。因此测量项目必须按线别单独建立，在断链前后也应分别建立，且保证在同一个测量项目中，其线路是连续的。

（2）当前测量项目线路数据的输入：测量项目线路数据的输入是测量项目建立的一部分。平曲线要素输入是按平面设计图中的线路要素，依次将平面曲线主点坐标、线形、里程、半径、偏向等信息输入软件中。平面曲线主点包括：直缓点（ZH）、缓圆点（HY）、圆缓点（YH）、缓直点（HZ）。竖曲线要素输入是按纵断面设计图中的线路要素，依次将纵断面竖曲线的变坡点里程、高程和竖曲线半径等信息输入软件中。超高要素的输入是高程非基准轨在平曲线范围内其高程的变化，通过输入软件的超高变化点里程和超高值来控制。

（3）断链线路数据的输入：应以断链处为分界点，将断链前后线路分别建立单独的测量项目，线路要素也相应的分别输入。应高度重视：断链前后竖曲线的输入问题。断链前的测量项目中，其最后一个竖曲线里程不再是设计里程，而是在设计里程加上断链长度，因为受断链影响其坡长变长。断链后的测量项目中，其第一个竖曲线里程是设计里程减去断链长度。

3）轨道精调

（1）每日数据采集前的准备工作：

① 每日数据采集前首先对仪器进行检查，查看仪器是否处于良好工作状态。

② 检查电池电量是否足够。

③ 确定前一个工作日最后采集的位置，不可漏采。

（2）现场操作：

① 组装轨检小车，轨检小车的组装最好由两个人进行，分别固定住小车的双轮端和测距轮端，然后用螺丝刀将 4 颗螺丝完全紧固，两人抬小车平稳放置于轨道上，双轮侧位于低轨。

② 新建测量文件，测量文件的建立建议以每个工作日为段，文件命名以里程+日期为宜，便于文件的管理。

③ 读取小车配置及轨检小车斜率校准，测量文件建立后需将小车参数读入测量文件中。轨检小车斜率校准一般在小车受到碰撞、气温急剧变化时进行校准，可在每天进行数据采集前进行斜率校准，如无其他变化则无须再次校准。

④ 全站仪新建作业，作业文件建立建议每个工作日建立 1 个，作业文件建立后需将控制点文件导入作业。

⑤ 全站仪设站，将全站仪在靠近线路中心位置进行设站，后视轨道控制点，全站仪设站采用后方交会法设站，每站后视 6 个控制点，由机载软件解算出测站三维坐标。在全站仪设站时应根据天气情况大致确定设站距离，一般全站仪距小车距离以 60 m 为宜，天气情况较差（如高温、大风、大雾等）时可缩短距离，以测量数据稳定为准。全站仪自由设站时，平差后东坐标、北坐标和高程的中误差应在 1 mm 以内，方向的中误差应在 2 s 以内，否则应重新设站。全站仪自由设站时，剔除不合格控制点时要慎重，优先剔除远离轨道几何状态测量仪所在一侧的控制点，最后要确保选用的控制点覆盖本测站的测量范围。高程不能只使用近处的 4 个控制点来控制，这容易造成目标距离较远的点的高程数据不可靠。

⑥ 设站精度满足要求后，可选取一个控制点进行放样（以距全站仪最远的点为宜），记录其数据。本站数据采集完成后，放样同一个控制点，比较两次放样数据。如两次数据差值小于 2 mm，则可迁站；如两次数据差值大于 2 mm，则本站数据作废，需重新设站采集。

⑦ 全站仪设站完成后将全站仪对准轨检小车棱镜，开始轨道精调。设站完成后，轨道几何状态测量仪由测量人员推着在轨道上缓慢移动，由远及近地靠近全站仪。在精调过程中，必须让小车停止在某个位置稳定后方可进行测量，否则得到的数据将不真实，小车距全站仪 5 m 时停止测量，进行下一站测量。

⑧ 轨排精调测量点应设在轨排支撑架位置，其步长应为每个支撑螺杆的间距，间距应不宜大于 2 m。轨排支撑架的安装密度及调整精度应充分满足轨排精调的需求。根据轨道几何状态检测仪计算和显示轨道调整量，在每个螺杆支撑点进行轨向和高低的调整，重复精调直至满足轨道几何状态静态检测精度及允许偏差的要求。轨排精调后，轨道的中心线和轨顶面高程允许偏差，轨道的平顺性均应满足《地下铁道工程施工及验收规范》的规定。

9.3 应用案例

1. 数据输入

输入并核对设计数据（平、竖曲线，超高）和控制点坐标，坐标换代和长短链处分别输入。输入过程中应重点注意正负号锁代表的意义，东北坐标输入无误。确保数据的有效性和操作的准确性。

2. 仪器检校

全站仪首次使用前，或在精调测量中出现偏差较大时，应正倒镜检查全站仪的竖直角和水平角的偏差，如果超过 3 s，则在气象条件较好的条件下对全站仪进行组合校准和水平轴倾角误差校准，检查全站仪 ATR 工作状态是否良好。每天精调测量开始时，或环境温度急剧变化后，应对精调小车的倾角传感器进行校核，校核后正反两次测量的超高偏差应在 0.3 mm 以内。

3. 全站仪设站

全站仪自由设站观测的 CPIII 控制点不应少于 4 对，全站仪宜设在线路中线附近，位于所观测的 CPIII 控制点的中间。更换测站后，相邻测站重叠观测的 CPIII 控制点不应少于 2 对。

4. 精调小车安装

轨道精调小车的安装与全站仪设站同时进行，小车上下道应轻拿轻放，严谨碰撞。确保各走形轮与轨距测量装置与钢轨紧密接触。小车安装完成后检查与全站仪的通信是否顺畅。确保电池有足够的电量进行阶段时间内的轨道精调任务。

5. 轨检小车随机软件使用

（1）把小车单轮和双轮拼装固定好后，连接好各线路。

（2）打开电池开关，小车通电，在电脑用软件狗打开软件。

（3）通讯端口设置，点击配置，选择"通讯"选项卡。

（4）连接小车成功后，打开"小车"选项卡。如图 5-42 所示。

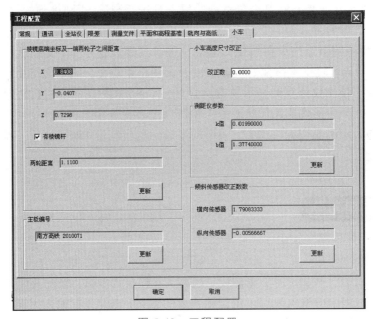

图 5-42　工程配置

（5）凡是重新拼装小车都要进行小车检校，点击"采集"，再点击"传感器"。

（6）检查是否与全站仪通讯成功。

（7）选择好设计中线文件，右线要使用偏移值，点击单选项"使用"；采集数据，根据需要采用不同模式。

　① 采集模式如图 5-43 所示。

　② 施工模式如图 5-44 所示。

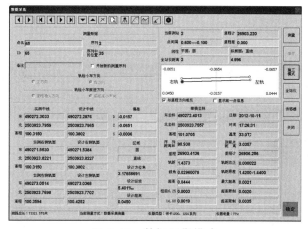

图 5-43　数据采集模式

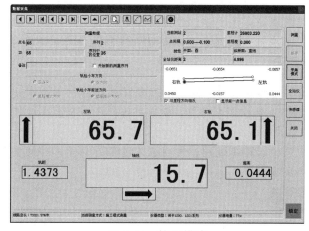

图 5-44　施工模式

✏️ 复习思考题

1. 地铁平面控制测量的方法、主要精度指标有哪些？

2. 试述二等水准测量的观测步骤。

3. 使用悬挂带类陀螺全站仪进行陀螺方位角测量，可采用什么方法？

4. 联系测量的关键点或者关键环节是什么？如何做，才能够保证联系测量成果的精确性？

5. 使用全站仪天顶距法进行高程传递测量时，如何进行高程计算？

6. 一井定向时，角度观测的注意事项有哪些？

7. 地铁隧道贯通前应做什么测量工作？并说明主点测设步骤。

8. 任意设站控制网测量的步骤及注意事项包括哪些？

9. 两井定向的数据应按照什么平差方法计算处理？并说明测设步骤。

项目六

建筑施工测量

项目描述

建筑施工测量是建筑工程在施工阶段所进行的一系列测量工作的总称,其主要任务是将设计图纸上的建筑物或构筑物的平面位置和高程按照设计要求准确地在实地测设出来,并在工程建成后对各建筑物、构筑物以及地下管网的平面位置和高程等资料进行竣工测量。

本项目主要介绍施工场区内平面控制网及高程控制网的建立、建筑物常见的几种定位和放线方法、建筑物基础施工测量、建筑物轴线投测、高层建筑施工测量、工业厂房矩形控制网的建立、厂房柱列轴线和柱基测设、预制构件安装测量等内容。

思政亮点

(1)从身边的建筑工程出发,学习和实操建筑物的施工测量方法,自主查阅资料规范,理解掌握在测量过程中要注重细节,步步校核,从而养成仔细严谨、精益求精的职业素养。

(2)了解著名建筑物的施工过程,强调施工过程中测量工作的重要性,激发建设美好家乡的工作热情和职业归属感。

学习目标

1. 知识目标

(1)掌握建筑施工测量的内容和程序;

(2)掌握建筑基线、建筑方格网的测设方法;

(3)掌握建筑物的定位、放线方法;

(4)掌握建筑基础与墙体施工测量方法;

(5)掌握高层建筑施工测量的内容及方法;

(6)掌握工业厂房施工测量流程。

2. 能力目标

(1)能根据设计要求、现场地形等制定建筑工程施工放样方案;

(2)能根据施工场区附近已有控制点测设建筑基线;

(3)能根据拟建建筑物与原有建筑物的位置关系对其进行定位;

(4)能利用水准仪进行基槽内水平控制桩的测设;

(5)能利用全站仪进行墙体轴线投测。

3. 素质目标

(1)具备查阅相关规范、资料并进行自学的能力;

(2)具备良好的质量意识、规范意识;

(3)培养团队协作的精神。

任 务 1
建筑施工场地的控制测量

1.1 工作任务

建筑场地施工平面控制网和高程控制网是建筑工程施工测量的基础。本任务通过对建筑施工平面控制网和高程控制网建立方法的学习，可结合建筑施工场地现状完成建筑基线和建筑方格网的测设工作。

1.2 相关配套知识

施工测量应遵循"从整体到局部，先控制后碎部"的原则。工程施工之前，首先在施工场区建立控制网（由测区内选定的若干控制点相互联接构成的具有一定形状的几何图形），再以此为基础，测设出各个建筑物和构筑物的位置。

建筑工程在勘察设计阶段建立的测图控制网在位置、密度、精度上均难以满足施工测量放线的要求，因此在施工阶段应重新布设施工控制网以备建筑工程施工测量所用。施工控制网分为平面控制网和高程控制网。

1. 建筑施工平面控制网的建立

平面控制网的布设需要根据施工场地地形条件选用合适的形式，可以采用建筑基线、建筑方格网的形式，也可以采用三角网或导线网的形式。建筑基线适用于地势平坦且简单的小型施工场地；建筑方格网适用于建筑物多为矩形且布置比较规则、密集的施工场地；三角网适用于地势起伏较大，通视条件良好的施工场地；导线网适用于地势平坦，通视比较困难的施工场地。这里主要介绍建筑基线和建筑方格网相关内容。

1）建筑基线

建筑基线是建筑场地的施工控制基准线，即在建筑场地布置一条或几条轴线。它适用于建筑设计总平面图布置比较简单的小型建筑场地。建筑基线的布设形式，应根据建筑物的分布、施工场地地形等因素来确定。常用的布设形式有"一"字形、"L"形、"十"字形和"T"形，如图6-1所示。

建筑基线的布设应满足以下要求：第一，建筑基线应尽可能靠近拟建的主要建筑物，并与其主要轴线平行，以便使用比较简单的直角坐标法进行建筑物的定位；第二，建筑基线上的基线点应不少于3个，以便相互检核；第三，建筑基线应尽可能与施工场地的建筑红线相联系；第四，基线点位应选在通视良好和不易被破坏的地方，为能长期保存，要埋设永久性的混凝土桩。

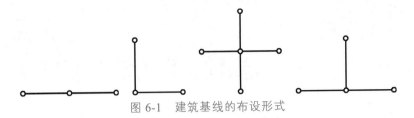

图 6-1　建筑基线的布设形式

根据施工场地的条件不同，建筑基线的测设方法有以下两种：

（1）根据建筑红线测设建筑基线。

由城市测绘部门测定的建筑用地界定基准线，称为建筑红线。在城市建设区，建筑红线可用作建筑基线测设的依据。如图 6-2 所示，OA、OB 为互相垂直的建筑红线，Ⅰ、Ⅱ、Ⅲ 为建筑基线点，建筑基线与建筑红线间的联系尺寸为 d_1、d_2，利用建筑红线测设建筑基线的方法如下：首先，从 O 点沿 OA 方向量取 d_2 定出 P 点，沿 OB 方向量取 d_1 定出 Q 点。然后，在 A 点安置全站仪，瞄准 O 点，顺时针测设 90°，沿视线方向量取 d_1 定出 Ⅰ 点，作出标志；同理，在 B 点安置全站仪，瞄准 O 点，逆时针测设 90°，沿视线方向量取 d_2 定出 Ⅲ 点，作出标志；用细线拉出直线 Ⅲ—P 和 Ⅰ—Q，两条直线的交点即为 Ⅱ 点，作出标志。最后，在 Ⅱ 点安置全站仪，精确观测 $\angle$ Ⅰ Ⅱ Ⅲ，其与 90°的差值应符合相关规范要求。

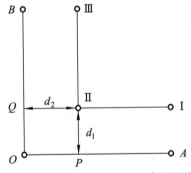

图 6-2　根据建筑红线测设建筑基线

（2）根据附近已有控制点测设建筑基线。

在新建筑区，可以利用建筑基线的设计坐标和附近已有控制点的坐标，用极坐标法测设建筑基线。如图 6-3 所示，A、B 为附近已有控制点，Ⅰ、Ⅱ、Ⅲ 为选定的建筑基线点。测设方法如下：首先，根据已知控制点和建筑基线点的坐标，计算出测设数据 β_1、D_1、β_2、D_2、β_3、D_3，然后，再用极坐标法测设 Ⅰ、Ⅱ、Ⅲ 点。由于测设过程中误差的存在，所测设出的基线点 $Ⅰ_0$、$Ⅱ_0$、$Ⅲ_0$ 可能不共线（见图 6-4），此时需在 $Ⅱ_0$ 点上安置全站仪，测量 $\angle\,Ⅰ_0Ⅱ_0Ⅲ_0$（记为 β），其与 180°的差值应符合相关规范要求，否则应予以调整。各点沿垂直基线方向的调整值 δ 的计算方法如下：

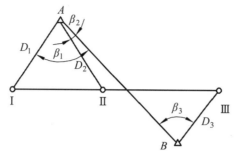

图 6-3 根据附近已有控制点测设建筑基线

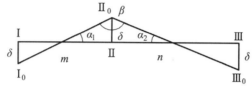

图 6-4 基线点的调整示意图

由于 α_1 和 α_2 角值很小，故

$$\alpha_1 \approx \tan\alpha_1 = \frac{\delta}{m/2}\rho'' = \frac{2\delta}{m}\rho'' \quad （以秒为单位，\ \rho'' = 206\,265''）$$

$$\alpha_2 \approx \tan\alpha_2 = \frac{\delta}{n/2}\rho'' = \frac{2\delta}{n}\rho''$$

由图 6-4 可知，$\alpha_1 + \alpha_2 + \beta = 180°$，代入 α_1、α_2 得 $\left(\dfrac{2\delta}{m} + \dfrac{2\delta}{n}\right)\rho'' + \beta = 180°$，所以调整值 $\delta = \dfrac{mn}{m+n}\left(90° - \dfrac{\beta}{2}\right)'' \dfrac{1}{\rho''}$（式中 m、n 分别为线段ⅠⅡ、ⅡⅢ的长度）。

角度调整后，当如果 $\Delta\beta = \beta' - 180°$ 超过 $\pm 10''$，则应对 1′、2′、3′ 点在与基线垂直的方向上进行等量调整；如果测设距离超限，则以 2 点为准，按设计长度沿基线方向调整 1′、3′ 点。反复进行以上操作直至角度偏差和距离偏差均符合规范要求。

【例 6-1】在项目一 3.3 的应用案例中，已测设出"一"字型基线点 1、2、3 点的实地位置，此时在 2 点安置全站仪，测量出 $\angle 123 = 179°57'18''$，请问如何调整才能使三个基线点共线？

解：由案例中的 1、2、3 点的设计坐标可计算出线段 12、23 的长度。

$$m = D_{12} = \sqrt{(X_2 - X_1)^2 + (Y_2 - Y_1)^2} = \sqrt{(86.597 - 102.143)^2 + (63.486 - 36.792)^2} = 30.891 \ （m）$$

$$n = D_{23} = \sqrt{(X_3 - X_2)^2 + (Y_3 - Y_2)^2} = \sqrt{(44.432 - 86.597)^2 + (135.887 - 63.486)^2} = 83.784 \ （m）$$

$$\delta = \frac{mn}{m+n}\left(90° - \frac{\beta}{2}\right)'' \frac{1}{\rho''} = \frac{30.891 \times 83.784}{30.891 + 83.784} \times \frac{81''}{206\,265''} = 8.86 \times 10^{-3} \ （m）$$

因此应将 1、2、3 点沿基线垂直方向各移动 8.86×10^{-3} m 才能使其共线。

2）建筑方格网

在建筑物比较密集或大型、高层建筑的施工场地上，由正方形或矩形格网组成的施工控制网，称为建筑方格网，或称矩形网，它是建筑场地常用平面控制布网形式之一。建筑方格网是根据设计总平面图中建筑物、构筑物、道路和各种管线的位置，结合现场的地形情况来合理布设。

建筑方格网的布设，除与建筑基线基本相同外，还必须要求做到：

（1）方格网的主轴线应尽量选在建筑场地的中央，并与总平面图上所设计的主要建筑物轴线平行或垂直。

（2）根据《建筑施工测量标准》（JGJ/T 408—2017），建筑方格网应符合表 6-1 中主要技术要求。

表 6-1　建筑方格网主要技术要求

等级	边长/m	测角中误差/（″）	边长相对中误差
一级	100～300	5	1/30 000
二级	100～300	8	1/20 000

（3）建筑方格网布设后，应对其轴线交点的角度及轴线距离进行测量，并将点位归化至设计位置，点位归化后，复测角度和边长。角度偏差值，一级方格网不应大于 90°±8″，二级方格网不应大于 90°±12″；距离偏差值，一级方格网不应大于 $D/25\ 000$，二级方格网不应大于 $D/15\ 000$（D 为方格网的边长）。

建筑方格网的测设方法：

如图 6-5 所示，主轴线实质上是由 5 个主点 A、B、O、C、D 组成，首先根据主点 A、O、B 的施工坐标测设主轴线 AOB（主点施工坐标由设计单位提供，也可在总平面图上由图解法得出），测设方法与建筑基线的测设方法相同，在测设出 A、O、B 三个主点后，将全站仪安置在 O 点，瞄准 A 点，分别顺时针、逆时针转 90°角，测设另一主轴线 COD，并在地面标定 C' 和 D'。最后，精确检测主轴线点的相对位置关系。如图 6-6 所示，在 O 点安置全站仪，测量出 $\angle AOC'$ 和 $\angle AOD'$ 并分别将其与 90°相比较，如果偏差值超限，则应予以进行调整，调整值 $l_i = L_i \varepsilon_i'' / \rho''$（$\rho'' = 206\ 265''$）。

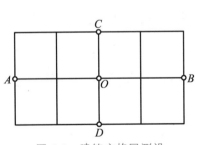

图 6-5　建筑方格网测设

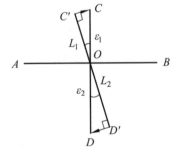

图 6-6　主点的位置调整

主轴线测设后,分别在主点 A、B 和 C、D 安置全站仪,后视主点 O,向左右测设 90° 水平角,即可交会出田字形方格网点。随后再做检核,测量相邻两点间的距离,看是否与设计值相等,测量其角度是否为 90°。误差均应在允许范围内,并埋设永久性标志。

2. 建筑施工高程控制网的建立

施工放样的任务,除了通过建筑物的定位放线确定建筑物的平面位置、控制建筑物的平面形状和尺寸大小外,还要通过高程的测设来控制建筑物各个部件的标高。为了保证整个建筑场地各部分高程的统一和精度要求以及高程测设的便利,在开工之前需要建立建筑施工高程控制网,将它作为建筑场区内地上、地下建(构)筑物高程测设和传递的基本依据。

高程控制网布点的密度应恰当,应尽可能满足安置一次仪器即可测设出所需的高程。建筑施工场地的高程控制测量一般采用水准测量方法,应根据施工场地附近的国家或城市已知水准点,测定施工场地水准点的高程,以便纳入统一的高程系统。根据《建筑施工测量标准》(JGJ/T 408—2017),场区高程控制网的精度不宜低于三等水准,且应符合表 6-2 中主要技术要求。在一般情况下,建筑基线点、建筑方格网点以及导线点也可兼作高程控制点,只要在平面控制点桩面上中心点旁边,设置一个突出的半球状标志即可。

为了便于检核和提高测量精度,施工场地高程控制网应布设成闭合或附合路线。高程控制网可分为首级网和加密网,相应的水准点称为基本水准点和施工水准点。

表 6-2 水准测量的主要技术要求

等级	每千米高差中数中误差/mm		仪器型号	水准标尺	观测次数		往返较差、附合或闭合环闭合差/mm		检测已测测段高差之差/mm
	偶然中误差 M_δ	全中误差 M_w			与已知点联测	环线或附合	平地	山地	
二等	±1	±2	DS$_{05}$ DS$_1$	铟瓦	往、返	往、返	$\pm 4\sqrt{L}$	—	$\pm 6\sqrt{L_i}$
三等	±3	±6	DS$_1$ DS$_3$	铟瓦 双面	往、返 往、返	往 往、返	$\pm 12\sqrt{L}$	$\pm 4\sqrt{n}$	$\pm 20\sqrt{L_i}$
四等	±5	±10	DS$_3$	双面	往、返	往	$\pm 20\sqrt{L}$	$\pm 6\sqrt{n}$	$\pm 30\sqrt{L_i}$
				单面	两次仪器高测往返	变仪器高测两次			
五等	—	±15	DS$_3$	单面	往、返	往	$\pm 30\sqrt{L}$	$\pm 10\sqrt{n}$	—

✎ **复习思考题**

1. 建筑基线常见的布设形式有一字形、T 字形、L 形和（　　　）。

　　A. Y 形　　　　　　B. 十字形　　　　　C. 交叉形　　　　　　D. 山字形

2. 平面控制网可以布设为建筑基线或建筑方格网的形式，也可以布设为三角网或导线网的形式。建筑物多为矩形且布置比较规则、密集的施工场地适宜布设为（　　　）。

　　A. 三角网　　　　　B. 导线网　　　　　C. 建筑方格网　　　　D. 建筑基线

3. 施工阶段主要的测量任务是将设计图纸上的建筑物或构筑物的平面位置和（　　　）按照设计要求准确地在实地测设出来。

　　A. 距离　　　　　　B. 角度　　　　　　C. 高程　　　　　　　D. 方位角

4. 由城市测绘部门测定的建筑用地界定基准线，称为（　　　）。

　　A. 建筑红线　　　　B. 导线　　　　　　C. 建筑方格网　　　　D. 建筑基线

5. 建筑基线的布设，是根据建筑物的分布、场地地形等因素确定的。若采用"一"字形的基线形式，应保证至少（　　　）个基线点。

　　A. 2　　　　　　　　B. 3　　　　　　　　C. 4　　　　　　　　D. 5

项目六 任务2

任务 2
建筑物的定位与放线

2.1　工作任务

　　依据设计图纸，根据拟建建筑物与原有建筑物的相互关系，可完成在建建筑物的定位及放线。本任务通过对建筑物的定位与放线方法的学习，可结合施工现场情况完成拟建建筑物的定位与放线工作。

2.2　相关配套知识

　　施工测量（测设或放样）的目的是将设计图纸上建筑物的平面位置、形状和高程标定在施工现场的地面上，并在施工过程中指导施工，使工程严格按照设计要求进行建设。

1. 准备工作

1）熟悉设计图纸

设计图纸是施工测量的依据，包括建筑总平面图、建筑平面图、立面图、剖面图、基础平面图、基础详图等。测设前应熟悉设计图纸，了解拟建建筑物与原有相邻建筑物或相邻地物间的关系，掌握建筑物的尺寸及施工要求等，并仔细核对各设计图纸的相关尺寸，避免出现差错。

建筑总平面图主要呈现新建建筑物的总体布局以及它与周边其他建筑物、道路等的位置关系，是施工测量的总体依据。建筑平面图是在门窗洞口位置处沿水平方向将房屋剖切后，剖切面以下的水平投影图，它可以反映建筑的平面形状、大小、内部布局、门窗的具体位置等信息。图 6-7 是某建筑物第 6 层的建筑平面图，图中标注了各轴线及门窗洞口的位置关系，是建筑物定位及放线的依据。为了方便区分各轴线，在点画线端部的圆圈内写上轴线编号，纵向轴线采用阿拉伯数字 1、2、3……从左往右标注，横向轴线采用大写英文字母 A、B、C……自下而上标注。

建筑立面图是将房屋立面投影到与它相平行的投影面(铅垂面)上所得的正投影图，其中反映主要出入口或房屋主要外貌特征的那一面立面图，称为正立面图，反之则为侧立面图。图 6-8、6-9 分别是某栋楼的侧立面图与剖面图，图中标注了室外地坪、室内地坪、休息平台、门窗顶、窗台、楼板、屋顶的标高，是标高测设的依据。基础平面图是在室内地面和基础之间位置处沿水平方向将房屋剖切后，向下投影形成的水平投影图；基础剖面图是采用竖直方向的剖切平面将基础剖开后所得的正投影图。图 6-10 为基础平、剖面图，图上标注了基础各边线与各墙体定位轴线的间距，以及基础底面宽度、基础墙宽度等，是基础施工测量放样的依据。

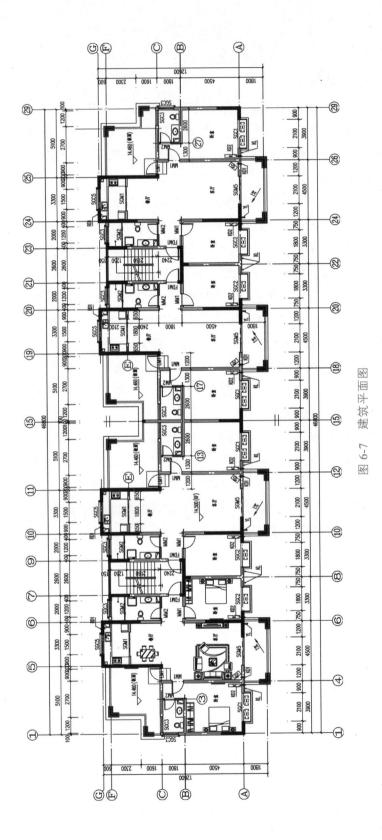

图 6-7　建筑平面图

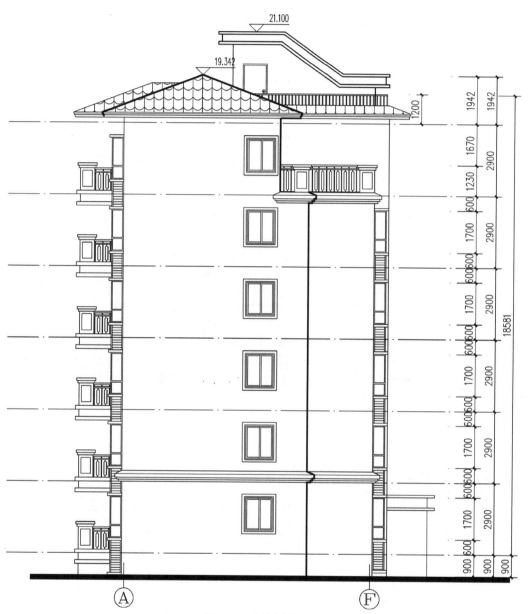

图 6-8　建筑侧立面图

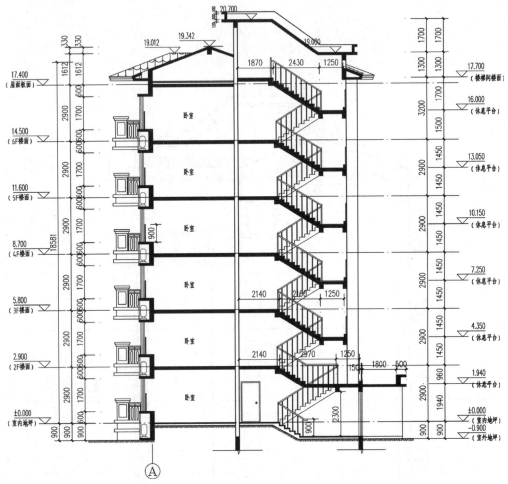

图 6-9 建筑剖面图

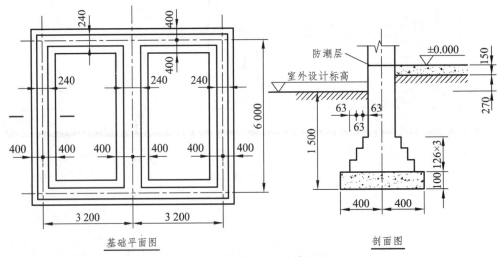

基础平面图

剖面图

图 6-10 基础平面图与剖面图

2）现场踏勘

为了解建筑施工现场的地物地貌和现有测量控制点的分布情况，应进行现场踏勘，对建筑场地上的平面控制点、水准点进行检核，以获得正确的测量起始数据和点位。

3）制订测设方案

在熟悉设计图纸、进行现场踏勘的前提下，根据设计要求、定位条件、现场地形和施工方案等因素制订测设方案，包括工程概况、测量参数、测量仪器、测设方法、测量步骤、精度要求等内容。

4）准备测设数据

测设前应根据设计图纸、现有测量控制点的分布情况，计算必要的放样数据，将数据标记在绘制好的测设略图上。

2. 建筑物的定位

建筑物的定位是根据设计条件将建筑物外廓主要轴线的交点测设到地面，作为基础放线和细部轴线放线的依据。

根据施工现场情况和设计条件的不同，建筑物的定位方法主要包括以下几种。

1）根据建筑基线或建筑方格网定位

若拟建建筑物定位点设计坐标已知，且施工场区内建立有建筑基线或建筑方格网，可采用直角坐标法对拟建建筑物进行定位。

2）根据附近已有控制点定位

若拟建建筑物定位点设计坐标已知，且附近有可供利用的测量控制点，可采用极坐标法、角度交会法、距离交会法对拟建建筑物进行定位。

如图 6-11 所示，P、Q 为施工场区附近已有控制点，A、B、C、D 为拟建建筑物外墙轴线交点，根据已有控制点对拟建建筑物定位的具体操作如下：

第一步：将全站仪安置在 P 点，将棱镜架设于 Q 点。

第二步：在全站仪中依次输入测站点 P 的坐标和后视点 Q 的坐标。

第三步：在全站仪中输入拟建建筑物外墙轴线交点 A 点的坐标，显示屏上显示出放样平距和水平角差。

第四步：转动照准部，当水平角差为 0°0′0″时固定水平制动螺旋，并将棱镜沿着视线方向前后移动，直至放样平距变为 0，此时棱镜的位置即为拟建建筑物外墙轴线交点 A 点的位置。B、C、D 点的测设方法类似。

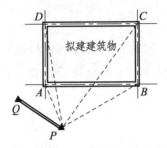

图 6-11　根据附近已有控制点定位

3）根据与原有建筑物或道路的关系定位

在建筑区内新建或扩建建筑物时，设计图上若给出拟建建筑物与原有建筑的位置关系，而没有提供定位点的坐标，周围也没有建筑基线、建筑方格网、测量控制点可用时，此时根据原有建筑物边线或道路中心线对拟建建筑物进行定位。

如图 6-12 所示，根据设计图，拟建公寓楼和实训基地的西山墙位于同一条直线上。两栋建筑物间距为 30 m，拟建公寓楼的长轴为 40 m，短轴为 18 m，公寓楼的外墙为二四墙，轴线与外墙边线间距为 0.12 m。图 6-12 中 M、N、P、Q 点，称为定位桩或角桩。

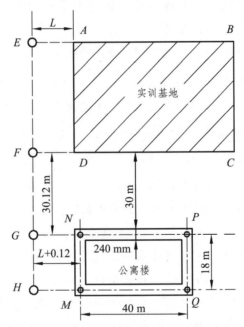

图 6-12　根据与原有建筑物的关系进行定位

根据原有实训基地对拟建公寓楼进行定位的具体操作过程如下：

第一步：用钢尺沿实训基地 AB 边拉线，向西延长一定距离 L 定 E 点桩（这里 L 设为 2 m），沿 CD 边拉线，向西同样延长 2 m 定 F 点桩。

第二步：在 E 点安置全站仪，照准 F 点，用钢尺从 F 点沿视线方向量取 30.12 m，在地面上定 G 点桩，再从 G 点沿视线方向量取 18 m，定 H 点桩。G 点与 H 点连线即为拟建公寓楼西山墙的平行线，其长度等于短轴尺寸。

第三步：在 G 点安置全站仪，照准 H 点，逆时针测设 90°，用钢尺从 G 点开始沿视线方向量取 2.12 m，在地面上定 N 点桩，再从 N 点沿视线方向量取 40 m，定 P 点桩。同理，在 H 点安置全站仪，照准 G 点，顺时针测设 90°，用钢尺从 H 点开始沿视线方向量取 2.12 m，在地面上定 M 点桩，再从 M 点沿视线方向量取 40 m，定 Q 点桩。M、N、P、Q 点即为拟建公寓楼的 4 个定位轴线交点桩。

第四步：在 M、N、P、Q 点上分别安置全站仪，检验拟建公寓楼的四个内角是否为 90°，并用钢尺量取四条轴线长，检验长轴是否为 40 m，短轴是否为 18 m。

3. 建筑物的放线

建筑物的放线是指根据已定位的外墙主轴线交点桩（角桩）及建筑物平面图，详细测设其他细部轴线交点的位置，并用木桩（桩上钉小钉）标定出来，称为中心桩，然后根据各交点桩沿轴线用白灰线撒出基槽开挖边界线，以便进行开挖施工。

建筑工程施工在开挖基坑或基槽后各交点桩将会被挖掉，为便于恢复轴线的位置，需将轴线延长到基坑或基槽边线外一定距离。常用的方法有设置龙门板和引测轴线控制桩两种形式。

1）龙门板的设置

龙门板法适用于一般小型的民用建筑物。为了方便施工，在建筑物基槽开挖边线以外不受施工影响处钉设龙门桩，桩上钉板即龙门板，如图 6-13 所示。龙门板法的优点在于使用方便，可以控制 ±0.000 m 以下各层标高和基槽宽、基础宽、墙身宽等具体位置，其不足之处是占用施工场地、影响交通、对施工干扰很大，一经碰动，必须及时校核纠正，且需要木材较多，钉设也比较麻烦。

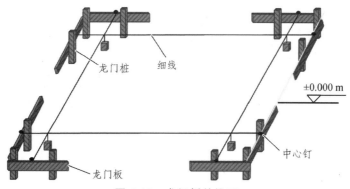

图 6-13　龙门板的设置

龙门板的测钉方法如下：

（1）钉设龙门桩。

在建筑物基槽外两端不受施工干扰的适当位置打木桩，即龙门桩。龙门桩要求钉设竖直、牢固且外侧面与基槽平行，龙门桩的连线与轴线平行或垂直。

（2）引测标高线。

根据施工现场附近水准点，用水准仪在龙门桩上测设建筑物±0.000标高线（室内地坪设计标高），并做好标记。

（3）钉设龙门板。

根据±0.000标高线把龙门板钉在龙门桩上，使龙门板的顶面在一个水平面上，且与±0.000标高线一致，龙门板的方向与轴线平行或垂直。

（4）投测各轴线。

用全站仪把各相应轴线投测到龙门板上，并钉上小钉作为标志，这个小钉叫中心钉。中心钉不但可以代替轴线控制桩恢复轴线，而且还是确定其他边界线的基准，所以中心钉的钉设一定要准确。

（5）标定各边线。

用钢尺沿龙门板顶面检查各相邻中心钉的间距是否正确，其精度应符合有关规范的要求，检查无误后，以中心钉为准，将墙边线、基础边线、基槽开挖边线等标定在龙门板上，至此，龙门板才算测钉完毕，最后，根据基槽上口宽度拉线，用石灰洒出开挖边界线。

2）轴线控制桩的引测

如图 6-14 所示，轴线控制桩设置在基础轴线的延长线上且不受施工干扰、便于引测和保存桩位的地方，作为开槽后，各施工阶段恢复轴线的依据。轴线控制桩离基础外边线的距离根据施工场地的条件而定，如果附近有已建的建筑物，也可将轴线投设在建筑物的墙上。

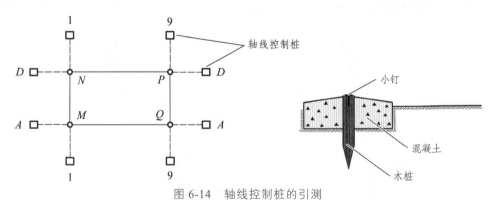

图 6-14　轴线控制桩的引测

✎ **复习思考题**

1. 若拟建建筑物定位点设计坐标已知，且附近有可供利用的测量控制点，可采用

（　　）方法对拟建建筑物进行定位（多选）。

    A. 极坐标法　　　　　　　　　　B. 角度交会法

    C. 距离交会法　　　　　　　　　D. 建筑方格网

2. 小李同学和小王同学课前预习时讨论到龙门板的钉设，小李说：龙门板的底面钉在龙门桩上 ±0.000 标高线上。小王反驳说：应该是把龙门板的顶面钉在龙门桩上 ±0.000 标高线上。请判断哪位同学的说法正确？

3. 简述轴线控制桩及龙门板的作用。

4. 根据设计条件将建筑物外廓主要轴线的交点测设到地面，这一操作称为（　　）。

    A. 建筑物的定位　　　　　　　　B. 建筑物的放线

    C. 轴线投测　　　　　　　　　　D. 抄平

5. 图 6-15 中绘出了已建 1、2 号宿舍楼和拟建学生食堂之间的位置关系，其中拟建学生食堂外墙为 37 墙（轴线距离外墙 250 mm）。结合图中已知条件，试描述拟建食堂主轴线点的测设过程。

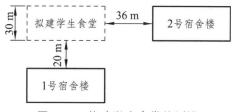

图 6-15　拟建学生食堂的测设

项目六 任务 3

任务 3
民用建筑施工测量

3.1　工作任务

在基础施工中涉及基槽（或基坑）开挖中水平控制桩的测设，在墙体施工测量中涉及墙体标高的控制等。本任务通过对民用建筑物施工测量的学习，可完成建筑物基础施工测量、轴线投测及墙体施工测量等工作。

3.2　相关配套知识

民用建筑是指非生产性的居住建筑和公共建筑，包括住宅、写字楼、幼儿园、学校、食堂、影剧院、医院、旅馆、展览馆、商店和体育场馆等等。民用建筑施工包括基础、墙、梁柱、楼板等构件的施工，其中涉及的测量工作有基础施工测量、轴线投测、墙体施工测量以及高层建筑的测量等。

1. 基础施工的测量工作

建筑物的基础是建筑物地面以下的承重结构，是建筑物的墙或柱子在地下的扩大部分，其作用是承受建筑物上部结构传下来的荷载，并把它们连同自重一起传给地基。基础质量对工程的质量和性能有着极大的影响力，因此，在基础施工阶段，更加需要准确的工程测量技术保证。

1）基槽抄平

为埋设基础需进行基槽开挖，开挖基槽时不得超挖基底，随时注意挖土的深度，当快挖至槽底设计标高时，应在槽壁上自拐角开始，每隔 3～5 m 测设一根比槽底设计高程提高 0.3～0.5 m 的水平桩，作为基槽开挖深度以及基础垫层施工的依据。

【例 6-2】某建筑采用砖混结构，基础形式为墙下条形基础，埋设基础之前需进行基槽开挖。现根据设计图纸可知，槽底设计标高为 – 1.700 m。为控制基槽开挖深度，现要求在距离槽底设计标高 0.5 m 处的槽壁上打若干个水平桩。试以施工方测量技术人员的身份，结合龙门板上的 ± 0.000 标高线，测设出水平桩的具体位置（见图 6-16）。

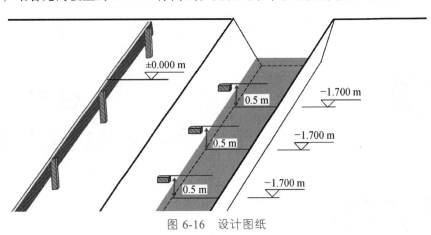

图 6-16　设计图纸

测设方法：

第一步：计算视线高程 H_i（以槽底为假定水准面）。

如图 6-17 所示，在龙门板上的 A 点（ ± 0.000 m 标高点）和基槽侧壁的中间位置安置水准仪，立水准尺（尺底刻度为 0）于 A 点，读取后视读数 $a = 1.234$ m，求得视线高程（水准仪提供的水平视线到槽底的铅垂距离）$H_i = a+H = 2.934$ m。

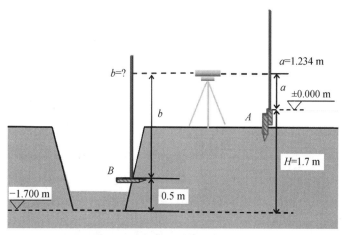

图 6-17　基槽水平控制桩测设

第二步：计算前视尺读数。

假设待测设的水平桩位于图中 B 点，水准尺底部（尺底刻度为 0）置于 B 点木桩上，通过水准仪可读出前视读数 b，则视线高程可表示为 $H_i = b + 0.5$，由此公式可推导出 $b = H_i - 0.5 = 2.934 - 0.5 = 2.434$ m。

第三步：测设水平桩的位置。

在实际操作中，为寻找待测设点 B 点的具体位置，需将前视尺置于基槽边坡处沿竖直方向缓慢移动。当水准尺读数为 2.434 m 时尺底位置即为待测设的水平桩的位置，此时沿尺底在槽壁打一水平木桩，该木桩将作为基槽开挖深度以及基础垫层施工的依据。

【例 6-3】在例 6-2 中，假如所挖基槽为深基槽，槽底设计标高是 - 6.000 m，现要求结合龙门板上的 ± 0.000 标高线，在距离槽底设计标高 0.5 m 处的槽壁上测设出水平桩的具体位置。

分析：

若采用例 6-2 的方法，在龙门板上 ± 0.000 m 标高点和槽壁之间安置水准仪，由于基槽较深，视线方向会高于槽壁所立前视水准尺（见图 6-18），导致无法测设出水平控制桩的位置。因此需借助悬挂的钢尺，分为两测站来测设水平桩的位置。

测设方法：

第一步：计算第 1 测站的视线高程 H_{i1}（以槽底为假定水准面）。

如图 6-19 所示，在槽壁附近地面上合适位置处安置水准仪，立水准尺（尺底刻度为 0）于 A 点，读取后视读数 $a = 1.234$ m，在悬挂钢尺上读取前视读数 $b = 6.370$ m。以槽底为假定水准面，求得第一测站的视线高程（水准仪提供的水平视线到槽底的铅垂距离）$H_{i1} = a + H_A$。

第二步：计算第 2 测站的视线高程 H_{i2}。

将水准仪安置在正在开挖中的基槽中，在悬挂的钢尺上读取后视读数 $c =$

1.255 m，假设待测设 B 点所立水准尺前视读数为 d，则第二测站的视线高程可表示为 $H_{i2} = d + H_{B\text{设}}$。

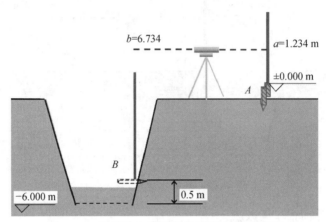

图 6-18   深基槽水平控制桩测设分析示意图

第三步：测设水平桩的位置。

从图中可知，第一测站与第二测站视线高之差为 $|b - c|$，由于本题中钢尺采取正挂的形式（0 刻度在最下端），故 $H_{i1} - H_{i2} = b - c$，将前两步中的 H_{i1} 和 H_{i2} 分别代入得 $a + H_A - d - H_{B\text{设}} = b - c$，推导出 $d = a - b + c + H_A - H_{B\text{设}} = 1.234 - 6.370 + 1.255 + 6 - 0.5 = 1.619$ m。将水准尺置于基槽边坡处沿竖直方向缓慢移动，当水准尺读数为 1.619 m 时尺底位置即为待测设的水平桩的位置。

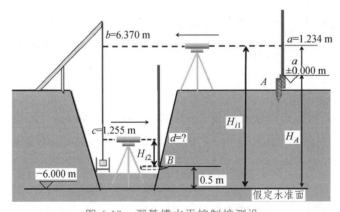

图 6-19   深基槽水平控制桩测设

2）垫层中线投测

如图 6-20 所示，基础垫层打好后，根据轴线控制桩或龙门板上的轴线钉，用全站仪或用拉绳挂锤球的方法，把轴线投测到垫层上，并用墨线弹出墙中心线和基础边线，作为砌筑基础的依据。

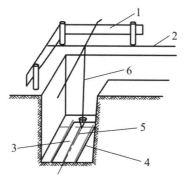

1—龙门板；2—线绳；3—垫层；4—基础边线；5—墙中线；6—锤球线。

图 6-20　垫层轴线投测

3）基础标高控制

房屋基础墙是指 ± 0.000 m 以下的砖墙，它的高度是用基础皮数杆来控制的，如图 6-21 所示。基础皮数杆是一根木制的杆子，在杆上事先按照设计尺寸，将砖、灰缝厚度画出线条，并标明 ± 0.000 m 和防潮层的标高位置。立皮数杆时，先在立杆处打一木桩，用水准仪在木桩侧面定出一条高于垫层某一数值（如 100 mm）的水平线，然后将皮数杆上标高相同的一条线与木桩上的水平线对齐，并用大铁钉把皮数杆与木桩钉在一起，作为基础墙的标高依据。

基础施工结束后，应检查基础面的标高是否符合设计要求（也可检查防潮层）。可用水准仪测出基础面上若干点的高程和设计高程比较，允许误差为 ± 10 mm。

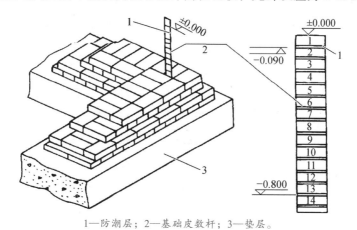

1—防潮层；2—基础皮数杆；3—垫层。

图 6-21　皮数杆法控制基础标高

2. 轴线投测

建筑物基础施工完成后，应利用龙门板上轴线标志或轴线控制桩，采用全站仪或拉线挂锤球的方法将墙体定位轴线投测到基础平面防潮层上以及各层楼板边缘或柱顶上，作为主体楼面施工的依据。

1）首层墙体轴线投测

基础施工时，由于土方的堆放、搬运等，可能触碰龙门板或定位桩使其发生偏移，因此，在基础施工完成后，应认真检查复核，确认无误后，可利用龙门板或定位桩采用全站仪投测法将首层墙体定位轴线投测到基础或防潮层侧面，以此为依据进行首层墙体的砌筑，同时也可作为二层以上墙体轴线投测的依据。

2）二层以上墙体轴线投测

建筑物首层墙体砌筑完成后，需将墙体定位轴线从首层逐步向上传递，作为控制二层及以上各层墙体砌筑的依据。常用的投测方法有吊垂球法和全站仪投测法。

（1）吊锤球法。

如图 6-22 所示，将重锤球悬吊在楼板或柱顶边缘，当锤球尖对准基础墙面上的轴线标志时，线在楼板或柱顶边缘的位置即为楼层轴线端点位置，作出标志，各轴线的端点投测完后相应标志的连线即为墙体定位轴线，并在墙体上弹墨线。用钢尺检核各轴线间距，符合规范要求后，继续施工，并把轴线自下向上逐层传递。为保证建筑物的总竖直度，各层楼面轴线均应由底层向上投测。

（2）全站仪投测法。

如图 6-23 所示，在轴线控制桩上安置全站仪，严格整平后，瞄准基础墙面上的轴线标志，用盘左、盘右分中投点法，将轴线投测到楼层边缘或柱顶上。将所有端点投测到楼板上之后，用钢尺检核其间距，相对误差不得大于 1/2 000。检查合格后，才能在楼板上弹线，继续施工。

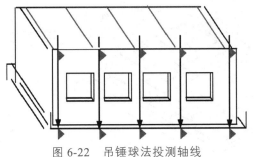

图 6-22　吊锤球法投测轴线

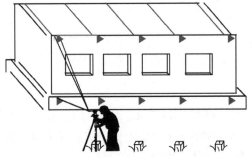

图 6-23　全站仪法投测轴线

3. 墙体施工测量

在建筑主体结构施工中，采用全站仪法或吊锤球法进行轴线投测，对墙体定位后，要由下层向上层传递高程，控制墙体各部位标高，以便楼板及各部位标高符合设计要求。标高的竖向传递，当使用钢尺时，应从首层起始标高线竖直量取；当传递高度超过钢尺长度时，应设置新的标高基准点；当使用电磁波天顶测距传递时，宜沿测量洞口、管线洞口垂直向上传递，应观测至少一测回。每栋建筑应由 3 处分别向上传递，当 3 个点的标高差值小于 3 mm 时，应取其平均值；否则应重新引测。标高的允许偏差应符合表 6-3 的规定。

表 6-3　标高竖向传递允许偏差

项　目		允许偏差/mm
每　层		±3
总高度 H/m	$H \leqslant 30$	±5
	$30 < H \leqslant 60$	±10
	$60 < H \leqslant 90$	±15
	$90 < H \leqslant 120$	±20
	$120 < H \leqslant 150$	25
	$H > 150$	30

传递高程的方法有：皮数杆高程控制法、钢尺直接测量法以及吊钢尺法。

1）皮数杆高程控制法

如图 6-24 所示，在墙身皮数杆上，根据设计尺寸，按砖、灰缝的厚度画出线条，并标明 ±0.000 m、门、窗、楼板等的标高位置。墙身皮数杆的设立与基础皮数杆相同，使皮数杆上的 ±0.000 m 标高与房屋的室内地坪标高相吻合。在墙的转角处，每隔 10～15 m 设置一根皮数杆。第二层以上墙体施工中，为了使皮数杆在同一水平面上，要用水准仪测出楼板四角的标高，取平均值作为地坪标高，并以此作为立皮数杆的标志。框架结构的墙体砌筑是在框架施工后进行的，故可在柱面上画线，代替皮数杆。

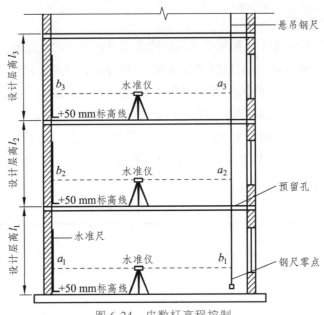

图 6-24　皮数杆高程控制

2）钢尺直接测量法

对于高程传递精度要求较高的建筑物，通常用钢尺直接丈量来传递高程。对于二层以上的各层，每砌高一层，就从楼梯间用钢尺从下层的"+0.500 m"标高线，向上量出层高，测出上一层的"+0.500 m"标高线。

3）吊钢尺法

如图 6-25 所示，用悬挂钢尺代替水准尺，用水准仪读数，从下向上传递高程。

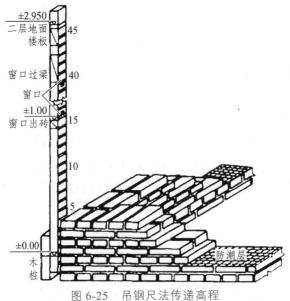

图 6-25　吊钢尺法传递高程

4. 高层建筑施工测量

《高层建筑混凝土结构技术规程》JGJ 3—2010 规定：10 层及 10 层以上或高度超过 28 m 的钢筋混凝土结构称为高层建筑。高层建筑物施工测量中的主要问题是控制垂直度，即随着建筑物的升高，将首层轴线逐层向上投测，并保证各层相应轴线位于同一竖直面内，控制竖向偏差。投测前应事先校测控制桩、基准点，确保其位置准确。根据《高层建筑混凝土结构技术规程》，轴线竖向投测的偏差值应符合表 6-4 中相关规定。

将控制轴线（包括建筑物外轮廓轴线，伸缩缝、沉降缝两侧轴线，电梯间、楼梯间两侧轴线，单元、施工流水段分界轴线）投测至施工层后，应进行闭合校验。校验无误后再测设细部轴线和墙、柱、梁、门窗洞口等边线，放线的允许偏差应符合表 6-5 中相关规定。

表 6-4　轴线竖向投测允许偏差

项　目		允许偏差/mm
每　层		3
总高度 H/m	$H \leqslant 30$	5
	$30 < H \leqslant 60$	10
	$60 < H \leqslant 90$	15
	$90 < H \leqslant 120$	20
	$120 < H \leqslant 150$	25
	$H > 150$	30

表 6-5　施工层放线允许偏差

项　目		允许偏差/mm
外廓主轴线长度 L/m	$H \leqslant 30$	±5
	$30 < H \leqslant 60$	±10
	$60 < H \leqslant 90$	±15
	$H > 90$	±20
细部轴线		±2
承重墙、梁、柱边线		±3
非承重墙边线		±3
门窗洞口线		±3

高层建筑轴线投测分为外控和内控两种形式，应根据建筑物高度、施工方法、外界条件等因素，选择其一或两者组合。

1）外控法

外控法是在建筑物外部，利用全站仪，根据建筑物轴线控制桩来进行轴线的竖向投测，亦称作"引桩投测法"。如图 6-26 所示，轴线投测具体操作过程如下。

（1）在建筑物底部投测主轴线位置。

高层建筑的基础工程完工后，将全站仪安置在轴线控制桩 A_1、A_1'、B_1 和 B_1' 上，把建筑物主轴线精确地投测到建筑物的底部，并设立标志，如图中 a_1、a_1'、b_1 和 b_1'，以供下一步施工与向上投测之用。

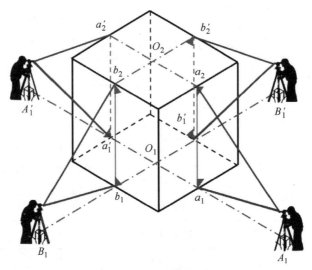

图 6-26　轴线投测

（2）向上投测主轴线。

随着建筑物不断升高，要逐层将轴线向上传递。将全站仪安置在主轴线控制桩 A_1、A_1'、B_1 和 B_1' 上，严格整平仪器，用望远镜瞄准建筑物底部已标出的轴线 a_1、a_1'、b_1 和 b_1' 点，用盘左和盘右分别向上投测到每层楼板上，并取其中点作为该层主轴线的投影点，a_2、a_2'、b_2 和 b_2'。

（3）增设轴线引桩。

当楼房逐渐增高，而轴线控制桩距建筑物又较近时，望远镜的仰角较大，操作不便，投测精度也会降低。将原主轴线控制桩引测到更远的安全地方，或者附近大楼的屋面。如图 6-27 所示，A_1、A_1' 为 A 轴投测的控制桩，首先将全站仪安置在轴控桩 A_1、A_1' 上，分别照准建筑物底部已标出的轴线 a_1、a_1' 点，用盘左盘右分中法向上投测到某一层（如第十层），并标定其位置 a_{10}、a_{10}'。然后将全站仪安置在第十层楼面轴线 $a_{10}O_{10}a_{10}'$ 上的两端，分别照准轴控桩 A_1、A_1'，采用盘左盘右分中法将轴控桩引测到附近楼顶上或较远

处的 A_2、A_2' 点处。随着楼层的进一步增高，可将全站仪安置在 A_2、A_2' 点，照准 a_1、a_1' 点，按上述方法逐层投测，直至主体工程结束。

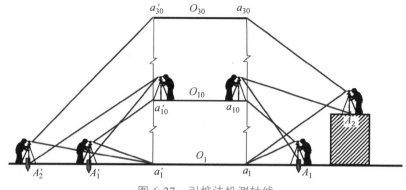

图 6-27　引桩法投测轴线

2）内控法

内控法应用于高层建筑中或建筑物密集的建筑区，轴线投测时，在建筑物底层室内测设轴线控制点，用垂准线原理将其竖直投测到各层楼面上，作为各层轴线测设的依据。

图 6-28 为内控法轴线控制点的设置方法示意图。在基础施工完毕后，在 ±0 首层平面上，适当位置设置与轴线平行的辅助轴线，辅助轴线距轴线 500～800 mm 为宜，并在辅助轴线交点或端点处埋设标志。

（1）吊线坠法。

利用钢丝悬挂重锤球的方法，进行轴线竖向投测。这种方法一般用于高度为 50～100 m 的高层建筑施工中，锤球的质量一般为 10～20 kg，钢丝的直径一般为 0.5～0.8 mm。

如图 6-29 所示，在预留孔上面安置十字架，挂上锤球，对准首层预埋标志。当锤球线静止时，固定十字架，并在预留孔四周作出标记，作为以后恢复轴线及放样的依据。此时，十字架中心即为轴线控制点在该楼面上的投测点。

（2）天顶准直法。

使用能测设天顶方向的专用仪器，进行轴线竖向投测，常用仪器为全站仪、激光准直仪等。这里以激光铅垂仪为例进行天顶准直轴线投测方法的介绍，如图 6-30 所示。

第一步：在首层轴线控制点上安置激光铅垂仪，利用激光器底端（全反射棱镜端）所发射的激光束进行对中，通过调节基座整平螺旋，使管水准器气泡严格居中。

第二步：在上层施工楼面预留孔处，放置接受靶。

第三步：接通激光电源，启动激光器发射铅直激光束，使用发射望远镜调焦，使激光束会聚成红色耀目光斑，投射到接受靶上。

第四步：移动接受靶，使靶心与红色光斑重合，固定接受靶，并在预留孔四周做出标记。此时，靶心位置即为轴线控制点在该楼面上的投测点。

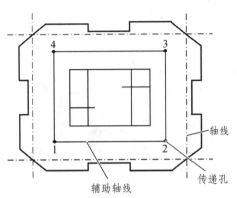

图 6-28　内控法轴线控制点的设置

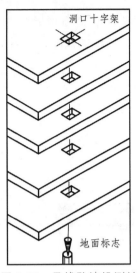

图 6-29　吊线坠法投测轴线

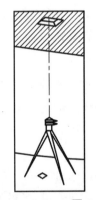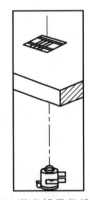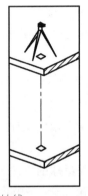

图 6-30　激光铅垂仪投测轴线

 知识拓展

　　人类历史的绝大多数时间都是处于漫长的洪荒时代,自从洞穴这种独特的自然资源被发现之后,人类祖先便以此为栖息之所。随着历史车轮的不断前行,"建筑"这一概念逐渐形成并不断发展。墙体是建筑物的重要组成部分,主要包括承重墙与非承重墙,它的作用是承重或围护、分隔空间。墙体要具备足够的强度和稳定性,具有保温、隔热、隔声、防火、防水的能力。砖、石材、板材、蒸压加气混凝土砌块、普通混凝土小型空心砌块等均可作为墙体材料。

　　砖是最传统的砌体材料,根据构成材料的不同可分为黏土砖、灰砂砖、页岩砖、煤矸石砖、水泥砖及各种工业废料砖(如粉煤灰砖、炉渣砖等),根据生产形状可分为实心砖、多孔砖、空心砖等。普通砖以黏土为原料焙烧而成,因生产方法的不同有红砖和青砖之分。生产砖时一般用大火将砖坯烧透后熄火，使窑和砖自然冷却，并保证窑中空气流通，形成良好的氧化气氛，使砖坯中的铁元素被氧化成三氧化二铁，因此砖呈现红色。如果当砖坯烧透后往窑中不断淋水，水在窑内高温下迅速蒸发成水蒸气，阻止空气流通，窑内形成缺氧环境，砖中的三氧化二铁被还原成氧化亚铁，即得青砖。青砖较红砖结实，耐碱性能好、耐久性强，但价格较红砖贵。

为使墙体达到特定的使用功能，砖墙厚度和组砌方式应符合要求。砖墙的厚度以我国标准黏土砖的长度为单位，规格是 240 mm×115 mm×53 mm（长×宽×厚），连同灰缝厚度 10 mm 在内，砖的规格形成长：宽：厚＝4：2：1 的关系。现行墙体厚度用砖长作为确定依据，常用的有半砖墙、3/4 砖墙、1 砖墙、3/2 砖墙、2 砖墙等。

半砖墙：如图 6-31（a）所示，以全顺的组砌方式砌筑，以砖宽 115 mm 为墙厚，沿砖长方向砌筑而成的墙体。计算厚度＝115 mm，图纸标注尺寸为 120 mm，又称 12 墙。

3/4 砖墙：如图 6-31（b）所示，在按半砖墙的组砌方式砌两皮砖后，在其一侧加砌一块侧放的砖。计算厚度＝115+53+10＝178 mm，图纸标注尺寸为 180 mm，又称 18 墙。

1 砖墙：图 6-31（c）为按照一顺一丁组砌方法砌筑的 1 砖墙。其特点是：一皮中全部顺砖（砖长与墙体方向平行）与一皮中全部丁砖（砖宽与墙体方向平行）间隔砌筑而成。上下皮竖缝相互错开 1/4 砖长，可以避免通缝的产生。计算厚度＝240 mm，图纸标注尺寸为 240 mm（24 墙）。

3/2 砖墙：如图 6-31（d）所示，计算厚度＝240+115+10＝365 mm，图纸标注尺寸为 370 mm（37 墙）。

2 砖墙：如图 6-31（e）所示，计算厚度＝240+240+10＝490 mm，图纸标注尺寸为 490 mm。

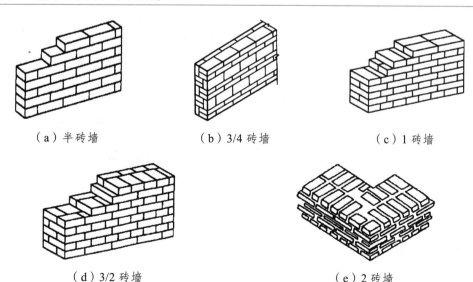

（a）半砖墙　　　　　（b）3/4 砖墙　　　　　（c）1 砖墙

（d）3/2 砖墙　　　　　（e）2 砖墙

图 6-31　砖墙砌筑示意图

复习思考题

1. 以下哪项属于民用建筑（　　　）。

　　A. 住宅楼　　　　　　　　　　B. 仓储建筑

　　C. 畜禽饲养场　　　　　　　　D. 生产车间

2. 某建筑工程正在进行基槽开挖（槽底设计标高为 −1.8 m），为控制开挖深度，欲在距槽底 0.5 m 处测设水平控制桩。测量员安置好水准仪后瞄准 ±0 标高点所立水准尺读取读数为 1.364 m，之后测量员将水准尺立于基槽边坡处，请问当尺子读数为（　　　）时，尺底位置即为待测设水平桩的位置。

3. 按照《高层建筑混凝土结构技术规程》要求，高层建筑轴线竖向投测时每层允许偏差为（　　　）。

　　A. 2 mm　　　　　　　　　　B. 3 mm

　　C. 4 mm　　　　　　　　　　D. 5 mm

4. 在建筑工程墙体施工中，要由下层向上层传递高程，以便楼板、门窗口等的标高符合设计要求。高程传递的方法有哪些？

5. 高层建筑轴线投测时，当楼层逐渐增高时，由于控制桩离建筑物较近，全站仪向上投测的仰角增大，则投点误差也随着（　　　），投点精度（　　　），且观测不方便。因此，必须将主轴线控制桩引测到更远的安全地方，或者附近大楼的屋面上，以减小仰角。

　　A. 减小、降低　　　　　　　　B. 减小、提高

　　C. 增大、降低　　　　　　　　D. 增大、提高

6. 高层建筑的竖直度控制方式有内控和外控两种形式。其中哪种形式不受施工场地大小影响和制约，特别是不用顾虑施工脚手架、安全网遮挡仪器通视等问题？

任务 4
工业建筑施工测量

4.1　工作任务

工业建筑是指供人们从事各类生产活动的建筑物和构筑物，比如生产车间、库房

等，它们均以厂房为主。厂房多采用预制构件在现场进行安装，且跨度、间距大，构造复杂，技术要求高，工业建筑施工测量的重点是保证预制构件安装位置的精确性。通过本任务的学习，可完成厂房矩形控制网的测设、柱列轴线与柱基测设、预制构件安装测量等工作。

4.2 相关配套知识

1. 厂房矩形控制网测设

厂房对柱列轴线测设有较高的精度要求，以及对厂房内部各构件的安装要进行测量控制，故要在施工控制网的基础上，在厂房四角基坑外 4～8 m 处设立厂房控制点，建立矩形控制网，或称为厂房控制网。矩形控制网是厂房施工测设的依据。

如图 6-32 所示，A、B、C、D 四点是厂房的四个角点，从设计图中已知 B、D 两点的坐标。M、N、P、Q 为布置在基础开挖边线以外的厂房矩形控制网的四个角点，称为厂房控制桩。厂房矩形控制网的边线到厂房轴线的距离为 4 m，矩形控制网的测设步骤如下：

1）计算测设数据

根据设计图中厂房角点的坐标以及厂房与矩形控制网的间距，计算出矩形控制网的控制桩 M、N、P、Q 的坐标，并将计算结果标注在图 6-32 中。

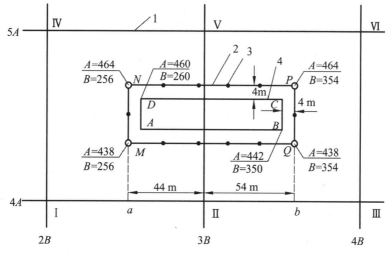

1—建筑方格网；2—厂房矩形控制网；3—距离指标桩；4—厂房轴线。

图 6-32　根据建筑方格网测设厂房矩形控制网

2）厂房控制点的测设

（1）从Ⅱ点起沿ⅡⅠ方向量取 44 m，定出 a 点；沿ⅡⅢ方向量取 54 m，定出 b 点。

（2）在 a 点与 b 点上安置全站仪，分别瞄准Ⅰ点与Ⅱ点，顺时针方向测设 90°，沿两视线方向各量取 38 m，定出 M、Q 点。再向前量取 26 m，定出 N、P 点。

（3）为了便于进行细部的测设，在测设厂房矩形控制网的同时，还应沿控制网测设距离指标桩（见图 6-32），距离指标桩的间距一般等于柱子间距的整倍数。

3）检　查

（1）检查∠MNP、∠NPQ 是否等于 90°，其误差不得超过 ±10″。

（2）检查 NP 是否等于设计长度，其误差不得超过 1/10 000。

这种方法适用于中小型厂房，对于大型或设备复杂的厂房，应先测设厂房控制网的主轴线，再根据主轴线测设厂房矩形控制网。主轴线应与柱列轴线相重合，以便细部放样。如图 6-33 所示，选取柱列中间轴线③和轴线Ⓑ，作为厂房矩形控制网主轴线。首先测设横轴Ⓑ，并以横轴为依据测设纵轴③，两轴交角误差应小于 5″。主轴线方向确定后，从 O 点开始沿各方向精确量距，确定轴线端点 E、E′、F、F′，主轴线长度相对误差不应超过 1/50 000。主轴线确定后，在主轴线端点 E 点与 F 点同时安置全站仪，先瞄准 O 点，再分别顺时针、逆时针测设 90°角，根据两视线方向测设出 M 点。同理可测设出 N、P、Q 点。最后精密量距测矩形控制网边长，其精度要求与主轴线相同，若误差超限，需进行必要的调整。

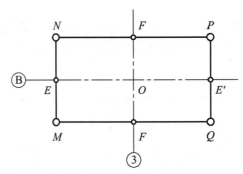

图 6-33　根据主轴线测设厂房矩形控制网

2. 厂房柱列轴线与柱基测设

在厂房矩形控制网建立的基础之上，进行柱列轴线放样、柱基测设，为后续预制构件的安装做好准备工作。

1）厂房柱列轴线测设

根据厂房平面图上所注的柱间距和跨距尺寸，用钢尺沿矩形控制网各边量出各柱列轴线控制桩的位置，如图 6-34 中的 1′，2′，…，并打入木桩，桩顶用小钉标出点位，作为柱基测设和施工安装的依据。丈量时应以相邻的两个距离指标桩为起点分别进行，以便检核。

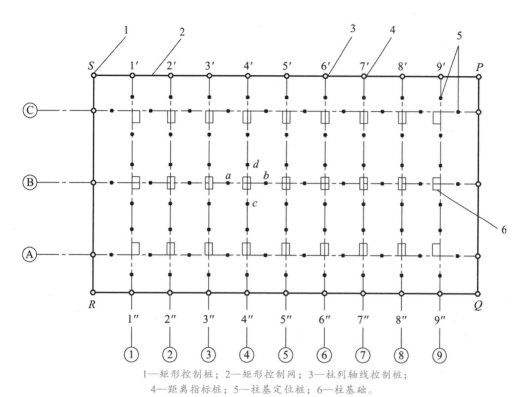

1—矩形控制桩； 2—矩形控制网； 3—柱列轴线控制桩；
4—距离指标桩； 5—柱基定位桩； 6—柱基础。

图 6-34　厂房柱列轴线测设

2）厂房柱基测设

（1）柱基定位与放线。

在两条互相垂直的柱列轴线控制桩上安置两台全站仪,沿轴线方向交会出各柱基的位置（即柱列轴线的交点,如图 6-34 中的Ⓑ和④轴）,此项工作称为柱基定位。定位时在柱基开挖边线 0.5 ~ 1 m 处上打入 4 个定位小木桩 a、b、c、d,作为基坑开挖和立模的依据,其桩位应在基础开挖边线以外。

柱基定位后按照基础详图所注尺寸和基坑放坡宽度,用特制角尺放出基坑开挖边界线,并撒出白灰线以便开挖,此项工作称为基础放线。在进行柱基测设时,应注意柱列轴线不一定都是柱基的中心线,而一般立模、吊装等习惯用中心线,此时,应将柱列轴线平移,定出柱基中心线。

（2）基坑抄平。

当基坑开挖到一定深度时,应在基坑四壁离基坑底设计标高 0.3 ~ 0.5 m 处测设水平桩,作为控制、检查坑底标高的依据。此外,在坑底测设标高桩（其桩顶标高等于垫层设计高度）以控制垫层标高。

（3）基础模板定位。

基础垫层打好后,根据基坑周边定位木桩,用拉线吊锤球的方法把柱基定位线投测到垫层上，弹出墨线，用红漆画出标记，作为柱基立模板和布置基础钢筋的依据。立模时，将模板底线对准垫层上的定位线，并用锤球检查模板是否垂直。将柱基顶面设计标高测设在模板内部，作为浇灌混凝土的高度依据。

3. 厂房预制构件安装测量

工业厂房多采用预制构件在现场装配的方法施工，厂房的预制构件包括柱子、吊车梁、屋架等。因此，工业建筑施工测量的关键工作是保证这些预制构件安装到位。

1）柱子吊装测量

（1）柱基弹线。

柱基拆模后，利用全站仪根据柱列轴线控制桩，将柱列轴线投测到杯口顶面上，并弹出墨线，用红漆画出"▶"标志，作为安装柱子时确定轴线的依据。如果柱列轴线不通过柱子的中心线，应在杯形基础顶面上加弹柱中心线（见图 6-35）。

利用水准仪，在杯口内壁测设一条一般为 –0.600 m 的标高线（一般杯口顶面的标高为 –0.500 m），并画出"▼"标志（见图 6-35），作为杯底找平的依据。

（2）柱身弹线。

柱子安装前，应将每根柱子按轴线位置进行编号。如图 6-36 所示，在每根柱子的三个侧面弹出柱中心线，并在每条线的上端和下端近杯口处画出"▶"标志。根据牛腿面的设计标高，从牛腿面向下用钢尺量出 –0.600 m 的标高线，并画出"▼"标志。

（3）杯底找平。

首先量出柱子的 –0.600 m 标高线至柱底面的长度；再在相应的柱基杯口内，量出 –0.600 m 标高线至杯底的高度，并进行比较，以确定杯底找平厚度；最后用水泥沙浆根据找平厚度，在杯底进行找平，使牛腿面符合设计高程。

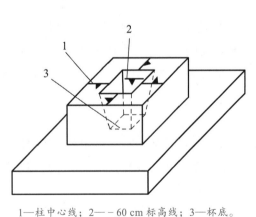

1—柱中心线；2——60 cm 标高线；3—杯底。

图 6-35　柱基弹线

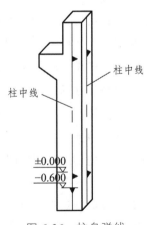

图 6-36　柱身弹线

（4）柱子的安装测量。

如图 6-37 所示，首先将预制钢筋混泥土柱插入杯口，使柱子三面的中心线与杯口中心线对齐，并用木楔或钢楔临时固定。柱子立稳后，立即用水准仪检测柱身上的 ±0.000 m 标高线，其容许误差为 ±3 mm，接着利用两台全站仪，分别安置在柱基纵、横轴线上，离柱子的距离不小于柱高的 1.5 倍，先用望远镜瞄准柱底的中心线标志，固定照准部后，再缓慢抬高望远镜观察柱子偏离十字丝竖丝的方向，指挥用钢丝绳拉直柱子，直至从两台全站仪中，观测到的柱子中心线都与十字丝竖丝重合为止，然后在杯口与柱子的缝隙中浇入混凝土，以固定柱子的位置。

在实际安装时，一般是一次把许多柱子都竖起来，然后进行垂直校正。这时，可把两台全站仪分别安置在纵横轴线的一侧，一次可校正几根柱子，但仪器偏离轴线的角度，应在 15° 以内，如图 6-37 所示。

柱子安装测量应注意以下事项：

（1）所使用的全站仪必须严格校正，操作时，应使照准部水准管气泡严格居中。

（2）校正时，除注意柱子垂直外，还应随时检查柱子中心线是否对准杯口柱列轴线标志，以防柱子安装就位后，产生水平位移。

（3）在校正变截面的柱子时，全站仪必须安置在柱列轴线上，以免产生差错。

（4）在日照下校正柱子的垂直度时，应考虑日照使柱顶向阴面弯曲的影响，为避免此种影响，宜在早晨或阴天校正。

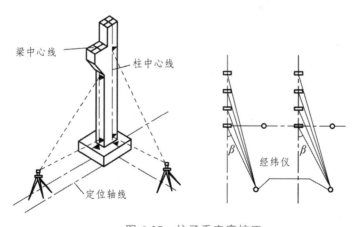

图 6-37　柱子垂直度校正

2）吊车梁的安装测量

吊车梁安装测量主要是保证吊车梁中线位置和吊车梁的标高满足设计要求。

（1）吊车梁顶面标高的测设。

根据柱子上的 ±0.000 m 标高线，用钢尺沿柱面向上量出吊车梁顶面设计标高线，作为调整吊车梁面标高的依据。

（2）在吊车梁上测设梁中心线。

如图 6-38 所示，在吊车梁的顶面和两端面上，用墨线弹出梁的中心线，作为安装定位的依据。

吊车梁中心线

图 6-38 吊车梁弹线

（3）在牛腿面上测设梁中心线。

根据厂房中心线，在牛腿面上投测出吊车梁的中心线，投测方法如下：

如图 6-39（a）所示，利用厂房中心线 A_1A_1，根据设计轨道间距，在地面上测设出吊车梁中心线（也是吊车轨道中心线）$A'A'$ 和 $B'B'$。

在吊车梁中心线的一个端点 A'（或 B'）上安置全站仪，瞄准另一个端点 A'（或 B'），固定照准部，抬高望远镜，即可将吊车梁中心线投测到每根柱子的牛腿面上，并用墨线弹出梁的中心线。

（4）吊车梁的安装测量。

安装时，使吊车梁两端的梁中心线与牛腿面梁中心线重合，使吊车梁初步定位。采用平行线法对吊车梁的中心线进行检测，校正方法如下：

① 如图 6-39（b）所示，在地面上，从吊车梁中心线向厂房中心线方向量出长度 a（1 m），得到平行线 $A''A''$ 和 $B''B''$。

② 在平行线一端点 A''（或 B''）上安置全站仪，瞄准另一端点 A''（或 B''），固定照准部，抬高望远镜进行测量。

③ 此时，另外一人在梁上移动横放的木尺，当视线正对准尺上 1 m 刻画线时，尺的零点应与梁面上的中心线重合。如果不重合，可用撬杠移动吊车梁，使吊车梁中心线到 $A''A''$（或 $B''B''$）的间距等于 1 m 为止。

吊车梁安装就位后，应根据柱面上定出的吊车梁设计标高线对吊车梁面进行调整，然后将水准仪安置在吊车梁面上，检查梁面标高。实测标高与设计标高间的差值应符合规范要求。

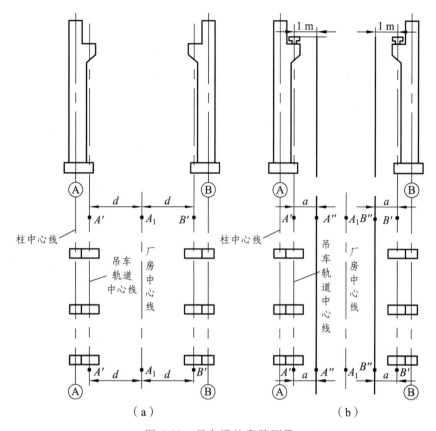

图 6-39　吊车梁的安装测量

3）屋架的安装测量

屋架吊装前，用全站仪或其他方法在柱顶面上测设出屋架定位轴线，在屋架两端弹出屋架中心线，以便进行定位。

屋架吊装就位时，应使屋架的中心线与柱顶面上的定位轴线对准，允许误差为5 mm。屋架的垂直度可用锤球或全站仪进行检查。用全站仪检校方法如下：

（1）如图 6-40 所示，在屋架上安装三把卡尺，一把卡尺安装在屋架上弦中点附近，另外两把分别安装在屋架的两端。自屋架几何中心沿卡尺向外量出一定距离（一般为500 mm），作出标志。

（2）在地面上距屋架中线同样距离处安置全站仪，观测三把卡尺的标志是否在同一竖直面内，如果屋架竖向偏差较大，则用机具校正，最后将屋架固定。垂直度允许偏差：薄腹梁为 5 mm；桁架为屋架高的 1/250。

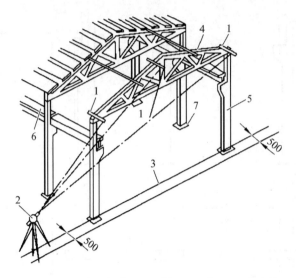

1—卡尺；2—全站仪；3—定位轴线；4—屋架；5—柱；6—吊车梁；7—基础。

图 6-40 屋架垂直度的检验

复习思考题

1. 以下哪项属于工业建筑（　　　）。

   A. 住宅楼　　　　B. 学校　　　C. 医院　　　D. 生产车间

2. 将一台索佳 510 全站仪安置于 A 点且瞄准 B 点时，水平度盘读数 HAR 为 30°，欲测设 45°的水平角值于 AB 直线的左侧，则应旋转照准部使水平度盘的读数为（　　　）。

   A. 15°　　　　　　B. 45°　　　　C. 75°　　　　D. 345°

3. 在工业建筑的定位放线中，施工现场已有建筑方格网，为何还需测设矩形控制网？如何进行测设？

4. 如何进行柱子的垂直度校正？

5. 简述吊车梁的安装测量工作？

参考文献

[1] 中华人民共和国国家标准. 工程测量规范：GB 50026—2007[S]. 北京：中国
计划出版社，2008.

[2] 胡伍生，潘庆林，黄腾.土木工程施工测量手册[M]. 北京：人民交通出版社，
2011.

[3] 彭福坤. 土木工程施工测量手册[M]. 北京：中国建材工业出版社，2002.

[4] 冯卡，孔德成. 公路工程施工测量[M]. 北京：化学工业出版社，2019.

[5] 潘威. 公路工程施工测量技术[M]. 北京：人民交通出版社，2014.

[6] 韩山农. 现代公路与铁路工程施工测量[M]. 北京：人民交通出版社，2015.

[7] 中华人民共和国国家标准. 全球定位系统(GPS)测量规范：GB/T 18314—2009[S].
北京：中国标准出版社，2009.

[8] 中华人民共和国国家标准. 全球定位系统实时动态测量（RTK）技术规范：
CH/T 2009—2010[S]. 北京：测绘出版社，2010.

[9] 覃辉，马超，朱茂栋. 土木工程测量[M]. 上海：同济大学出版社，2019.

[10] 肖利，王海生. 铁路工程测量[M]. 成都：西南交通大学出版社，2014.

[11] 中华人民共和国行业标准. 铁路工程测量规范：TB 10101—2018[S]. 北京：中
国铁道出版社，2019.

[12] 韩山农. 公路工程施工测量现场实操案例[M]. 北京：人民交通出版社，2017.

[13] 冯兆祥，钟建驰，岳建平. 现代特大型桥梁施工测量技术[M]. 北京：人民交通
出版社，2010.

[14] 程效军，鲍峰，顾孝烈. 测量学[M]. 上海：同济大学出版社，2016.

[15] 张福荣，田倩.GPS 测量技术与应用[M]. 成都：西南交通大学出版社，2013.

[16] 尹增辉. 工程测量[M]. 北京：中国铁道出版社，2012.

[17] 张志刚. 线桥隧施工测量[M]. 成都：西南交通大学出版社，2014.

[18] 张正禄. 铁道工程测量[M]. 武汉市：武汉大学出版社，2005.

[19] 王兆祥. 测绘工程学[M]. 北京：中国铁道出版社，2010.

[20] 中华人民共和国国家标准. 国家三、四等水准测量规范：GB/T 12898—2009[S].
北京：中国标准出版社，2009.

[21] 中华人民共和国国家标准. 国家一、二等水准测量规范：GB /T 12897—2006[S].
北京：中国标准出版社，2006.

[22] 中华人民共和国行业标准. 城市测量规范：CJJ/T 8—2011[S]. 北京：中国建筑
工业出版社，1999.

[23] 李生平. 建筑工程测量[M]. 北京：高等教育出版社，2002.

[24] 李仕东. 工程测量[M]. 北京：人民交通出版社，2010.

[25] 李天和. 地形测量[M]. 郑州：黄河水利出版社，2012.

[26] 周建郑. 工程测量（测绘类）[M]. 2 版. 郑州：黄河水利出版社，2010.

[27] 魏静. 建筑工程测量[M]. 2 版. 北京：机械工业出版社，2014.

[28] 李向民. 建筑工程测量[M]. 北京：机械工业出版社，2011.

[29] 孔祥元，郭际明. 控制测量学（上、下册）[M]. 3 版. 武汉：武汉大学出版社，2006.

[30] 林玉祥. 控制测量[M]. 北京：测绘出版社，2009.

[31] 中华人民共和国国家标准. 城市轨道交通工程测量规范：GB/T 50308—2017[S]. 北京：中国建筑工业出版社，2017.

[32] 陈永奇. 工程测量学. 北京：测绘出版社，1993.

[33] 覃辉，段长虹. 道路桥梁隧道测量程序与案例[M]. 上海：同济大学出版社，2015.

[34] 张项铎，张正禄. 隧道工程测量[M]. 北京：测绘出版社，1998.

[35] 鲁纯. 隧道工程测量[M]. 北京：北京邮电大学出版社，2017.

[36] 唐颖，陈晓拒. 浅论连拱隧道设计[A]. 2002 年全国公路隧道学术会议论文集[C].

[37] 秦长利. 城市轨道交通工程测量[M]. 北京：中国建筑工业出版社，2008.

[38] 刘基余，李征航. 全球定位系统原理及应用[M]. 北京：测绘出版社，1993.

[39] 施仲衡. 地下铁道设计与施工[M]. 西安：陕西科学技术出版社，1997.

[40] 边大勇，卢小平，李永强，等. 地铁盾构区间施工测量技术研究[J]. 测绘通报，2011，（4）.

[41] 潘庆林，高俊强，吉文来. 南京地铁 1 号线定向测量方法及其精度的研[J]. 测绘工程，2004，13.

[42] 肖庆疆，季军，梁俊胜. 中长距离盾构法隧道施工联系测量方法[J]. 建筑，2010（18）.

[43] 彭海峰，邹浜，杨玉堂. 高速铁路隧道洞内 CPⅡ平面网建网测量新方法研究[J]. 测绘工程，2015（2）.

[44] 张慧慧. 地铁盾构隧道地下平面控制及精度分析[J]. 黑龙江交通科技，2014（6）.

[45] 莫中生，王佩贤. 地铁盾构隧道各阶段平面控制测量的限差分配[J]. 测绘工程，2012（4）.

[46] 马海志. 城市轨道交通工程地下高精度平面控制网的建立[J]. 测绘通报，2012（5）.

[47] 牛海鹏，谭志祥，邓喀中，等. 地下工程测量横向贯通误差处理方法研究[J]. 煤炭工程，2012（3）.

[48] 马全明. 城市轨道交通工程精密施工测量技术的应用与研究[J]. 测绘通报，2010（11）.

[49] 李致宇，孙海燕. 隧道工程测量的精度分析与测量方案设计[J]. 湖北民族学院学报（自然科学版），2010（1）.

[50] 中华人民共和国行业标准. 高速铁路工程测量规范：TB 10601—2009[S]. 北京：中国铁道出版社，2010.

[51] 中华人民共和国行业标准. 建筑施工测量标准：JGJ/T408—2017[S]. 北京：中国建筑工业出版社，2017.

[52] 张迪，申永康. 建筑工程施工测量[M]. 北京：高等教育出版社，2013.

[53] 李仲. 建筑工程测量[M]. 北京：高等教育出版社，2014.

[54] 喻艳梅. 建筑工程测量[M]. 长沙：中南大学出版社，2013.

[55] 张志刚，张福荣. 工程测量技术与应用[M]. 成都：西南交通大学出版社，2013.

[56] 过静珺. 土木工程测量[M]. 武汉：武汉理工大学出版社，2000.

[57] 李井永. 建筑工程测量[M]. 武汉：武汉理工大学出版社，2012.

[58] 周建郑. 建筑工程测量[M]. 北京：中国建筑工业出版社，2004.

[59] 郑庄生. 建筑工程测量[M]. 北京：中国建筑工业出版社，1995.